UNIVERSITÉ DE LYON. — FACULTÉ DE DROIT

LA

REPRÉSENTATION DES INTÉRÊTS

DANS LES CORPS ÉLUS

THÈSE POUR LE DOCTORAT

PRÉSENTÉE ET SOUTENUE DEVANT LA FACULTÉ DE DROIT DE LYON

le Lundi 24 Avril 1899

PAR

Charles FRANÇOIS

LYON

A. REY, IMPRIMEUR-ÉDITEUR DE L'UNIVERSITÉ

4, RUE GENTIL, 4

1899

LA

REPRÉSENTATION DES INTÉRÊTS

DANS LES CORPS ÉLUS

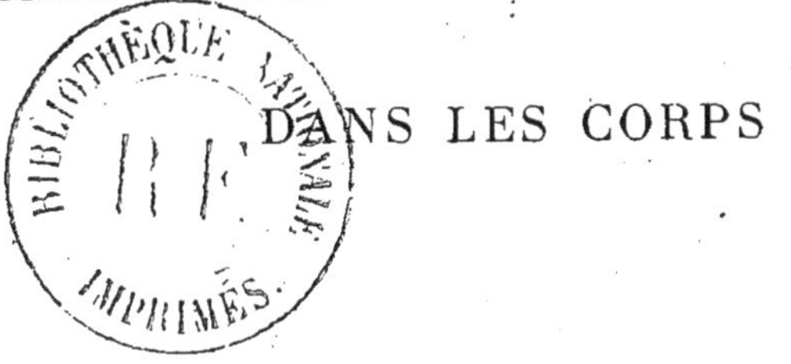

FACULTÉ DE DROIT DE LYON

MM. CAILLEMER, O. ✳, I. ✿, C. ✠, doyen, professeur de Droit civil.
MABIRE, ✳, I. ✿, C. ✠, professeur honoraire.
THALLER, I. ✿, professeur honoraire.
GARRAUD, I. ✿, professeur de Droit criminel.
APPLETON (Ch.), I. ✿, professeur de Droit romain.
FLURER, I. ✿, professeur de Droit civil.
ROUGIER, I. ✿, professeur d'Économie politique.
AUDIBERT, I. ✿, professeur de Droit romain.
COHENDY, ✳, I. ✿, professeur de Droit commercial.
PIC, P. ✿, professeur de Droit international public.
BARTIN, I. ✿, professeur de droit civil.
SOUCHON, A. ✿, prof. d'Histoire des Doctrines économiques.
APPLETON (J.), agrégé.
LAMBERT, agrégé.
BOUVIER, agrégé.
LAMEIRE, agrégé.
JOSSERAND, agrégé.
GUERNIER, chargé de cours.
BECQ (J.), A. ✿, secrétaire.

JURY DE LA THÈSE

MM. C. APPLETON, professeur. *Président.*
AUDIBERT, professeur . . } *Assesseurs.*
LAMEIRE, agrégé . . . . . }

UNIVERSITÉ DE LYON. — FACULTÉ DE DROIT

LA

REPRÉSENTATION DES INTÉRÊTS

DANS LES CORPS ÉLUS

THÈSE POUR LE DOCTORAT

PRÉSENTÉE ET SOUTENUE DEVANT LA FACULTÉ DE DROIT DE LYON

le Lundi 24 Avril 1899

PAR

Charles FRANÇOIS

LYON

A. REY, IMPRIMEUR-ÉDITEUR DE L'UNIVERSITÉ

4, RUE GENTIL, 4

1899

INTRODUCTION

Examen et critique du régime représentatif actuel. — La démocratie superficielle. — Les groupements électoraux, leur formation, leur base. — Les électeurs, leurs qualités et leurs fonctions.
Les élus, leurs capacités, les causes de la disparition de l'élite dans la gestion des affaires publiques. — Le Parlement, sa valeur, ses méthodes.
Répudiation de la géométrie et de l'arithmétique politiques. — Le suffrage universel organique.

Avec le siècle présent, le régime représentatif est entré dans une nouvelle phase : il est devenu plus complet par l'extension du corps électoral, par la permanence des organes de la représentation, par le fait que leurs pouvoirs sont plus étendus et plus forts.

Les principes généraux sur lesquels repose ce régime depuis 1790 n'ont guère varié, et telle était la nation sur laquelle on le jetait alors comme une pourpre impériale, telle est encore la nation. Aussi peut-elle viser toutes les formes de gouvernement contemporaines, cette remarque du comte de Chambord : « L'essai qui a été fait du régime représentatif, à l'époque où la France avait voulu confier de nouveau ses destinées à la famille de ses anciens rois, a échoué pour une raison très simple : c'est que le pays qu'on cherchait à faire représenter n'était organisé que pour être administré. » Toute l'erreur réside en cela. Les premiers cadres formés furent ceux qui correspondaient à la fonction administrative[1]. Et cependant celle-ci ne saurait avoir droit de préséance sur la puissance qui prend les décisions ; elle ne vient, en effet, qu'ensuite, afin d'assurer le respect et l'application de ces décisions. De même, dans l'organisation du pays, les bases du pouvoir législatif devraient être établies avant celles de l'administration. C'est ce que l'Empire a su méconnaître, par calcul, au sein d'une nation que certaines théories révolutionnaires, notamment les jacobins, avaient évidemment préparée pour un pareil régime. Le pli accepté naguère a marqué si nettement qu'il subsiste aujourd'hui encore, et qu'il est le seul auquel le peuple revienne sans cesse, par routine.

Quelles sont les conséquences de cette erreur en ce qui concerne le régime représentatif? Au lieu de s'adapter sur une organisation constituée avant celle de l'administration, étendue entre cette dernière et le pays, toute proche du pays, et, autant que possible, moulée sur lui, le régime représentatif ne s'appuie que sur la structure administrative. Il est trop loin du pays et ne peut plus en être l'émanation vraie. Il n'est même pas le manteau symbole de toute puissance ; il n'est qu'un voile léger et flottant, infiniment mobile.

Or, le peuple s'en contente. Il ne veut pas s'apercevoir de la fragilité de ce vêtement, qu'il s'imagine pourtant être un symbole de souveraineté. Marche incertaine, accidents, coups d'État, révolutions, telle est la vie de la nation française au cours de ce siècle, telles sont les étapes de sa route.

Elle est devenue la proie d'une fausse démocratie qui est

[1] C'est là la partie du pouvoir exécutif ou « pouvoir du Gouvernement » qui, à l'intérieur, est plus spécialement chargé d'assurer le respect et l'exécution des lois et aussi des décisions de certaines autres parties du « pouvoir de Gouvernement. »

née et a grandi en enfant de la rue, séduisante, mais dangereuse. La révolution démocratique restait un mal parce qu'elle ne s'était produite que dans les choses et non dans les mœurs, les idées et les lois.

En présence d'une pareille détresse, Renan se demandait : « Quel est pour la France le défaut favori dont il importe avant tout qu'elle se corrige ? » Et il trouvait une réponse qui ouvre comme un champ d'études et de réformes immense au droit public interne ; il disait : Ce défaut favori, « c'est le goût de la démocratie superficielle[1]. »

Les savants et les publicistes lui font écho. Les plus acharnés à proclamer la faillite de la démocratie et du régime représentatif sont ceux qui ont toujours dénoncé le caractère superficiel de leur principe même. Cependant, en dehors de ce groupe d'adversaires, les préoccupations sont sérieuses. Mais on ne s'est pas contenté de constater le mal. On veut y remédier. Si les uns s'en prennent aux règlements intérieurs des Chambres, d'autres condamnent le parlementarisme lui-même, ou mieux la façon dont il est pratiqué en France et l'instabilité ministérielle dont elle est cause. D'autres encore désirent une réforme du personnel légiférant. Certains déplorent l'introduction du suffrage universel, et beaucoup, songeant qu'il faut prendre le mal à sa racine, examinent la situation du corps électoral.

Et voici quel est ce corps électoral, à l'heure présente : une *somme d'unités* parquées dans les limites de circonscriptions *administrativement* tracées. Telle est l'œuvre de la Constituante. Hostile à la monarchie, elle a remplacé cette forme de gouvernement par la démocratie qui peut être « représentée très exactement comme une monarchie renver-

[1] *Réforme intellectuelle et morale de la France*, p. 64.

sée[1] », qui est « le Gouvernement de l'État par la foule, en opposition, d'après la vieille analyse des Grecs, à son gouvernement par la Minorité ou par Un seul[2]. » Afin de ne pas courir le danger de retomber sous le pouvoir d'un seul ou de quelques-uns, le législateur, de 1789 à 1791, courba toutes les têtes sous un même niveau, de telle sorte qu'aucune ne pût dominer les autres. L'État, entité abstraite, s'éleva seul[3] ; il dût être l'unique vénération de chaque individu qui, s'oubliant lui-même en tant qu'homme, apparaissait grandi en tant que citoyen.

Tous égaux devant la loi, les électeurs devenaient des unités appelées à constituer, par leurs groupements au jour de l'élection, des totaux décidant de la victoire de tel ou tel candidat. L'individu n'avait été affranchi des hommes que pour être placé sous le joug de la notion quintessenciée de l'égalitarisme. Sa puissance n'était qu'apparente, de surface. Détenteur d'une fraction de la souveraineté nationale, il en était dépouillé — comme le remarquait Rousseau pour l'Angleterre — sitôt qu'il se choisissait un député, auquel il devait la remettre en même temps que le mandat de le représenter.

Ce n'était pourtant pas à cette situation, en réalité mesquine, que les hommes de la Révolution avaient destiné leurs concitoyens. Les principes qu'ils avaient institués en dogmes, avaient pour objet « *d'aider à la formation du plus grand nombre possible d'individualités complètes et véritables*[4] » ; ce qui « était alors la formule même de tout individualisme[5] ».

[1] Sumner Maine, *Essais sur le Gouvernement populaire*, p. 91.
[2] *Ibid.*, p. 90.
[3] « Il n'est permis à personne d'inspirer aux citoyens un intérêt intermédiaire, de les séparer de la chose publique par un esprit de corporation. » Chapelier, *Rapport* sur la proposition de loi qui fut votée les 14-17 juin 1791.
[4] Henry Michel, *l'Idée de l'État*, p. 100.
[5] *Ibid.*

Formule, en effet, et rien de plus. Les inégalités, ou si l'on veut ne considérer qu'un seul plan, les différenciations se produisent malgré tous les obstacles et toutes les règles. Seulement elles doivent à la compression subie d'avoir perdu de leur puissance bienfaisante. C'est le pays entier qui en pâtit, puisqu'il a rabaissé des forces effectives et précieuses, sans élever les hommes de moindre valeur.

Ainsi, les idées de la Révolution ont tourné à l'encontre de ses visées. Les individus n'ont été ni plus libres, ni plus forts.

L'État n'a point eu de peine à mettre sur eux une main inévitablement trop lourde. On n'a vu « devant l'État impersonnel, armé de la toute-puissance de la loi, que des individus sans cohésion les uns avec les autres, sans organisation capable de les protéger contre les excès de la loi[1] ».

Non seulement le citoyen ne peut résister, mais l'initiative lui est parcimonieusement accordée. Il vote étant un être quelconque, et c'est tout. S'il a des besoins, des intérêts qui tiennent à sa situation sociale, économique, territoriale, nul moyen spécial ne lui est fourni pour les faire connaître et obtenir leur satisfaction. Tout ce qu'il y a de particulier, d'intime, de palpitant dans sa vie est méconnu. Il est un individu, et rien de plus.

Mais va-t-il au moins trouver un appui dans le groupement électoral auquel sa résidence le rattache? Y trouvera-t-il un milieu qui réponde à ses aspirations surgies de sa fonction dans le pays, de ses origines, de ses souvenirs? — Non, certes;

[1] Séverin de la Chapelle, *Nouvel organisme de la souveraineté nationale en France*, p. 8. « Le Gouvernement est l'organe du droit, mais la liberté est l'objet du droit. Et l'objet de la liberté elle-même, c'est la vie. Voilà pourquoi la liberté a de telles racines au cœur de l'homme. Elle est l'homme... Est-ce que les formes de la liberté et du droit ne sont pas les formes mêmes de la vie qui s'élève, se multiplie, se diversifie au sein d'un milieu social plus complexe et plus riche. » (Charles Dollfus, *le Dix-neuxième siècle*, p. 278.)

car ce département, cet arrondissement dont il dépend, sont créés d'hier et englobent toute une population aux multiples occupations. Ce n'est qu'un fragment quelconque du territoire national, séparé pour les besoins de l'administration et que l'on a prétendu apte à servir au morcellement du corps électoral, morcellement commandé par les besoins de la pratique. Mais à quoi bon introduire une division nouvelle du pays? L'ancien régime en connaissait une qu'il devait à l'histoire même. Oui! mais là précisément était le vice rédhibitoire de ce fractionnement. Il avait été la chose de l'ancien régime, et de celui-ci, il ne devait pas subsister la moindre trace. « Le pays voulait, avec un instinct tout-puissant, l'anéantissement des causes complexes des souffrances qu'il éprouvait. Malheureusement, le progrès, en vertu de la loi des contrastes, est trop souvent simplement négatif; il détruit des abus, mais il ne détermine pas toujours des reconstructions[1]. » Les Constituants étaient, du reste, encouragés par les doléances de certains bailliages qui réclamaient leur rattachement à des provinces voisines. Il faut cependant reconnaître que, dans la division nouvelle du territoire, on tint compte autant que possible des désirs des populations, qu'en maints endroits on conserva les limites provinciales[2]. Mais où résidait le mal, c'était dans le morcellement même de ces territoires habitués à former des unités pour ainsi dire historiques. Leurs fractions devaient rester sans vie. Ni groupements, ni provinces, mais le régime représentatif assis sur les individus épars et des circonscriptions arbitrairement délimitées qui, suivant le désir de Rousseau, ne risquaient pas d'absorber la moindre parcelle des sentiments ou des actes des citoyens au détriment de l'État;

[1] Séverin de la Chapelle, *Nouvel organisme de la souveraineté nationale en France*, p. 1 et 2.

[2] Edme Champion, *Esprit de la Révolution française*, p. 157 et suiv.

ce même régime assurant l'expression et l'action d'une souveraineté nouvelle par cela seul qu'elle reposait en d'autres mains ; voilà donc à quel résultat aboutissaient la Constitution et la législation électorale de la Révolution. Tous les liens étaient brisés, toutes les vieilles bases sapées. Le terrain devenait mouvant et inconsistant. Séduisant à la surface, sous la floraison des grands principes, il était miné par dessous.

Peu à peu les fissures ont gagné l'extérieur. L'introduction du suffrage universel a provoqué une commotion décisive. Les crevasses ont apparu, béantes. On les a regardées, d'abord avec étonnement, puis avec angoisse. Aujourd'hui, on pense qu'il est temps de reprendre le régime représentatif en sous-œuvre et de le doter d'un tréfond solide.

Peut-être serait-il profitable, au moment d'entreprendre cette tâche, de méditer ces lignes de M. Laugel : « Nous faisant voir d'où nous venons, l'histoire peut nous apprendre où nous allons. La France, à travers ses révolutions récentes, a trop oublié sa propre histoire. On lui a, à la fois, dit trop de mal des temps passés et trop de bien de son état présent[1]. » Ce qui a perdu les législateurs de la Révolution, ce fut leur parti-pris d'innovation, leur esprit de système, leur goût pour les formules. Ils voulaient, « par la seule vertu de la géométrie politique », créer « le navire idéal[2] ». Ils pensaient que rédiger une loi ou une Constitution devait suffire pour la rendre agréable à la nation. Et cependant, comme le dit M. Ch. Borgeaud, « le but des constitutions écrites n'est pas de créer de toutes pièces des formes de gouvernement, c'est de consacrer celles qui existent, qu'elles soient le résultat d'une révolution violente, ou l'œuvre d'une évolution séculaire. En

[1] A. Laugel, *la France politique et sociale*, p. 336.

[2] Taine, *les Origines de la France contemporaine. La Révolution*, t. I, p. 161.

ce sens, « les Constitutions croissent », comme disait Mackintosh[1] ».

En face du corps électoral, se trouvent les hommes qui briguent ses suffrages. Ce qu'ils sont est de toute importance, puisque c'est sur eux que va retomber une bonne part du poids des affaires publiques. Or, par le temps qui court, la confiance qu'ils inspirent est très limitée; elle menace de diminuer encore. Comme conséquence, la valeur des candidats ira diminuant. C'est logique! La vie politique est semée de trop de désillusions et de calomnies. En peu d'années un homme s'y use; et, si désintéressé qu'il soit, il regrette un jour l'abandon de ses propres affaires, parce qu'il a conscience du peu de résultats de ses efforts dans les affaires publiques. Il ne recueille même pas, en échange de ses sacrifices, quelque considération parmi ses concitoyens. La fonction de député est dépréciée au delà de toute justice. Les braves gens, les gens intelligents et capables en voudront de moins en moins. Ils seront remplacés de plus en plus par les politiciens qui formeront en France, comme déjà en Amérique, un monde à part. Aux États-Unis on a longtemps limité leur rôle; mais actuellement ils envahissent toute la vie publique, ils se mêlent aux affaires des associations et des particuliers qui avaient été jusqu'ici soustraites à leur intervention.

On est menacé de la même plaie de ce côté-ci de l'Océan. Il en est des signes certains.

« On voit aujourd'hui les compétences spéciales se cantonner dans le cercle de leur profession et se tenir à l'écart des affaires publiques, d'une part, parce que le souci de la carrière absorbe de plus en plus l'activité et ne laisse que bien peu de loisirs

[1] Mackintosh, *Établissement et revision des constitutions*, p. 46.

pour les charges de la vie publique, elles-mêmes si absorbantes[1]; d'autre part, parce que les hommes de profession, disposés à consacrer une partie de leur temps aux affaires publiques, attendent d'ordinaire qu'on fasse appel à leur dévouement et ne vont pas, par ambition personnelle, briguer des mandats politiques. Il en résulte qu'on laisse de côté les méritants et les modestes dont la capacité et le désintéressement seraient susceptibles de rendre de grands services dans les Assemblées et que le premier plan de la scène politique est accaparé par les médiocres et les ambitieux qui, n'étant pas gênés par l'exercice d'une profession, peuvent se livrer entièrement à la politique dont ils font un véritable métier[2]. »

Avec les modestes et les découragés, les sceptiques, les indifférents et les adversaires irréductibles du régime en vigueur désertent la vie publique.

M. Paul Lafitte estime qu'ils forment en France toute une classe d'hommes instruits et indépendants ; et qui, s'ils ont perdu l'influence à laquelle ils pouvaient prétendre, ne peuvent en accuser que leur désir de tranquillité ou leur timidité ; ils sont satisfaits pourvu que l'ordre règne dans la rue. M. Paul Lafitte leur oppose les conservateurs intransigeants qui s'imaginent, par leur inertie même, obliger toute la société à s'arrêter dans son évolution[3].

A cette opposition systématique, à cette indifférence ne peut-on trouver de circonstances atténuantes? Certainement si ; et

1 « Ajoutez que la continuité ininterrompue du travail parlementaire, ou de ce qui en tient lieu, a l'inconvénient grave de transformer la députation en un métier qui accapare tout l'homme et d'écarter, par conséquent, de la vie politique beaucoup d'activités, d'intelligences et de valeurs. » (R. Poincaré, Vues politiques, *Revue de Paris*, 1er avril 1898, p. 647.)

2 Th. Ferneuil, la Crise de la souveraineté nationale et du suffrage universel (*Revue politique et parlementaire*, 10 décembre 1896, p. 498.)

3 Paul Lafitte, *le Suffrage universel et le régime parlementaire*, p. 73 et 74.

il en est une qui suffirait à elle seule[1], c'est l'application du *système majoritaire*. Avec lui, il suffit d'obtenir la moitié des voix plus une pour être élu ; il suffit même souvent, lorsque la majorité n'est que relative, de recueillir un chiffre de suffrages si faible soit-il, pourvu qu'il soit supérieur à celui obtenu par chacun des divers concurrents. Alors les majorités, assurées du succès, luttent à peine, tandis que les minorités s'abstiennent par désespérance de jamais obtenir la moindre représentation. Leurs candidats sérieux ne se présentent plus. « A quoi bon ? » disent-ils en haussant les épaules.

Toute la démocratie est ainsi basée sur la force du nombre ; le pouvoir appartient à ceux qui sont ou qui semblent être les plus nombreux[2]. Plus la démocratie est de tendances avancées, plus elle s'abandonne à cette loi brutale. C'est ainsi que « la loi essentielle du socialisme est d'assurer le libre exercice de la force du nombre[3]. Depuis que la Révolution a fait des citoyens de simples unités entre lesquelles elle a partagé la souveraineté, le système s'est appliqué avec rigueur. Mais, devant son exclusivisme, devant ses résultats très souvent erronés, on a songé à s'en affranchir, à donner aux minorités et, si possible, en proportion de leur importance, des représentants, si bien qu'elles ne soient plus simplement les esclaves, mais les collaboratrices de la majorité.

Elles pourront, dans de pareilles conditions, contrôler les détenteurs du pouvoir, leur suggérer des idées nouvelles. Tout le pays, et non plus une partie seulement, qui n'est pas toujours la plus grande, contribuera à la gestion des affaires

[1] Paul Laffite, *le Suffrage universel et le régime parlementaire*, p. 73 et 74.

[2] Les députés élus le 22 mai 1898 ne représentent que 1.140.784 électeurs, alors que les électeurs non représentés (abstentionnistes et votants des minorités) atteignent le nombre de 2.036.530.

[3] Volders, Congrès ouvrier de Namur.

publiques. Il y a là une question d'équité et de liberté pour les Républiques modernes dans lesquelles, constate, avec tant d'autres, M. A. Desjardins, « la force du nombre tend à tout remplacer[1] ».

Peut-être, quand cette première réforme du droit électoral aura été réalisée, les hommes de valeur s'intéresseront-ils de nouveau à la politique, puisqu'elle ne leur ménagera plus uniquement des échecs devant la masse des unités votantes. Ils se passionneront de nouveau pour la vie publique jusqu'à y prendre part. Ils restaureront à sa vraie place la raison sociale qui est « l'intelligence de la foule aiguisée par la spécialisation chez l'élite, qui devient ainsi *hyperidéatrice*[2] ». Leur tâche sera d'« élaborer les idées de la société[3] » qui ne vit aujourd'hui que de vagues formules et de mots sonores et perd toute vigueur. En réalité, « la force véritable d'une société est dans les idées dont elle se nourrit et qui la font vivre[4] ».

Mais voici qu'un doute s'élève sur l'existence d'une phalange d'hommes aptes à saisir le pouvoir, et sur l'existence d'une classe à laquelle ils puissent demander de les soutenir dans leur œuvre. Ce double rôle semble devoir être, à l'heure présente, celui de la bourgeoisie et de son élite, qui sont passées au premier plan avec la Révolution.

Mais la bourgeoisie a-t-elle la vertu politique ? Elle est, en somme, composée d'hommes heureux, délicats et, par suite, timorés. Elle n'a point de principe directeur. Depuis qu'elle a conquis l'égalité dans son sein et, en outre, par sa richesse, la primauté sociale, aucune idée maîtresse ne la guide. Elle n'a plus rien à désirer ; elle a beaucoup à défen-

[1] A. Desjardins, *De la liberté politique dans l'État moderne*, p. 226 et 227.

[2] Izoulet, *la Cité moderne*, p. 117.

[3] J. Novicow, l'Elite intellectuelle et l'aristocratie *(Revue politique et parlementaire*, 10 mai 1896, p. 343).

[4] A. Laugel, *la France politique et sociale*, p. 338.

dre, mais ne s'imagine pas qu'on puisse tenter de le lui ravir[1].

Sceptique et frondeuse, elle n'est ni constante, ni opiniâtre ; son intelligence est grande mais non pas élevée, et son cœur est dur parce qu'elle n'a plus le droit de s'apitoyer sur son propre sort. En politique, elle aime le laisser faire et le laisser passer, estimant qu'après toute crise les grandes forces sociales retrouvent toujours leur puissance, qu'elle est de celles-là et la plus grande.

Déjà on s'est aperçu que le corps électoral n'était point pétri des forces vives de la nation. On vient de se rendre compte que les élus ne correspondent pas à l'élite. Celle-ci, en effet, déjà difficile à dégager, se méfie en outre du fantôme de souverain qui doit élire les corps représentatifs ; elle n'espère de lui ni discernement, ni justice. Elle s'accoutume donc à céder la place à des hommes quelconques.

Quelle est leur proportion dans les Parlements actuels ? Il est difficile de le déterminer. Mais on peut suivre leur activité et leurs œuvres.

Députés et sénateurs siègent, investis par leurs électeurs, mais au nom du pays entier, d'un mandat translatif de souveraineté. La volonté du peuple doit s'exprimer dans leurs déci-

[1] « A mesure que les conditions s'égalisent, il se rencontre un plus grand nombre d'individus qui, n'étant plus assez riches, ni assez puissants pour exercer une grande influence sur le sort de leurs semblables, ont acquis cependant, ou ont conservé assez de lumières et de biens pour se suffire à eux-mêmes. Ceux-là ne doivent rien à personne, ils n'attendent pour ainsi dire rien de personne, ils s'habituent à se considérer toujours isolément, et ils se figurent volontiers que leur destinée tout entière est entre leurs mains.

« Ainsi, non seulement la démocratie fait oublier à chaque homme ses aïeux, mais elle lui cache ses descendants et le sépare de ses contemporains ; elle le ramène sans cesse vers lui seul, et menace de le renfermer enfin tout entier dans la solitude de son propre cœur. » (De Tocqueville, *De la démocratie en Amérique*, t. III, p. 165.)

sions[1]. C'est donc qu'on les en suppose informés jusqu'aux moindres nuances, et qu'on se plaît ainsi à leur refuser toute originalité.

Que se passe-t-il en fait? Ou bien les représentants ne font pas réellement agir la volonté de la nation ; leur travail législatif est nul ou à peu près ; ou bien ils consentent à donner quelque répit au gouvernement, ils légifèrent, mais souvent, très souvent, ils se montrent mauvais interprètes de la volonté de la nation, et, dans les pays où fleurit le *referendum*, le peuple les désavoue[2] ; ou bien encore ils se mettent résolument à la tâche, mais, saisis d'une prudence qui est preuve de leur sincère humilité, ils ne comptent pas sur eux seuls pour aboutir. C'est alors qu'ils s'entourent de multiples avis, qu'ils vont chercher auprès de certains groupements existant dans le pays et plus directement intéressés par les questions en cause, les lumières dont le corps électoral les avait cru munis eux-mêmes. Encore les agents d'information dont il s'agit ici sont-ils bien imparfaits, soit qu'ils ne se rencontrent ni dans toutes les régions, ni dans toutes les branches, soit qu'ils aient été mal organisés et recrutés, soit enfin que le législateur ait

[1] On expose ici les idées en cours actuellement. Cela ne veut pas dire qu'on s'y rallie. On aura notamment plus loin à s'expliquer sur le principe qui concrétise dans la loi la volonté nationale et aussi sur la portée même de cette expression de « volonté nationale ».

[2] « Il me semble que ce Conseil (le Conseil national suisse) est, au contraire un fort mauvais portrait de la nation, puisque certains traits de l'original y sont grossis démesurément, d'autres atténués, d'autres supprimés. Si l'image était fidèle, il y aurait habituellement accord entre le peuple et les députés. Or, si les dernières statistiques que j'ai rencontrées dans les journaux sont exactes, voici ce qui s'est passé. Depuis l'établissement du référendum fédéral, vingt-six lois ont été soumises à la votation populaire.

Lois acceptées	7
Lois refusées	19

« J'en conclus que le peuple est souvent mécontent du travail de son image, d'où je conclus subsidiairement que l'image n'est pas fidèle. » (Ernest Naville, Représentation proportionnelle, *Journal de Genève*, n° du 11 juillet 1898.)

réduit infiniment leurs attributions et leurs droits. Mais, si faibles qu'ils soient, leur faiblesse venant secourir la faiblesse des Chambres fait de celle-ci presque une force.

Qu'est-ce donc que ce Parlement débile, et, par suite, inactif ou hésitant ? Il lui manque les capacités spéciales qui font les longues pensées, greffent sur celles-ci des efforts durables en chassant l'ennui qui s'attache, par dépit, aux choses vaguement connues.

En réalité, le Parlement est l'élu d'un corps électoral où ces capacités étaient méconnues. Il porte le stigmate de son origine, et, lorsque l'heure est venue pour lui de se soumettre à nouveau au choix des citoyens, il n'a pas de plus gros souci que de dresser le bilan de ce qu'il a fait ; ses adversaires, le bilan de ce qu'il n'a pas fait. C'est que là est le défaut de la cuirasse. Quatre ans d'existence, piètre défense, lorsqu'il ne dépend pas de soi-même de vivre, que la loi constitutionnelle a résolu que vous naîtriez tel jour et que vous disparaîtriez tel autre ! Du moins faudrait-il que cette existence ne soit pas remplie de trop d'agitations stériles, dissimulant une âme et une intelligence mortes sous des apparences de vie.

Quel est donc, en résumé, l'histoire de la démocratie au XIXe siècle ? Elle a commencé par poser des principes très élevés, très hardis. Puis elle a tenté de les appliquer, avec l'amour d'une simplification qui semblait devoir instituer et maintenir à jamais l'égalité parfaite. Mais le simple, le trop simple a conduit à se contenter des apparences, d'une esquisse d'organisation politique. On a été du simple au superficiel.

Le correctif ne consisterait-il pas, aujourd'hui, à passer du simple au complexe ? M. Séverin de La Chapelle pense qu' « après avoir, plus ou moins longtemps, suivi des idées simples, l'esprit humain doit, en s'élevant à des idées et à des applications composées, trouver la satisfaction de son invincible besoin de progrès [1] ». Il semble que ce soit plutôt dans l'application des idées qu'il convienne de perfectionner. Il faut prendre corps à corps le suffrage universel qui, à l'heure présente, est un fait irrémédiablement acquis, et qui forme la clef de voûte du régime représentatif. Un beau jour, on l'a donné au pays qui l'a adapté à ses formes politiques peu propres à cet usage. Cependant, ou passa outre. Le pays en souffre toujours.

Il faut donc se résoudre à une modification de l'organisation électorale. D'arbitraire, d'administrative qu'elle est, on la fera issue des entrailles mêmes de la nation. Sur ces bases nouvelles, on pourra « organiser la grande force inorganisée qui s'appelle le suffrage universel [2] ». Voilà la transformation rêvée par ceux qui veulent introduire dans le droit électoral la *représentation des intérêts.*

Leurs études, leur activité de propagande, leur talent méritent qu'on leur prête attention, ne serait-ce déjà que parce qu'ils s'inquiètent de la politique. Celle-ci, en effet, « aujourd'hui, en République, et sous le régime du suffrage universel, n'est plus une chose particulière et accessoire, une forme isolée d'activité publique n'intéressant qu'une classe d'hommes, mais elle est la chose et l'intérêt de tous ; la vie politique, c'est la manifestation même de la vie morale de la nation et celui qui se préoccupe de celle-ci ne saurait vouloir ignorer celle-là [3] ».

Alors, n'est-il point attristant de constater que la démocratie française a pour « défaut favori » d'être superficielle ! Et que n'est-on pas tenté de penser, d'après sa vie politique, de sa vie morale !

[1] *Nouvel organisme de la souveraineté nationale en France*, p. 12.

[2] De Greef, *la Constituante et le régime représentatif.*

[3] A. Sabatier, *Journal de Genève*, du 26 septembre 1897.

LA

REPRÉSENTATION DES INTÉRÊTS

DANS LES CORPS ÉLUS

PREMIÈRE PARTIE

LA THÉORIE

CHAPITRE PREMIER

LE PRINCIPE DE LA REPRÉSENTATION DES INTÉRÊTS

A. — Le développement des associations et l'idée de représentation des intérêts.

On a constaté combien, à tous points de vue, la démocratie est organisée de façon superficielle en France, et ailleurs ; on a songé à trouver un remède qui pût écarter ce mal, dont le régime représentatif risquait de mourir. Ce n'était pas assez. Il restait encore à déterminer le point précis où il convenait d'opérer.

Or, il est certain que, depuis 1848, le suffrage universel est devenu la vraie base du régime politique. Que le principe soit indiscuté, ou mieux qu'il soit devenu, par le fait même qu'il est appliqué, indiscutable, c'est ce dont se sont rendu compte, sans peine, les hommes épris des problèmes du droit constitutionnel. C'est alors aux procédés de la pratique qu'ils se sont attaqués, et le droit électoral se trouve tout particulièrement menacé.

Ce droit, depuis la Révolution de 1789, n'envisage dans les citoyens que leur caractère d'unités votantes ; ainsi, de façon générale, les individus ressortissant à une même nation sont sur le pied d'une complète égalité pour l'exercice de leurs droits civiques.

Cette conception est des plus simplistes. Elle paraît, à première vue, n'en avoir que plus de mérite. En réalité, c'est là son vice, son vice fondamental, celui qui précisément fait de la démocratie, notamment en France, un régime si superficiel.

On ne semble pas s'en être rendu compte pendant tout le cours de ce siècle. Mais c'est que, depuis cent ans et plus, on a assisté à une alternance rapide de ce que Saint-Simon[1] nomme des *périodes critiques* par opposition aux *périodes organiques*. Pour Saint-Simon, comme pour les théocrates, les *périodes critiques* correspondent aux temps des révolutions. Alors « l'individu s'affranchit dans une certaine mesure du lien social[2] ». Tout un ensemble de faits surgissent dont l'individualisme est le plus saillant, s'exagérant en égoïsme et bientôt en désordre.

Actuellement, il semble que l'on sorte enfin de ces époques troublées et que l'on soit presque entré dans une *période organique*, non pas cependant de l'espèce que M. Hauriou[3] appelle des *renaissances*, parce que « l'Etat domine », mais de celles qu'il nomme des *moyen-âges*, parce que la société s'y trouve organisée de façon non étatique : cela revient à dire que l'Etat y joue son rôle, mais en demeurant dans de justes limites, qui lui sont tracées par l'existence non seulement des

[1] *Introduction aux travaux scientifiques du XIXe siècle*. Œuvr. choisies, t. I, p. 146 et 149. Cette même idée est familière à Auguste Comte.

[2] Hauriou, Des Moyen-âges et des Renaissances (*Revue de métaphysique et de morale*, septembre 1895, p. 527).

[3] *Ibid.*, p. 527 et 528.

individus, mais encore des associations. Et l'association implique le dévouement et l'ordre.

Passer de l'unique adoration de l'individu au respect du groupe est certainement s'élever d'un degré, au moins, dans la conception de la vie sociale. Il y a plus que du pur instinct dans le fait de saisir par la pensée que d'autres êtres ont des intérêts communs avec les vôtres. Et le discernement est complet lorsque, placé au milieu de la foule des individus qui partagent des intérêts avec vous, on sait, en outre, se rapprocher plus intimement de la catégorie qui vous est plus nettement semblable par les affinités que toutes les autres. Ce phénomène est celui de « l'intégration des éléments sociaux, qui suit leur différenciation » et « se fait sur la base des ressemblances ».

Au cours d'une première phase, l'attraction agit et rassemble ; au cours d'une seconde, les gens ainsi groupés éliminent les éléments étrangers à leur groupe, qui s'y sont fourvoyés et qui peuvent compromettre son action. Puis, dans une dernière phase, le groupe se reconnaît et s'organise définitivement.

Ce n'est pas tout. Il reste aux groupes à saisir de quelle nécessité il est pour eux de régler leurs mutuels rapports, de façon à ne point se gêner les uns les autres, mais bien au contraire à s'entr'aider et souvent à réaliser, dans leur communauté de groupes, ce que chacun d'eux représente au milieu de la communauté des individus. Ils peuvent ainsi se coaliser, se fédérer en un corps plus vaste où cependant chaque élément-association garde ses coudées franches pour tout ce qui est de ses intérêts plus particuliers. Tel est le processus qui doit aboutir à l'intégration sociale des temps modernes; c'est-à-dire à une prépondérance des collectivités sur les unités, mais sans absorption totales de celles-ci. En fait, « cette intégration s'opère sur la base des intérêts communs des groupes combinés *ad hoc* et non sur les individus qui les composent ».

L'individu est donc détrôné, considéré comme incapable de

rien obtenir à lui seul, ou du moins de satisfaire à plus qu'un minimum infime de ses besoins et de ses aspirations.

L'individualisme ne produit que des forces isolées et restreintes ; mais que l'on trouve le moyen de les grouper, de les associer, de leur imprimer un mouvement commun, de les diriger vers un but bien défini, on obtiendra une puissance colossale. Or, par la force même des choses, des unions se sont formées ; en vain a-t-on détruit celles des siècles passés et a-t-on dressé les obstacles les plus grands devant les velléités de formations nouvelles. Il a fallu céder, et la législation elle-même consacre aujourd'hui l'existence d'associations. « Pour remédier à l'impuissance évidente de la personnalité humaine simple, et à l'impuissance relative du groupe naturel de la famille, il surgit forcément dans toute société avancée des corps composés formés par l'homme, mais affranchis des faiblesses de la nature matérielle et dont l'organisation méthodique ne peut être que le résultat de l'expérience collective de générations susceptibles d'aspirations très compliquées[1]... »

Mais ne tombe-t-on pas dans les exagérations contraires? Est-il besoin d'annihiler complètement l'individu?

Non vraiment, et il est plus juste de considérer qu'il est une certaine activité que l'individu peut seul déployer au sein même du groupe. Celui-ci de son côté a une fonction à remplir dont bénéficieront chacun de ses membres.

Il ne faut donc pas être victime de l'aberration que signale M. Adolphe Coste dans son *Nouvel exposé d'économie politique et de physiologie sociale*, lorsqu'il écrit : « Nous ne distinguons pas suffisamment dans l'activité qui se déroule sous nos yeux, *la part de l'homme individuel de la part de la collectivité*[2]. » Appliquant cette idée en matière de suffrage poli-

[1] Séverin de la Chapelle, *Nouvel organisme de la souveraineté nationale en Franoe*, p. 56.

[2] Page 6. Cette conciliation fait la force du peuple anglais. « Et cependant, comment nier, dit M. Fouillée, qu'il y ait en Angleterre, plus encore qu'ailleurs, des traits communs de tempérament, d'éducation morale et sociale, de tra-

tique, M. H. Denis estime que « le droit de suffrage est à la fois droit naturel et fonction. Le droit appartient à l'individu, la collectivité exerce la fonction, cela conduit au suffrage universel organisé[1]. » Et telle est bien la formule de la plus récente théorie émise en vue de remédier au vice dont est atteinte la démocratie actuelle, celui d'être superficielle.

Dans la théorie nouvelle, les individus ont leur place, et les associations jouent un grand rôle ; les uns et les autres se servent mutuellement de correctifs, de telle sorte que, évitant l'anarchie, on ne tombe cependant pas dans l'étatisme. On se cantonne dans un de ces *moyen-âges*, où la société est organisée de façon non étatique soit dans son ensemble, soit dans chacun de ses groupements intérieurs, sur quelque base que ceux-ci soient constitués.

C'est que l'on a vu le rôle indispensable, et destiné à devenir de plus en plus nécessaire, des groupements interposés entre la puissance de l'État et la poussière des individus.

C'est là qu'on a trouvé l'équilibre entre la solidarité et la liberté individuelle. Disséminez les individus sans possibilité d'union : les forts ont bientôt fait d'accaparer tous les profits de la civilisation et du progrès matériel ; les faibles font alors appel à l'État pour les défendre.

L'association est donc indispensable, mais il doit y avoir persistance de l'individualité au sein même de l'association. Celle-ci substituera à « l'esprit de foule » « l'esprit de corps[2] » et elle sera ainsi un composé de niveau supérieur aux composants.

dition historique, qui aboutissent à des courants déterminés d'avance et par où les individus, quelque originaux ou même excentriques qu'ils soient, sont d'abord obligés de passer ? C'est ce qui fait que nous trouverons tout ensemble en Angleterre et de si fortes personnalités, et une telle puissance d'association pour des œuvres impersonnelles. » (L'Individualisme en Angleterre, *Revue des Deux Mondes*, 1er octobre 1898, p. 525 et 526.)

[1] H. Denis, *Revue sociale et politique*, année 1891, n° 5, p. 447.

[2] G. Tarde, Foules et sectes au point de vue criminel (*Revue des Deux Mondes*, 15 novembre 1893).

Une communauté, pourvu qu'elle ait un centre et quelques organes, vaudra donc toujours plus que la moyenne de ses membres. Elle haussera ceux-ci à son niveau ; puis, les dépassant encore, elle atteindra à un degré supérieur. Peut-on dès lors souhaiter de meilleurs éléments constitutifs pour une société que les associations ? Le tout est de les concevoir sainement.

La Révolution a fait justice des formes étroites auxquelles étaient parvenus les corps de métier. Seulement elle a dépassé le but et le législateur de 1791, par crainte des associations oppressives, a interdit toute association.

Sans doute il était hanté par cette vision de Rousseau d'un pays où nulle brigue et nulle association partielle ne se ferait aux dépens de l'Etat, ne créerait pas ainsi autant de volontés que d'associations, mais en laisserait subsister autant que d'hommes, les ferait se manifester avec leur grand nombre de petites différences, chacune n'opinant que d'après elle seule, de façon à exprimer réellement la volonté générale[1].

C'est le temps qui ramène peu à peu l'équilibre ; il lui a fallu ici trois quarts de siècle.

Les faits plus puissants que les théories et les principes *a priori* obligèrent à tolérer certaines associations, puis les remirent toutes en honneur.

La véritable impulsion dans cette voie est due au développement rapide de la vie industrielle, de la vie économique entière du pays. A une extension immense de la production et de la répartition devait nécessairement correspondre une organisation qui assurât l'harmonie de leurs facteurs. Ceux-ci surtout se multipliaient grâce à la prépondérance de la division du travail.

Cette loi de division du travail, dont les bienfaits étaient certains, devenait au contraire néfaste si elle n'était pas accompagnée d'une coordination entre les éléments qu'elle créait.

[1] J.-J. Rousseau, *Contrat social*, livre II, chap. III.

Les règlements d'usines ne suffisaient point, pas plus qu'ils ne pouvaient assurer le respect des droits divers des employeurs et des employés.

Toute cette évolution économique frappa les théoriciens. Au lendemain des guerres de l'Empire, les tendances vers un régime purement industriel, prirent, aux yeux de certains, les proportions d'un changement radical dans la vie du pays. Saint Simon rêve d'un Etat industrialisé, il croit même que l'heure en est venue.

Ses disciples, au milieu de leurs infidélités, restent cependant attachés à cette idée maîtresse de la doctrine et qui va pénétrer toutes les questions.

Et ils ne s'intéressent pas seulement aux choses purement matérielles, ils font entrer dans leur système tout ce qui est intellectuel ou moral. Auguste Comte est souvent revenu sur ces mêmes conceptions et, depuis lui, bien des hommes de haute valeur ont constaté que la vie du pays est aujourd'hui surtout économique et en même temps mêlée de préoccupations sociales. « Le grand problème de notre époque, prétendait M. de Laveleye, est économique et social plutôt que politique. Ce qui occupe avant tout les hommes, c'est de savoir non pas comment les pouvoirs, mais comment les richesses se répartiront[1]. » C'est là la « politique positive[2] ».

Le trait d'union est établi, la politique actuelle se trouve être surtout de l'économie politique. Les méthodes d'ordre et d'examen vont s'introduire dans la politique comme elles ont enfin pénétré et envahi les sciences physiques et naturelles, avec Auguste Comte et Claude Bernard, l'économie politique et sociale avec l'Ecole historique.

On imitera même servilement et jusqu'aux pires exagérations. C'est ainsi qu'actuellement de nombreux auteurs veu-

[1] De Laveleye, *Essai sur les formes de Gouvernement*, p. 11.

[2] Georges Weill, *Saint-Simon et son œuvre*, p. 153. — V. également Ch. Turgeon, la Science économique et la politique nationale (*Revue d'économie politique*, année 1888, p. 9).

lent voir dans une nation la représentation en tous points exacte d'un être vivant et fondent la méthode dite de « sociologie biologique ».

Sans aller aussi loin, il faut reconnaître que, par l'application des méthodes d'examen, on a été conduit à discerner, entre l'Etat et les individus en foule, des éléments intermédiaires et organisés qui sont les groupements. Ces groupements jouent un rôle avant tout économique ; mais l'économique et le politique en sont venus à se tenir de très près. Dès lors, on conçoit que les groupements qui sont de telle importance dans l'un, puissent occuper une place dans l'autre, puissent même devenir une base nouvelle du suffrage universel, et, par suite, de tout le régime représentatif.

« Le temps est peut-être venu aujourd'hui, dit, avec une hardiesse généralisatrice, M. Séverin de la Chapelle, de rechercher si ces personnalités morales qui sont les sociétés de toutes natures, sociétés artistiques, industrielles, patronales, ouvrières, commerciales, de bienfaisance et même d'études et de propagande, librement constituées depuis 1789, ayant leur personnalité civile, leur siège social et leur avoir collectif, dans les limites territoriales de l'Etat, ne sont pas les vrais membres de l'Etat, à bien plus juste titre que les individus, simples membres de l'Etat moral, comme les communes et les autres subdivisions territoriales sont membres de l'Etat territorial, et si ces personnalités morales ne sont pas des membres d'autant plus nécessaires de la souveraineté de l'Etat, que c'est par elles, et par elles seules, que le génie propre de chaque nation peut librement et complètement se manifester[1] ».

De cette tendance, qui va chaque jour s'accentuant, une bonne part a été consacrée officiellement par la loi de 1884 sur les syndicats, loi qui s'étendra à toutes sortes d'associations, qui sera même élargie et, si libérale déjà, le deviendra plus encore.

[1] Séverin de la Chapelle, *Nouvel organisme de la souveraineté nationale en France*, p. 85 et 86.

M. Séverin de la Chapelle ne mesure pas seulement le chemin parcouru ; il escompte l'avenir, en raisonnant suivant une logique serrée ; et dans ces groupements qui seront des vraies unités nationales, il en distingue de trois sortes : les unes économiques, dont il a été surtout question jusqu'ici, d'autres sociales, les dernières territoriales.

Parallèlement, et même, la plupart du temps, à l'intérieur des groupes économiques, sont apparus les groupes sociaux. Il en était en germe déjà sous l'ancien régime, dans le domaine industriel.

Les débuts de la grande industrie, à la fin du XVIIIe siècle, furent accompagnés déjà d'antagonisme entre les employeurs et les employés. Avec le XIXe siècle, la lutte devient plus ardente ; patrons et ouvriers forment deux catégories sociales nettement tranchées. La meilleure preuve en est dans les efforts déployés afin de les rapprocher. Ou bien on les engage à concourir fraternellement à la conquête des avantages qu'ils désirent et à la sauvegarde de leurs intérêts, dans les syndicats mixtes ; ou bien, selon la doctrine de l'Ecole des coopérateurs, on tend à les identifier les uns aux autres, à les rendre tous à la fois patrons et ouvriers. A l'heure présente, il est certain qu'au point de vue social, la grosse distinction entre les ouvriers et les chefs d'entreprise, ou, de façon plus générale, la bourgeoisie, est la plus essentielle. Il s'en rencontre d'autres cependant : celles des éléments civils et militaires, laïques et religieux, de la science et de la pratique, etc.

Qu'il y ait d'étroites relations entre ces groupements et ceux du domaine purement économique, cela est de toute évidence ; mais il n'y a pas confusion. Seulement les groupes sociaux arguent de leurs rapports avec les groupes économiques pour réclamer la même part d'influence dans la vie politique. Les ouvriers surtout demandent une représentation spéciale du travail. Puis sont venus certains membres du clergé qui ne craignent pas d'affronter les luttes électorales ; des militaires de haut grade, atteints par la limite d'âge, ne dédaignent pas de siéger au Parlement.

Mais que vont devenir, au milieu des améliorations rêvées des bases du suffrage universel, les circonscriptions territoriales qui existent actuellement ? Sont-elles appelées à disparaître ? Et, si tel est leur sort, seront-elles remplacées par d'autres toujours territoriales, mais plus vastes ou plus restreintes ?

Il est un fait qui frappe tout d'abord ; c'est l'impossibilité d'envisager le pays entier comme une circonscription électorale unique. L'impossibilité subsiste si, dans cette circonscription unique au point de vue territorial, on distingue cependant des circonscriptions diverses au point de vue économique ou social, mais basée chacune sur la similitude d'intérêts. Il serait illusoire de vouloir faire voter tous les agriculteurs de France, par exemple, sur une liste unique de candidats.

En somme, une seule question subsiste : étant donné qu'il faut pratiquement diviser le pays en circonscriptions territoriales, comme subdivisions des circonscriptions d'ensemble établies déjà d'après les intérêts, doit-on, peut-on s'en tenir au morcellement en départements, arrondissements, cantons et communes ?

Or, si l'on se reporte aux conditions dans lesquelles ils ont été institués, si l'on se rappelle la protestation véhémente de Mirabeau, on se rend compte immédiatement que, tels qu'ils ont été compris, ils n'étaient nullement imposés ni par les événements historiques, ni par des considérations scientifiques suffisantes. Le législateur a voulu découper le pays en portions à peu près équivalentes et, cherchant quelque ligne déjà tracée qui pût guider sa plume, il s'est arrêté aux accidents du sol toutes les fois qu'il devait abandonner les frontières des anciennes provinces.

Une autre idée cependant était toute-puissante. Il importait que tout convergeât vers l'Etat, que tout lui fût subordonné. Il n'y a pas à s'y tromper, les révolutionnaires les plus ardents étaient hantés par la raison d'Etat et ils devaient préparer les éléments dont Napoléon forma la centralisation.

Le Premier Empire sembla donner définitivement droit de cité aux départements, arrondissements, etc. Il fallut le léger assouplissement de cette organisation administrative et centralisatrice, sous le Second Empire, pour que ceux de ces inconvénients qui subsistaient fussent sentis davantage, par contraste, et pour qu'une réaction se précisât.

Déjà la voix éloquente de Guizot s'était fait entendre; il sentait que la formation administrative et électorale de la France ne pouvait durer telle qu'elle était, avec son caractère trop artificiel, qu'elle était comme un ressort trop tendu vers le centre ; qu'il fallait lui donner plus de jeu, arriver à une décentralisation dont les éléments seraient des groupements naturellement formés. « Un peuple, écrivait-il, n'est point une immense addition d'hommes....., tous contenus et représentés dans un chiffre unique qu'on appelle tantôt un Roi, tantot une Assemblée. Un peuple est un grand corps organisé, formé par l'union, au sein d'une même patrie, de certains éléments sociaux qui se forment et s'organisent eux-mêmes naturellement, en vertu des lois primitives de Dieu et des actes libres de l'homme.

« La diversité de ces éléments est un des faits essentiels qui résultent de ces lois; elle repousse absolument cette unité fausse et tyrannique qu'on prétend établir au centre du gouvernement pour représenter la société où elle n'est pas[1] ».

Cependant, si Guizot aspirait à une décentralisation, ce n'était point en vue de favoriser une représentation des intérêts.

En effet, il ne voyait pas dans une société une « fédération de professions, de classes, d'opinions qui traitent ensemble, par leurs mandataires distincts, les affaires qui leur sont communes[2] ».

[1] Guizot. *De la démocratie en France*, p. 109 et 110.

[2] *Ibid.*, p. 111.

Actuellement bien des gens se placent sur le même terrain que Guizot. Mais il en est quelques autres qui, non contents de vouloir la décentralisation en conservant les organes administratifs et territoriaux existants, veulent voir disparaître ceux-ci pour y substituer ce qui serait à la fois une nouveauté et une vieillerie : des provinces. Ils jugent, en effet, que ces divisions sont des groupements dont la raison d'être se trouve dans les événements historiques dont ils ont été le théâtre et les acteurs, dans leur situation au point de vue du climat et des produits du sol, dans les particularités de leurs éléments ethnologiques.

A cet ensemble de caractères correspond une fibre intime qui est comme un sous-patriotisme, et des intérêts qui, le plus souvent, sont très nettement définis. Un Normand n'est pas identique à un Dauphinois, un Lorrain à un Provençal. Ils ont des intérêts qui leur sont propres, en dehors même des intérêts économiques. Il ne suffirait pas de substituer des provinces aux départements : elles devraient être prises comme trame d'une organisation électorale qui se composerait, en outre d'elles, des circonscriptions électorales avec fondement économique ou social. Les circonscriptions de ces deux derniers genres seraient concentriques aux territoriales, en seraient des subdivisions, mais parfois déborderaient par-dessus leurs limites.

On aurait ainsi, par exemple, le groupe des agriculteurs de la Provence, celui des professions libérales de la même province, etc., ou bien le groupe des agriculteurs de la Franche-Comté, le groupe des industriels de la Franche-Comté, etc... Mais sous aucun prétexte, et malgré leur importance, les divisions territoriales ne devraient primer les divisions économiques ou sociales, devenues essentielles dans l'organisation du suffrage universel; et, en effet, « tous les besoins moraux des sociétés, la religion, l'éducation, les sciences, les arts, l'industrie, les questions si palpitantes qui se rattachent à l'économie politique, les rapports industriels et commerciaux des hommes, les questions de salaire, de chômage, de grève, le paupérisme et toutes les souffrances imméritées souvent qu'il entraîne, tout cela lui (à l'Etat) est complètement étranger.

« Seulement l'Etat s'expose, en n'ayant en lui que des organes d'ordre purement territorial, à violer dans ces matières délicates et complexes, des principes vitaux des sociétés progressives, qui, dans l'ordre purement territorial, sont secondaires et en quelque sorte voilés[1] ».

En résumé, il y a trois sortes de groupements, les uns économiques, les autres sociaux, les derniers territoriaux. Les deux premières catégories sont très souvent superposées. Un groupement de l'une n'est alors que la réunion de groupements de l'autre.

Tel est le cas pour l'industrie qui embrasse patrons et ouvriers, employeurs et employés.

Un régime rationnel de représentation des intérêts devra se montrer respectueux des trois courants d'intérêts, économiques, sociaux, territoriaux, et s'ingénier à en combiner la représentation.

Ainsi se trouvera substituée à la division unique, et souvent produit de l'arbitraire, qui donne comme fondement au suffrage universel des fragments de territoire renfermant tel ou tel nombre d'électeurs, la distinction dans le pays de trois sortes de bases de répartition des électeurs, et une représentation qui correspondra à la fois à toutes trois.

C'est un système qui, à première vue, paraît infiniment plus compliqué ; mais, en réalité, il est logique, car il ressort des faits eux-mêmes ; c'est-à-dire qu'il n'est plus superficiel.

Il est certainement déjà bien plus délicat de dresser une liste d'impositions pour appliquer l'impôt de patente, que pour appliquer simplement l'impôt personnel. Il y a entre le régime représentatif actuel et celui qui existerait, avec la représenta-

[1] Séverin de la Chapelle, *Nouvel organisme de la souveraineté politique en France*, p. 83 et 84.

tion des intérêts, une différence analogue et toute en faveur du second.

On ne constate plus seulement l'existence d'un citoyen en tel point de territoire, mais en outre son existence en tant que commerçant, industriel, agriculteur, etc. Il y a une seconde opération jointe à la première et qui est plus poussée que celle-ci. On est arrivé enfin à concevoir cette complexité plus grande de classement électoral des citoyens, parce que l'on a reconnu que toutes les forces sociales organisées ou non, agissent spontanément sur l'ensemble de l'activité sociale, et qu'il serait sans doute profitable de remplacer l'action instinctive, incohérente et violente que suscite l'esprit de parti par l'action raisonnée consciente et régulière que provoquent des intérêts certains.

Il y avait dès lors un avantage à relier, à coordonner, à harmoniser tous les besoins internes, c'est-à-dire tous les intérêts, d'abord dans leurs centres particuliers de représentation, ensuite dans des centres communs régulateurs.

Cette préoccupation a envahi des esprits et des Ecoles de natures les plus opposées. A côté de M. A. Desjardins[1], à côté de M. Descamps-David, qui voit, il est vrai, dans la réforme un « désideratum de l'avenir », voici de Sismondi: « Le législateur doit s'attacher à respecter la vie du corps politique telle qu'elle existe ; il doit, de même, ménager toutes celles de ses parties qui lui paraissent douées de vitalité... aussi doit-il se proposer avant tout de donner à chacune de ces parties de l'Etat, à chacun de ces intérêts qu'il doit ménager une langue pour s'exprimer, une main pour se défendre[2] ». Proudhon est moins net ; mais, sous la généralité des termes, se devine la préoccupation de donner à chacun la langue et le bras que réclamait de Sismondi.

« La représentation nationale, écrit Proudhon, là où elle

[1] A. Desjardins, *De la liberté politique dans l'État moderne.*
[2] Sismondi, *Étude sur les Constitutions des peuples libres*, p. 26.

existe comme condition politique, doit être une fonction qui embrasse la totalité de la nation dans toutes ses catégories de personnes, de territoire, de fortune, de facultés, de capacités, et même de misère[1]. »

Enfin, c'est à M. Ad. Prins qu'il convient d'emprunter l'expression condensée, et cependant complète et frappante par le contraste qu'elle évoque, de l'idée de représentation des intérêts. « Le système rationnel n'est pas celui qui se borne à faire voter tout le monde, mais celui qui représente les intérêts de tout le monde[2]. »

Cependant à analyser cette dernière proposition : le système « qui représente les intérêts de tout le monde », on s'aperçoit qu'elle contient deux termes très distincts, et que, si l'un se personnifie dans le représenté, l'autre s'incarne dans le représentant. Or, jusqu'ici, il n'a été question que du premier ; mais le second peut-il être quelconque du moment qu'il vient d'être établi que le premier ne saurait plus être une unité ? A la qualification du représenté doit, semble-t-il, correspondre une qualification du représentant. Actuellement, à un imbroglio d'intérêts multiples, qui restent vagues et même ignorés, on donne un député dont la profession, c'est-à-dire l'indice de connaissances et d'aptitudes plus particulières, n'entre pas en ligne de compte et ne le peut en présence de l'anonymat absolu du corps électoral au point de vue des intérêts. On se contente de supposer à l'élu une capacité vague et générale, ce qui ne veut pas dire qu'elle soit grande.

Mais du moment qu'on se mêle de faire représenter des intérêts bien définis, il devient d'élémentaire prudence de confier cette mission, en tout premier lieu, à des hommes qui aient une sérieuse connaissance de ces intérêts, parce qu'ils sont aussi les leurs[3]. Une fois le principe de la représentation des

[1] Proudhon, *Théorie du mouvement constitutionnel au* XIXe *siècle.*

[2] Extrait d'une *conférence*, publiée en plaquette.

[3] *Contra*, M. Helleputte, Chambre des représentants belges, séance du 16 mars 1893. Ses. ord. 1892-1893 (*An. Parl.*, *Ch. Rep.*, p. 941).

intérêts posé, « on trouvera aussi absurde qu'un homme ait la prétention d'être le premier magistrat de la Seine-Inférieure, par exemple, en restant étranger à la fabrication et au commerce des cotonnades et des draps, qu'il le serait de mettre un évêque à la tête d'un régiment de carabiniers ou de hussards[1] ».

Il va sans dire que ce choix nouveau de représentants éliminerait du monde politique bien des gens qui ne sont que des politiciens, ou tout au moins qui ont été entraînés à faire de la politique par leur profession même, tels les avocats, partout, et les médecins, dans les campagnes. A leur place, siègeraient des commerçants, industriels, etc., etc.

Cependant, les hommes des carrières libérales ne seraient point complètement exclus : eux aussi, en effet, ont des capacités précieuses et, en tout cas, des qualités qui pourraient bien être souvent des correctifs aux défauts que, nécessairement, comme tout régime électoral, renferme la représentation des intérêts. Sur cette question, il convient de n'être pas aussi intransigeant que Saint-Simon[2].

Une fois établi, le premier point qui consiste à confier, de préférence, la défense des intérêts du groupe à celui qui les partage, il s'en présente un second dont l'évidence est absolue et qu'il est presque enfantin de signaler. Parmi tous ceux qui ont les mêmes intérêts, il faut confier la défense de ces intérêts à celui qui est le plus apte à la prendre en main avec un véritable succès. L'élément de choix, au point de vue de la pure capacité, passe au premier plan. On va tendre à remettre la direction des affaires publiques à ceux « qui, par leur pensée, éclairent les esprits et dont les bras puissants enrichissent le monde[3] ».

Il y a dans toute nation une élite dont la vraie fonction est

[1] *Religion Saint-Simonienne, A tous*, p. 13.

[2] Saint-Simon, *Du système industriel*, p. 7 et 8.

[3] Religion Saint-Simonienne, Economie sociale et politique (articles extraits du *Globe*, p. 97).

tout d'abord de discerner les aspirations de la masse, de faire entre elles un triage donnant satisfaction à celles qui sont bonnes et opportunes à la fois, repoussant les autres ou les redressant.

Ces fortes personnalités s'assimilent les richesses intellectuelles et morales de leur nation, de leur groupement ; mais, après les avoir éprouvées, modifiées peut-être au feu de ce quelque chose de purement personnel, qui est comme leur « moi » critique et créateur.

Puis elles vont de l'avant, et leur tâche revêt un autre aspect : elles ne cherchent ni ne corrigent plus ; elles pensent et s'efforcent d'inculquer à la foule des idées neuves et fécondes[1]. Ce sont elles qui donneront le mot d'ordre à la troupe des âmes moyennes sans que l'on puisse déplorer la sujétion de celles-ci. En réalité, cette sujétion ne pèse pas à la foule, qui, y trouvant son bien, ne s'en aperçoit même pas. Le véritable homme d'État est celui qui possède l'élégance consistant à se servir des vagues sentiments du public sans s'y asservir et à ménager le peuple tout en faisant son éducation.

Enfin l'élite est pour la conscience de la nation ce qu'était le Sénat conservateur pour les lois de l'Empire. C'est en elle que réside cette conscience qui « entraîne et commande le reste... Patrie, honneur, devoir sont choses créées et maintenues par un tout petit nombre au sein d'une foule qui, abandonnée à elle-même, les laisse tomber[2] ».

L'élite doit être aidée dans son œuvre par des agents subalternes, des intermédiaires entre elle et la foule[3] ; elle devra donc

[1] « D'abord, au milieu du silence, des ténèbres et de l'assujettissement de tous, on voit quelques hommes subitement éclairés d'une lumière qui semble sortir d'eux-mêmes. Ils sont comme les cimes de l'humanité, qui rayonnent sous un soleil invisible quand le reste de la terre est encore dans les ténèbres. » (Edgar Quinet, *la Révolution*, t. I, p. 43.)

[2] Renan, *la Réforme intellectuelle et morale de la France*, p. 67.

[3] Il y a là toute une œuvre lente et continue qui est, pour partie, ce que M. Solvay appelle « l'influencement électoral régulier, permanent du moins capable par le plus capable ». (Sénat belge, séance du 26 avril 1893. Ses. ord. 1892-1893. *An. Parl. S.*, p. 289.)

s'ingénier à découvrir ces intermédiaires. Elle y parviendra puisqu'elle est ce qu'il y a de mieux dans la nation. Aucune beauté morale ou intellectuelle ne la dépassera, soustrayant ainsi à son appréciation et à sa mesure quelque partie de la nation.

Mais n'est-ce point beaucoup demander au peuple que la désignation des plus capables ?

Il peut s'acquitter de cette fonction, qui se borne à choisir des hommes et non pas des idées. Cette dernière tâche est presque toujours au-dessus de sa capacité, car ainsi que le dit M. Izoulet : « l'idéation n'est pas la fonction de tous les individus qui composent la société, mais seulement des individus spécialisés[1] » qui formeront « la *tête* future de l'animal politique », le « jour stable » l' « astre fixe[2] ».

C'est dans l'avenir que M. Izoulet entrevoit la formation de cette « élite organisée[3] ». Peut-être a-t-il raison de ne pas trop compter sur le présent ; il ne semble pas que ce soit au régime actuel que l'on puisse demander une pareille création[4].

Ce régime, qui manque de logique, parce qu'il a été trop construit dans l'absolu, est un instrument imparfait et par suite délicat à manier. Il faudrait que les mains auxquelles il est confié soient infiniment expertes. Et justement elles n'ont ni souplesse, ni sûreté. Elles sont à peine dégrossies.

Démocratie superficielle ! faut-il, en effet, répéter avec Renan ; c'est-à-dire démocratie dont l'éducation presque tout entière reste à faire, non seulement l'éducation politique, mais encore l'éducation intellectuelle et morale. Tant que cette œuvre n'aura pas été accomplie, le peuple gardera latente en lui son aptitude à faire choix de l'élite, il se contentera de cet instrument rudimentaire qui est le suffrage universel actuellement pratiqué, il s'en tiendra à une interprétation brutale des

[1] Izoulet, *la Cité moderne*, p. 116.
[2] *Ibid.*, p. 122.
[3] *Ibid.*, p. 122.
[4] E. Zola, *Nouvelle Campagne*, l'Elite et la politique, p. 187 et suiv.

principes de la Révolution, et, en particulier, de celui de l'égalité.

De Tocqueville[1] reconnaissait que la race des hommes d'Etat américains s'était abâtardie; il en voyait là cause dans le fait que la démocratie avait « dépassé toutes ses anciennes limites». Les lumières du peuple ne pouvaient plus être élevées au-dessus d'un certain niveau, faute de temps, malgré les sacrifices faits pour l'éducation et l'instruction, malgré le perfectionnement des méthodes. La vie économique est si remplie, si fiévreuse qu'elle prend l'individu tout entier; la vie politique s'en trouve lésée.

Cependant, admet de Tocqueville, « ce n'est pas toujours la capactié qui manque à la démocratie pour choisir les hommes de mérite, mais le désir et le goût ». La soif d'égalité aveugle et absolue a envahi le monde, et comme les individus ne peuvent jamais atteindre celle-ci, ils sont sans cesse torturés par l'envie. Ils ont beau, alors, reconnaître dans leur for intérieur la supériorité de leur voisin, ils ne veulent plus l'admettre publiquement, ni la seconder. Ils s'imaginent toujours que, par quelque autre point, ils s'élèvent au même niveau, même au-dessus. Et dans l'aveu de la valeur du voisin ils trouvent encore l'occasion d'exalter leur propre orgueil.

D'autre part, les hommes supérieurs se sentant méconnus ou jalousés, toujours combattus, s'éloignent de la carrière politique.

Avec l'égalité, comprise de si mesquine façon, a surgi l'uniformité qui, dans le domaine électoral, donne naissance au suffrage universel qui vient de l'égalitarisme, le respecte et s'en inspire. Puis, à l'uniformité du corps électoral, s'ajoute celle des corps élus qui n'est autre que la médiocrité. De Tocqueville déclare nettement qu'il lui « est démontré que ceux qui regardent le vote universel comme une garantie de la bonté des choix se font une illusion complète[2] ». Renan n'est pas

[1] De Tocqueville, *De la Démocratie en Amérique*, t. II, chap. v.
[2] *Ibid.* t. II, p. 49.

moins catégorique. « Un pays, écrit-il, n'est pas la simple addition des individus qui le composent; c'est une âme, une conscience, une personne, une résultante vivante. Cette âme peut résider en un fort petit nombre d'hommes; il vaudrait mieux que tous puissent y participer; mais ce qui est indispensable, c'est que, par la sélection gouvernementale, se forme une tête qui veille et pense pendant que le reste du pays ne pense pas et ne sent guère. Or, la sélection française est la plus faible de toutes. Avec son suffrage universel non organisé, livré au hasard, la France ne peut avoir qu'une tête sociale sans intelligence ni savoir, sans prestige ni autorité[1]. »

Telle est la condamnation, mais Renan indique en même temps le moyen de grâce. Ce qu'il ne veut pas, c'est un suffrage universel sans corps. Il faut donc en donner un à cet élément essentiel de la démocratie, car, trop primitif, il a rabaissé celle-ci au rang de la démagogie. Tous les vices, en effet, notés par de Tocqueville sont ceux qui caractérisent la démagogie.

On peut espérer que la « sagesse démocratique » est toute portée à se confier aux hommes d'élite. Mais il faut reconnaître, qu' « il dépend du biais qui est donné à l'organisation politique pour qu'ils soient ou appelés, ou écartés[2] ».

Le but est de revenir à la saine démocratie et, pour y atteindre, d'organiser le suffrage universel et d'instruire le peuple dans son véritable rôle politique, en même temps qu'on le mettra de mieux en mieux à même de le remplir.

La représentation des intérêts répond à la première partie de ce programme. Elle donne une base toute de réalité au suffrage universel. Voici des gens groupés par leurs intérêts.

[1] Renan, *la Réforme intellectuelle et morale de la France*, p. 47. V. même ouvrage, p. 43-45. Renan ramène toute supériorité, même intellectuelle et morale, à la naissance, car cette supériorité n'est que la « supériorité d'un germe de vie éclos dans des circonstances particulièrement favorisées » (p. 49). Comme forme de gouvernement, il veut une monarchie appuyée sur une noblesse.

[2] Littré, *De l'établissement de la troisième république*, p. 518 et 519.

Ils seront appelés nécessairement à se faire représenter par un des leurs et non par un étranger. Y aura-t-il alors simple tirage au sort? Non. Eux-mêmes ne le voudraient pas. Car ils ont conscience qu'il ne suffit pas que leurs intérêts soient défendus, il importe surtout qu'ils le soient le mieux possible, c'est-à-dire par l'homme le plus capable. Il y a là une « loi naturelle de propre conservation personnelle[1] ». Les partis la subissent; les groupements d'intérêts, qui sont plus essentiels, s'y conformeront davantage.

Ainsi, avec la représentation des intérêts, le corps électoral est tout naturellement porté vers la recherche de l'élite. Mais il doit être conscient de cette fonction. C'est sur ce point que portera tout d'abord l'éducation politique.

Rien n'a été plus néfaste pour la démocratie que la conviction constante qu'elle était souveraine. La tête lui en a tourné. Elle a cru que l'omnipotence était unie à l'omniscience; elle a estimé bien tout ce qu'il lui prenait fantaisie de faire, et qu'il était inutile de réfléchir avant d'agir. C'est à ses désirs et à ses passions qu'elle a obéi. Elle n'était donc plus qu'une démagogie!

En réalité, la notion de souveraineté du peuple doit être repoussée. Le souverain, c'est l'État qui est l'expression juridique du peuple à travers le temps et l'espace. Le peuple votant est quelque chose de présent seulement; l'État souverain est aussi tout le passé et tout l'avenir; il est indépendant des générations d'électeurs.

L'État souverain délègue sa souveraineté au Parlement, qui, organe le mieux conditionné possible de l'État, est formé de l'élite. Cette élite a été discernée et nommée par le corps électoral. C'est là toute la *théorie de la délégation par la Constitution*[2].

[1] Orlando, De la nature juridique de la représentation politique (*Revue du droit public et de la science politique*, janvier-février 1895, p. 35).

[2] *Infra*, 1re partie, chap. III, B.

Certes, il résulte de cette théorie la nécessité d'une modification radicale dans l'idée que se fait le peuple de son rôle. Ce dernier devient moins brillant; mais il est tout aussi sérieux, car le corps électoral influe toujours sur les destinées du pays. Il ne les dirige plus directement, il est vrai; mais il désigne qui doit les diriger et ce choix devient la clef de voûte de l'édifice politique.

Moins de panache et plus de sagacité réelle ; voilà le premier résultat que doit donner, non seulement l'éducation politique, mais toute l'éducation de la nation.

Nourrir, assouplir et discipliner l'intelligence du peuple doit être la préoccupation constante d'un gouvernement démocratique. Par là, il mettra les citoyens à même de juger, d'apprécier. On ne lui demandera pas de faire de tous des savants ou seulement des gens cultivés. Non, il devra procurer à chacun une gymnastique de l'esprit, une méthode. Les connaissances pourront s'y ajouter ensuite en doses plus ou moins fortes.

Cette tâche, le régime républicain l'a entr'aperçue et abordée. Mais jamais il ne la remplira avec efficacité tant que les citoyens ne pourront pas répondre à ses avances, c'est-à-dire tant qu'ils ne pourront pas lui consacrer quelques heures chaque jour. Il y a donc lieu de prolonger l'affranchissement quotidien du bureau, de l'atelier, des affaires, afin qu'en dehors des instants de repos, il en reste quelques-uns à consacrer à la culture de l'esprit.

Depuis que la noblesse d'ancien régime a décliné avec l'épuisement des élans et du prestige de la force brutale, il n'y a plus de supériorité inaccessible, si l'on possède le temps nécessaire pour la conquérir. Les arts, la science et ses applications économiques représentent la puissance créatrice substituée à la puissance destructrice de la force brutale. Les lumières se répandent; le goût de la littérature et des arts renaît. Le travail national croît chaque jour et se perfectionne. L'intelligence devient un élément de succès et une force sociale ; la science est un moyen de gouvernement.

Ainsi relevée et embellie, la vie politique attire les êtres supérieurs ; ils savent que la foule se tournera vers eux, ne serait-ce déjà que par intérêt bien entendu. Du reste, pourraient-ils se dérober? S'il est nécessaire que le corps électoral distingue l'élite, si, par l'introduction d'un régime électoral nouveau il prend goût à cette fonction et sent s'épanouir sa capacité à s'en acquitter, il est indispensable que, de son côté, l'élite ne dédaigne pas la justice qui lui est rendue et l'honneur qui lui est ensuite conféré. Noblesse oblige ! Le droit civique à l'éligibilité devient, pour elle, un véritable devoir civique[1]. En l'accomplissant, l'élite fournit à la Société son gouvernement en qui se manifeste la souveraineté de l'Etat.

S'il est au moins probable, en bonne logique, que le dégagement de l'élite sortirait, tout naturellement, d'une organisation basée sur la théorie de la délégation par la Constitution et sur la représentation des intérêts, on comprend fort bien ceux qui la recommandent et désirent que l'expérience en soit faite.

Malheureusement la représentation des intérêts n'est pas encore très connue ; elle suppose des innovations qui, par leur nombre et leur importance, effraient. Une transition sera sans doute indispensable qui n'introduira tout d'abord que partiellement la représentation des intérêts. Tel paraît bien être le sentiment de M. van der Velde qui, voyant dans la représentation des intérêts, un idéal, ne songe cependant à l'appliquer que dans la constitution d'une des deux Chambres[2]. C'est qu'il est convaincu que cette Chambre, « le Parlement économique », augmenterait de prestige au détriment de l'autre Chambre jusqu'à l'éliminer complètement[3].

Qu'y a-t-il de justifié dans ces craintes de lenteurs ? A-t-on même le droit de se complaire dans la pensée que, moyennant

[1] *Cf.* Bluntschli. V. aussi Félix Moreau, *Revue politique et parlementaire*, 10 janvier 1896.

[2] Van der Velde, *Revue sociale et politique*, année 1891, n° 5, p. 453.

[3] *Ibid.*, année 1891, n° 5, p. 452 et 453.

des atermoiements, des demi-mesures successives et de la patience, la représentation des intérêts finira par l'emporter? Il semble qu'il y a en elle assez d'éléments rationnels pour autoriser des espérances de succès rapide.

Cependant les obstacles sont nombreux, et ils prendront, sans doute, leur véritable relief au cours de l'étude qui va suivre et mettre la réforme dont il s'agit plus spécialement ici, en présence, d'une part, des principes déjà courants dans le droit public interne, d'autre part, des nécessités d'une application en droit électoral. On sait seulement pour l'instant ce qu'est cette idée de représentation des intérêts, née de l'influence prépondérante prise, au cours du siècle présent, par le régime économique, de la réapparition et de la reconstitution des associations de toutes natures, de la perception très nette que ces groupes ont eue des intérêts qui étaient leur élément d'unité et du besoin qu'il y avait pour eux de jouer un rôle dans la vie publique et politique, s'ils voulaient que ces intérêts fussent non seulement sauvegardés mais pleinement favorisés.

Enfin une dernière mais indispensable règle s'impose à ces groupements, au nom de la raison même. Il faut effectivement que chacun d'eux confie le soin d'agir à des hommes au courant de ses intérêts, parce qu'ils les partagent, et aussi à des hommes dont les aptitudes générales, jointes à leurs aptitudes spéciales, font qu'ils appartiennent à cette élite qui doit toujours être à la tête d'une nation dotée d'institutions qui sortent de ses entrailles mêmes et sont ainsi, pour elle, autant d'éléments de vitalité.

B. — La représentation des intérêts n'est pas la représentation professionnelle.

Maintenant qu'on a étudié ce qu'est la représentation des intérêts, il reste, pour bien préciser en quoi elle consiste, à se rendre compte de ce qu'elle n'est pas. En effet, deux fausses assimilations se sont produites, l'une qui entraînait à comprendre une seule et même chose sous les deux noms de représentation des intérêts et de *représentation professionnelle*, l'autre qui identifiait la représentation des intérêts à la *représentation des minorités*.

La première erreur s'explique plutôt que la seconde; toutes les apparences et souvent le vague de la terminologie l'excusent.

Les professions sont, en somme, des groupements qui ont des intérêts. Mais, si les différentes professions ont chacune des intérêts, elles en ont infiniment peu qui leur soient tout spéciaux dans l'ensemble du pays. Leurs autres intérêts, qui sont la presque totalité, elles les partagent avec telles ou telles professions voisines et, ainsi, ceux qui ne sont qu'à elles n'ont guère d'autres droits à l'attention que leur rareté même, lorsqu'il est question d'édifier un système électoral nouveau pour les corps représentatifs de l'Etat.

Dans le domaine de la représentation nationale, laquelle ne saurait se plier, il faut bien le reconnaître, à toutes les multiples particularités de la vie économique ou sociale du pays, les intérêts tout spéciaux devront s'effacer devant d'autres plus larges, qui justement sont le lien unissant deux, trois, plusieurs professions en un groupe. Le degré de généralité d'un intérêt sera donc le critérium de son importance.

Voici la représentation nationale. La veut-on professionnelle? Il faut donner des députés aux bouchers, boulangers, épiciers, avocats, avoués, médecins, vétérinaires, métayers, fermiers, militaires, marins, etc., etc.

Au contraire, cette même représentation nationale ne veut-elle tenir compte que des grands intérêts? Elle comprend alors des députés du commerce qui englobent les bouchers, boulangers épiciers et autres, des groupes de professions libérales dont font partie les avocats, avoués, médecins, vétérinaires..., de l'agriculture où viennent se confondre les fermiers, métayers, etc., de la défense nationale sur terre d'une part, sur mer de l'autre, des relations extérieures, etc.

Dans l'un comme dans l'autre cas, il y a représentation d'intérêts, mais la représentation professionnelle tient compte de toutes les nuances d'intérêts, tandis que la représentation des intérêts prend les seules couleurs nettement tranchées. Les circonscriptions établies par la première sont moins vastes et plus nombreuses, celles établies par la seconde sont plus vastes et moins nombreuses, chacune d'elles englobant plusieurs de la représentation professionnelle, et tantôt plus, tantôt moins, suivant les auteurs.

Donc la représentation des intérêts et la représentation professionnelle partent du même principe. Mais, dans la pratique, surgit, entre elles, une différence qui réside toute dans le fait que l'une est plus compréhensive que l'autre, que ses groupements de base embrassent des intérêts de plus d'envergure, mais, par contre, de nombre moindre.

C'est, par suite, en examinant les deux systèmes dans leur application que l'on peut se résoudre en faveur de l'un ou de l'autre.

Peut-être, à ce point de vue, la représentation professionnelle aurait-elle des chances d'être plus vite comprise, d'exercer tout l'attrait d'une nouveauté qui ne s'allie pas à de trop frappantes hardiesses, et finalement d'être adoptée, en principe. Mais ce succès, qu'elle ne devrait qu'à son caractère plus concret, elle ne l'obtiendrait pas auprès des hommes qui ont quelque réflexion, ni auprès de ceux qui s'occupent avec compétence des questions de droit public interne.

Ils verraient immédiatement ce qu'il y a d'obstacles pratiques dans le système de la représentation professionnelle introduite de façon générale dans le droit électoral. Ils lui préféreraient sans doute bientôt la représentation des intérêts. Certes celle-ci est d'allures plus abstraites ; l'intérêt et les intérêts ne tombent pas sous les sens comme les professions qui sont « ce qu'il y a de plus spécifique », de contour et de relief le plus nets. Mais, lorsqu'il s'agit de déterminer, dans le pays entier, les mouvements plus ou moins conscients d'idées, d'opinions et de besoins, on ne peut pas en retenir d'autres que ceux suscités par les grands intérêts, sous peine d'incertitude constante, de contradictions néfastes et de confusion. S'inspirant des intérêts de l'industrie et du commerce en général, on pourra se rendre compte s'il vaut mieux user des tarifs douaniers ou des traités de commerce. Et il est évident que, sur ce point, les intérêts particuliers des diverses professions industrielles ou commerciales sont si variés, qu'à se guider d'après chacun d'eux séparément on n'arriverait jamais à une solution, ou bien on créerait une législation par bribes souvent incompatibles et toujours inapplicables.

Les grands intérêts ont une amplitude suffisante pour que l'œil des hommes de gouvernement les discerne, une unité, une continuité dans leur développement et leur direction qui permet de les suivre, une orientation si proche du parallélisme avec l'intérêt général qu'on peut les grouper autour de lui en un faisceau dont ils sont la partie la plus importante et dont l'évolution doit tendre vers une approximation toujours plus réduite du bien absolu du pays.

A l'inverse, les intérêts professionnels sont légions. Sollicité par tous, le législateur ne saurait auquel entendre, ni auquel s'arrêter. Puis, décidant pour certains, il serait sans cesse exposé à en heurter d'autres. Son œuvre serait toute de contrastes et de réticences, et, au lieu de réaliser le plus bel épanouissement des multiples forces économiques et sociales de la nation, il créerait entre elles une foule d'antagonismes nouveaux; il les amènerait ainsi à s'insurger contre l'intérêt général au nom duquel, cependant, toutes ses résolutions auraient été prises.

Un bon système électoral est celui qui assure au pays le moins de conflits possibles dans la vie politique, celui qui ne s'occupe que des intérêts suffisamment définis et point si multiples que coordonner les lois qui les concernent soit impossibles. La représentation des intérêts suppose des groupements suffisamment larges pour que cet écueil soit évité. D'autre part, si l'on conçoit une lutte possible entre l'intérêt général et les divers intérêts particuliers, il est bien évident que cette lutte menacera d'autant moins d'éclater ou de prendre des proportions désastreuses que les intérêts particuliers envisagés dans la vie électorale et politique auront plus de points d'analogie et même de contact avec l'intérêt général, c'est-à-dire qu'ils seront plus élevés dans la hiérarchie des intérêts et plus proches de l'intérêt général. Cette situation est celle des intérêts qui seraient mis à la base du suffrage universel avec le système de la représentation des intérêts. Au contraire plus les subdivisions électorales au point de vue tant territorial que social ou économique vont se réduisant, et plus leur horizon se rétrécit, moins elles ont de vues sur ce qui est l'intérêt général et aussi sur ce qui est l'intérêt des groupes voisins. D'où des rivalités aiguës, des efforts considérables faits pour la satisfaction d'intérêts plus que secondaires.

Le danger est d'autant plus grand qu'une fois le morcellement commencé, on ne trouve plus guère de raison pour l'arrêter. Il y a bien des professions qui constituent un ensemble indivisible. Mais il n'en manque pas d'autres qui peuvent à un moment donné réclamer leur fractionnement. Cordonniers et savetiers, réunis tout d'abord en un même groupement aspireront un jour à être des corps électoraux distincts. Et ce serait-là l'origine d'une rivalité qui rappellerait celle autrefois existante entre ces mêmes artisans, au temps des corporations.

Il est vrai que, si la multiplication à l'infini des groupes est une conséquence inévitable et mauvaise de la représentation professionnelle, à l'inverse, le fusionnement toujours plus grand des groupes est une tendance dont est susceptible la représentation des intérêts. Mais, outre que cette exagération ne présenterait plus d'aussi gros inconvénients pour la vie électorale et politique, elle se présente comme plus certainement limitée. Il est, en effet, des grandes catégories d'intérêts qui sont et resteront nettement tranchées ; on concevra toujours une distinction entre l'agriculture et l'industrie, par exemple.

Cependant, sur un autre point, la représentation des intérêts se montre inférieure à la représentation professionnelle qui, si elle entraîne une différenciation chaque jour plus subtile des professions, échappe du moins aux difficultés de leur classification.

Le choix du cadre où ces professions doivent rentrer se restreint à mesure que diminue le nombre des cadres. Il est des professions dont tous les caractères ressortissent à une même circonscription économique ou sociale de la représentation des intérêts. Leur cas est simple. Mais d'autres peuvent prétendre relever à la fois de plusieurs circonscriptions ou au moins de deux.

Toutefois, il ne faudrait pas grossir outre mesure les difficultés que l'on rencontrera dans l'affectation des professions aux diverses catégories d'intérêts. Elles se présenteront dans de minimes proportions et pour des professions d'importance bien secondaire. Puis on aura toujours la ressource de les faire choisir elles-mêmes.

Une fois les grands groupes organisés d'après la similitude des intérêts (et l'œuvre est déjà aux trois quarts accomplie en vertu d'une évolution naturelle), ces groupes seront tenus en cohésion par la puissance même que possède tout mouvement doté de quelque généralité et de quelque élévation. Et, cependant, il pourra se faire que, sans rompre le lien fédératif, des professions aient, au sein d'une même circonscription économique ou sociale, quelques intérêts particuliers plus saillants.

Il sera possible, par application de la représentation proportionnelle, de leur attribuer plus spécialement une part de la représentation totale du groupe. Ce ne sera là qu'une légère ébauche de la représentation professionnelle dans le cadre même de la représentation des intérêts.

Le domaine où serait appliqué, en pareil cas, un embryon de représentation professionnelle, ne serait pas celui du pays entier, mais un domaine beaucoup plus réduit. Impossible dans le premier, cette représentation apparaît très peu, il est vrai, dans le second ; elle y a du moins quelque existence. N'en peut-on déduire qu'une application de la représentation professionnelle, irréalisable pour l'ensemble du système électoral, devient de plus en plus concevable, à mesure que la circonscription électorale devient plus exiguë? En réalité, à n'envisager que les corps locaux, il est certain que ce qui était infime comme intérêt, au point de vue national, prend une certaine importance au départemental, à plus forte raison au communal, parce que ce sont là des sphères plus restreintes. Les intérêts de la soierie pour Lyon sont essentiels ; de même ceux des filatures de coton pour la région du Nord. Pour le pays entier, ils ne sont que des fractions de l'industrie et du commerce.

Il se trouve alors que beaucoup de ces intérêts particuliers sont aussi proches de l'intérêt général, départemental ou communal, que les grands intérêts qui sont à la base du système de la représentation des intérêts, de l'intérêt général national : cela est surtout certain au communal.

Là on pourra songer à instituer une représentation professionnelle à condition que l'on prenne toutes les mesures nécessaires pour écarter ou, en tout cas, atténuer infiniment les dangers de celle-ci. Au reste, ces dangers sont déjà de beaucoup diminués par le fait même que le champ d'application est très réduit[1].

Qu'il soit utile de cantonner dans un si petit domaine la

[1] Il n'est pas sans intérêt de citer, à ce propos, une idée originale de M. le pasteur Naumann, rapportée par M. Goyau : « Si la religion ne peut obtenir le repos du dimanche, elle guettera, pour s'en emparer, la courte minute d'haleine que laissera le travail du dimanche, et c'est peut-être ce que voulait dire M. le pasteur Naumann lorsqu'il expliquait un jour qu'à la communauté religieuse fondée sur la proximité de domicile *(Ortsgemeinde)*, on substituerait la communauté religieuse fondée sur l'analogie de profession *(Berufsgemeinde)*. » (L'Allemagne religieuse. *Revue des Deux Mondes*, 1er septembre 1897.)

représentation professionnelle n'est pas admis par certains, soit qu'elle cadre mieux que la représentation des intérêts avec leurs autres conceptions du droit public interne, soit qu'elle leur semble moins de nature à heurter les idées en cours et qu'elle puisse servir tout au moins de transition entre le régime actuel et celui qu'introduirait la représentation des intérêts.

L'Ecole de l'Association catholique est très nettement attachée à la représentation professionnelle [1] qui lui semble s'adapter au mieux avec ses idées de restauration des formes corporatives [2].

Cette École de l'Association catholique, qui est aussi celle de M. de Mun et des *Cercles catholiques*, a pour idéal le syndicat mixte organisé, en tenant compte, le plus possible, des principes actuels, suivant les formes et l'esprit de l'ancien régime.

Or, pour que les syndicats mixtes ainsi conçus puissent exister, chacun d'eux ne doit pas prendre une extension trop grande ; d'autre part, fatalement, malgré les efforts faits pour les fédéraliser entre eux, ils préfèrent leur autonomie.

Leur multiplication aurait donc deux causes et elle entraînerait la multiplication des circonscriptions électorales. Le plus beau résultat qu'on puisse espérer est d'arriver à grouper les syndicats mixtes à la fois d'une même profession et d'une même région. Et c'est tout juste ce que veut la représentation professionnelle. Quand bien même on pourrait obtenir la formation des syndicats mixtes importants par leur système d'action ou par le nombre de leurs membres, il n'est pas vraisemblable que l'École de l'Association catholique cherche à la réaliser. Il est, en effet, une idée qu'elle place à la base de son œuvre et qu'elle aura toujours plus de facilité à faire triompher dans un milieu restreint : c'est celle d'autorité sous la double

[1] Marquis de la Tour-du-Pin-Chambly, Un dernier mot sur les États libres du Dauphiné (*Association catholique*, février 1892, p. 177).

[2] Delalande, De la représentation des Droits et des Intérêts (*Association catholique*, t. XXXI, p. 370 et 372).

forme religieuse et politique. La hiérarchie sera son auxiliaire, mais comme il s'agit de diviser pour régner, elle sera très puissante au milieu d'une foule d'organes. Tous les petits groupes, qui sont les syndicats mixtes, formeraient les mailles d'un réseau qui sera d'autant plus solide que les mailles seront plus nombreuses et plus serrées.

Il est parfois assez difficile, surtout chez les auteurs qui ne font qu'effleurer la question, de discerner si c'est au juste à la représentation professionnelle ou à celle des intérêts qu'ils accordent leur préférence.

La terminologie flottante entraîne à des suppositions qui peuvent fort bien ne point être conformes à la véritable conviction de l'écrivain.

Mais on peut, sans trop d'hésitation, ranger de Sismondi parmi ceux qui ont rêvé d'une représentation par professions ; peut-être n'avait-il pas entrevu celle par intérêts et se serait-il rallié à elle s'il en avait eu connaissance. Mais ce n'est là qu'une pure hypothèse.

En fait, de Sismondi ne considère que les professions, qui attirent sans cesse l'attention de la société à cause de l'importance de leurs intérêts et des répercussions de leurs souffrances.

Et il conclut[1] qu'il faut les représenter toutes ; il veut encore représenter le clergé, le corps enseignant. S'il n'atteint pas à la représentation professionnelle, il n'en est guère éloigné. Considérant que la nation a le droit de « réunir le plus de lumières possible sur toutes les questions qu'elle doit décider[2] », il multiplie ces lumières dans l'espérance qu'il ne restera plus un coin d'ombre.

Mais, avec cette multiplication, on aborde une question très pratique : celle du nombre des députés, et on remarque aussitôt que, même en restreignant le plus possible le nombre des

[1] De Sismondi, *Étude sur les constitutions des peuples libres*, p. 140 et 141.
[2] Henry Michel, *l'Idée de l'État*, p. 260.

professions représentées, on arriverait cependant à un chiffre plus que ridicule pour l'ensemble du pays où se trouveraient réunies toutes les sortes de professions.

Les partisans les moins raisonnables de l'augmentation du nombre des députés en seraient eux-mêmes effrayés ; et à combien plus forte raison lorsqu'on songe au morcellement des professions qui surviendrait fatalement par la suite.

Pour reprendre un exemple classique : les diverses catégories d'ouvriers qui concourent à la fabrication d'une épingle revendiqueraient leur autonomie électorale et par suite le droit d'élire au moins un député ; parlement innombrable et aussi parlement hétérogène jusqu'à l'impuissance absolue, semblable à celui que représente le caricaturiste et où sont réunis pêle-mêle gens en redingote et gens en blouse, hommes de science et balayeurs de rues, diplomates et concierges, conducteurs d'omnibus, dompteurs, pêcheurs à la ligne, banquier, marchands de journaux, savetiers, avocats, facteurs, etc., etc., tandis qu'un pompier en grand uniforme, empreint de gravité, pérore du haut de la tribuue. Ce n'est point là une pure charge. Des faits se sont produits qui donnent à cette fantaisie du crayon le caractère d'un véritable document.

En 1897, le journal *le Temps* publiait en première page un article intitulé : « La représentation des intérêts. Candidature d'Adrien Pezon, fils du célèbre dompteur, aux prochaines élections législatives à Paris. Candidature d'intérêt professionnel, pour les forains[1]. »

Parmi les partisans de la représentation des intérêts, il faut citer enfin M. R. de la Grasserie, lequel prétend que le *groupement professionnel* a une si grande importance qu'il égale le *groupement politique* lui-même, jusqu'à vouloir une représentation spéciale[2]. Il verrait d'un œil joyeux, « un État dont

[1] *Le Temps*, numéro du 12 novembre 1897. A signaler également la candidature aux élections législatives de 1898 du camelot Bichebois.

[2] R. de la Grasserie, De la structure politique de la Société *(Revue internationale de sociologie,* novembre 1896).

la représentation comprendrait : des députés de la presse, de l'instruction, des constructeurs, des agriculteurs, des commerçants, des industriels, etc.[1] ».

La liste menace de s'allonger indéfiniment si l'on en juge par son début. Et l'auteur conclut : « C'est le groupement professionnel qui domine. Ce sera un des fondements du droit de l'avenir[2]. »

C. — La représentation des intérêts n'est pas la représentation des minorités.

Il est encore une erreur qu'il importe de détruire : c'est celle qui assimile la représentation des intérêts à la représentation des minorités. Qu'il y ait des analogies, soit ! mais une identité complète, non !

Assurément, lorsqu'elle apporte une certitude de représentation à des groupes économiques sociaux ou territoriaux qui, jusqu'à elle, n'avaient eu que rarement et accidentellement une aussi bonne fortune, la représentation des intérêts se rapproche beaucoup de la représentation des minorités. Les ouvriers, par exemple, ou le clergé ont des intérêts et sont sacrifiés aujourd'hui comme les minorités à étiquette purement politique. Or, que veut précisément la représentation des minorités? Que tout groupe, que tout parti, qui cependant a une certaine importance, puisse posséder un ou plusieurs députés et ainsi faire entendre ses revendications, apporter ses lumières et son contrôle dans la conduite des affaires publiques.

Puis elle cherche à devenir moins empirique ; elle ne se contente plus de donner des représentants aux partis, à tout

[1] R. de la Grasserie, De la structure de la Société (*Revue internationale de sociologie*, novembre 1896).
[2] *Ibid.*

ce qui est véritablement un parti ; elle tient compte, en gros, de leurs forces respectives et préfère les procédés d'application qui assurent à peu près (ce n'est encore qu'une approximation) aux partis plus forts une représentation plus forte qu'aux partis moindres.

Enfin, ambitionnant de ne plus être empirique du tout, la représentation des minorités évalue le plus exactement possible la puissance des divers partis et fait représenter ceux-ci au prorata du nombre de leurs adhérents. Elle devient la *représentation proportionnelle*[1].

On a vu tout à l'heure qu'à son premier degré, celui qui est pour ainsi dire le pur principe, admission de tous les partis ou groupes à la représentation, la représentation des minorités trouve une sorte de réalisation dans la représentation des intérêts.

En est-il de même pour son second degré ? Oui, dans une certaine mesure ; car un des gros griefs que les partisans de la représentation des intérêts font au régime actuel est justement de tirer de certains groupes toute la représentation nationale, et de mépriser, ou à peu près, les autres groupes. Ils veulent alors que tous les groupes concourent à la formation

[1] Le contraste avec ce qui existe ressort, frappant, des chiffres, dont voici quelques-uns, qui sont d'hier.

La *Revue de statistique* donnait pour les élections législatives du Rhône, le 22 mai 1898 :

1re circonscription : M. de Lanessan représente 37 pour 100 des électeurs inscrits et 6 pour 100 de la population.

3e circonscription : M. Bonard, 32 pour 100 des électeurs inscrits et 6 pour 100 de la population.

4e circonscription : M. Florent, 27 pour 100 et 6 pour 100.

5e circonscription : M. Krauss, 40 pour 100 et 9 pour 100.

9e circonscription : M. Genet, 38 pour 100 et 10 pour 100.

A Berlin, le 16 juin 1898, les socialistes réunissaient 155.474 voix, et les progressistes 54.073.

Au deuxième tour, les progressistes, malgré l'appoint de tous les autres groupements politiques, restaient en minorité d'environ 100.000 voix, pour l'ensemble de la capitale. Et cependant la députation de celle-ci se compose de trois progressistes et de trois socialistes.

de la représentation nationale, premier point, et, second point, qu'ils le fassent en tenant compte, en gros, de leur importance dans le pays. Cela revient à établir en leur rang de véritables majorités les catégories traitées autrefois, et contre toute justice, en minorités. L'agriculture passera aussitôt de l'arrière-plan au premier.

Plus loin, il sera question des rapports entre la représentation des intérêts et la représentation proportionnelle, la forme la plus parfaite de la représentation des minorités. Mais, dès maintenant, puisque déjà la représentation des intérêts se prête à un à peu près dans la classification des groupes au point de vue de leur importance numérique, il ne semble pas impossible qu'elle en vienne à établir cette importance de façon exacte. Seulement la grosse question sera de savoir si, dans les groupes considérés au point de vue économique ou social, l'importance doit se mesurer au nombre de leurs membres ou si ce procédé n'est pas un peu trop sommaire ; s'il ne ramène pas par trop à cette idolâtrie du nombre qui peut être rendue responsable de l'imperfection du régime électoral actuel.

Cette forme d'évaluation se comprend, s'impose même, si l'on n'envisage que des partis ; on veut alors que leurs opinions puissent se faire connaître ; on veut apprécier la puissance de ces opinions, et il est bien difficile d'y parvenir autrement qu'en comptant les gens qui les partagent. Une opinion est quelque chose d'abstrait et d'un peu fuyant ; sa mesure se prendra par l'intermédiaire d'un élément concret qui sera ses partisans.

Il en est tout autrement des intérêts. Eux sont bien plus concrets ; presque toujours ils le sont complètement.

La vie économique et sociale les met en pleine lumière et avec leur valeur. On peut les apprécier en eux-mêmes et se passer dès lors de l'élément simpliste que composerait le total des gens qui les partagent. Ainsi sera-t-on conduit, sans doute, à considérer comme bien plus considérable, au point de vue de la vie publique, tel groupe plutôt que tel autre qui lui est cependant supérieur par le nombre de ses adhérents.

Et cependant un point d'interrogation se pose encore ici : les opinions et les intérêts sont-ils deux choses absolument distinctes ou, au contraire, n'y a-t-il pas si souvent correspondance étroite entre eux que l'on puisse les considérer comme fatalement confondus? Ne sont-ils pas, les uns, l'élément abstrait, les autres, l'élément concret d'une seule et même chose?

On reviendra sur cette comparaison lorsqu'il sera plus particulièrement question de la représentation proportionnelle [1].

Ce qu'il convient en tout cas de retenir, comme élément de similitude entre la représentation des intérêts et la représentation des minorités, c'est que l'une et l'autre aspirent à donner à tous les groupes, dignes d'être pris en considération, des représentants et à chacun en nombre plus ou moins grand qu'aux groupes qui lui sont inférieurs ou supérieurs par leur réelle importance.

Là où apparaîtront les dissemblances, ce sera d'abord dans la base prise pour former les groupements; les uns, ceux de la représentation des intérêts, cadrant uniquement avec les facteurs économiques, sociaux et territoriaux de la nation; les autres, ceux de la représentation des minorités, étant ou bien les mêmes que ceux de la représentation des intérêts, ou bien constitués, comme actuellement, dans les limites arbitraires d'un certain territoire administratif et subséquemment électoral.

La seconde cause probable de différence se rencontrera dans la manière dont on mesurera l'importance des groupes; dans un cas, avec la représentation des minorités, ce sera suivant le

[1] Il ne semble pas qu'il puisse y avoir une assimilation complète. Les opinions seraient surtout des façons diverses d'envisager la défense et le développement des intérêts. Il y a un rapport, mais qui n'est pas si étroit que l'on puisse dire qu'il y a confusion. V. *infra*, 2e partie, titre II, chap. III.

nombre de leurs membres ; dans l'autre, avec la représentation des intérêts, suivant leurs fonctions.

L'analogie primordiale ne se poursuit donc pas jusqu'aux derniers termes de la comparaison. Il arrive même un instant où la représentation des intérêts et celle des minorités sont très nettement distinctes. L'une n'est donc pas l'autre. En veut-on une preuve plus convaincante? Si elles étaient la même chose, appliquer la première serait appliquer la seconde. Elles s'excluraient mutuellement, sinon il y aurait un véritable pléonasme de droit électoral.

Or, tel n'est pas le cas ; la représentation des intérêts et la représentation des minorités peuvent coexister ; bien mieux, si elles coexistent, c'est afin de se compléter. A supposer la représentation des intérêts établie, on ne pensera pas avoir supprimé toute lutte au sein des nouveaux groupements. Dans l'un d'entre eux, comme celui des commerçants de la région lyonnaise, par exemple, les intérêts sont nettement définis. Et cependant, il peut y avoir divergence au sein de cette circonscription électorale, non plus sur les intérêts, qui font son unité, mais sur les moyens les plus propres pour sauvegarder ces intérêts indiscutés.

Protectionnistes et libres-échangistes, entre autres, seront aux prises. Eh bien, dans la députation du commerce de la région lyonnaise, ne pourra-t-on donner des représentants à ces deux tendances différentes? Mais si, et en appliquant le système de la représentation des minorités. Au sein de la circonscription électorale nouvelle, les opinions et les partis existeront, ils seront dignes de respect, et la justice amènera à leur donner à tous une représentation. On pourra s'en tenir simplement à cet à peu près qu'est le système de la représentation des minorités ; on pourra aussi tendre vers la perfection en introduisant la représentation proportionnelle.

On vient de supposer les circonscriptions électorales tracées et la représentation qui doit leur revenir déterminée. Mais encore faudrait-il savoir comment on a opéré cette répartition des sièges.

Voici d'abord les circonscriptions du commerce (et le raisonnement s'appliquerait aussi bien à celles de l'industrie, de l'agriculture, etc.).

Il a été établi que les commerçants de France auraient droit à un chiffre précis de représentants. La répartition entre les circonscriptions du commerce ne pourra se faire qu'au prorata du nombre de commerçants que chacune d'elles renferme. C'est là de la proportionnalité élémentaire, mais encore est-ce de la proportionnalité. C'est un effort vers la représentation d'un certain nombre de groupes, vers la représentation de tous les groupes, puisque ce qui a été fait pour le commerce va l'être pour l'industrie, l'agriculture, etc. Ici encore, on a coexistence de la représentation des intérêts et de la représentation des minorités, même de la représentation proportionnelle, la plus primitive, il est vrai.

Mais la représentation proportionnelle revêtira sa forme vraiment savante dans l'opération électorale qui sera toujours faite, en premier lieu, dans le travail de répartition de tous les sièges entre les grandes catégories d'intérêts, dégagées chacune de l'ensemble de la nation. Ici la notion de nombre semble de nouveau bien superficielle ; elle peut même être fausse. On ne s'en tiendra donc plus à elle et, par là même, on dépassera de beaucoup la représentation des minorités ou la représentation proportionnelle, telle qu'elle est actuellement conçue en pratique. Le rôle économique ou social des divers groupements électoraux, basés sur les intérêts et considérés dans l'unité territoriale de la nation, se dégage avec assez de précision pour servir à estimer l'importance de ces mêmes groupements et à consommer entre eux le partage de la représentation proportionnellement à leur importance. On pourra donc voir des groupes supérieurs à d'autres en nombre avoir droit à moins de sièges, parce que leur fonction dans le pays est moindre.

Il ne s'agit point, en concluant, de prétendre que la représentation des intérêts est supérieure à la représentation des minorités, ou *vice versa*. Ce serait peine perdue. Elles sont dissemblables, voilà ce qu'il importe de constater.

Un fait facile à vérifier corrobore cette remarque ; il est possible de concilier la représentation des minorités avec les divers fondements juridiques, de la représentation politique. Pareille tentative est, du reste, de trop longue haleine pour trouver place ici. Mais il serait désastreux de vouloir en poursuivre une semblable avec la représentation des intérêts. On trouvera la preuve, dès les prochains chapitres, que la représentation des intérêts n'est pas compatible avec chacun des fondements juridiques de la représentation politique. Mais à supposer qu'on adopte un fondement avec lequel elle soit compatible, si l'on veut s'attaquer aux racines profondes du régime actuel pour le modifier et l'améliorer, c'est à elle qu'on songera. Ensuite, seulement, lorsqu'on en viendra à ce qui suppose moins de pénétration, la pratique, on fera appel à la représentation des minorités. En fin de compte, on représentera des intérêts parallèles de groupes à bases nouvelles, des groupes quels qu'ils soient, pourvu qu'ils présentent une certaine importance ; enfin, au sein de ces groupes, toutes les opinions dignes d'être prises en considération. Et tout cela sera, non pas l'application de la représentation des intérêts ou de la représentation des minorités, mais l'application de toutes deux simultanément, parce qu'elles ne sont pas une seule et même chose, mais se complètent l'une l'autre.

CHAPITRE II

LA REPRÉSENTATION DES INTÉRÊTS ET LES DIVERS FONDEMENTS JURIDIQUES DE LA REPRÉSENTATION POLITIQUE

Si la représentation des intérêts est une modification dans la base même du régime représentatif, elle ne peut être appliquée sans se trouver en présence de principes qui, eux aussi, servent de fondements au même régime. De cette rencontre résultera-t-il la constatation d'une antinomie irréductible ? Et, si cela est, à qui restera la victoire ? Ou bien, au contraire, y aura-t-il compatibilité, et suffira-t-il de rechercher quelles sont les conditions les plus favorables pour qu'elle existe? C'est ce qu'il s'agit d'élucider maintenant.

Toutes les théories jusqu'ici conçues relativement aux fondements juridiques de la représentation politique reposent sur la notion de souveraineté. Elles se préoccupent, en première ligne, de savoir qui est détenteur de cette souveraineté, puis de quelle façon elle est exercée dans la direction des affaires publiques. Le souverain agit-il par lui-même et directement, en tant que peuple qui pratique la législation directe ou en tant que roi investi du pouvoir absolu? Est-ce, au contraire, qu'il soit peuple ou monarque constitutionnel, médiatement, suivant les pratiques représentatives et parlementaires ?

On s'inquiètera plus loin des querelles qui se sont élevées au sujet de l'attribution de la souveraineté et, plus récemment, au sujet de l'existence même de la souveraineté. Pour l'instant, on la prendra telle qu'elle est comprise dans la théorie de la souveraineté fractionnée avec *mandat restreint*, et dans celle de la souveraineté une et indivisible avec *mandat fictif général*, c'est-à-dire propriété du peuple, et pratiquée par représentation.

A. — La représentation des intérêts est-elle compatible avec la théorie de la souveraineté et du mandat fractionnés et répartis entre les électeurs?

1° LE RÉGIME REPRÉSENTATIF PROPREMENT DIT

Le corps électoral fut, à partir de 1790, un ensemble dont les unités constitutives n'étaient plus les ordres, les corporations, les villes, les communes rurales, les abbayes, les universités, etc., mais les individus. Il ne comporta plus guère d'autres cadres que ceux créés artificiellement par le législateur, c'est-à-dire les départements et leurs districts ou arrondissements.

Dès lors, le citoyen ne vote pas avec les gens de sa catégorie sociale ou professionnelle (il n'est pas « domicilié socialement »), mais bien avec ceux qui habitent, comme lui, dans un certain rayon territorial, quelle que soit leur fonction dans le pays. C'est là une conséquence très logique des idées ultra-individualistes de l'époque. Elle dérive aussi du dogme nouveau qui veut que le peuple, et non plus un homme, soit souverain, et que chaque citoyen, uniquement comme tel, détienne une fraction de la souveraineté nationale *(souveraineté fractionnée)*.

L'électeur, en accordant sa voix au candidat, entend lui confier en même temps la fraction de souveraineté qu'il possède, et il lui donne mandat de l'exercer dorénavant à sa place *(mandat restreint)*. L'élu se trouve dépositaire, en définitive, d'une somme de petits mandats individuels, ou, si l'on préfère l'expression, de « charges du bien public » juste aussi nombreuses que les voix par lui obtenues. C'est la totalisation, au compte du député, de ces mandats individuels (et équivalents, puisque tous les citoyens sont égaux devant l'urne) qui constitue ce mandat *multiple* et *réel* en vertu duquel le député pourra se dire mandataire de la majorité.

Cette théorie, qui est l'émanation la plus pure du *Contrat social* dans ce qu'il a de commun avec le régime représentatif, correspond, dans l'histoire du droit public français, à la période révolutionnaire, c'est-à-dire au temps où la société française subissait si puissamment l'influence du philosophe genevois[1]. Or, dans le même moment, était votée la loi des 14-17 juin 1791 qui supprimait la liberté d'association. Enfin, la Constituante venait de substituer les départements aux anciens groupements provinciaux. Tout lien de communauté était rompu dans la vie civile, dans la vie économique comme dans la vie politique. L'individualisme va, dès lors, se donner libre carrière, et la théorie de la *souveraineté fractionnée et du mandat restreint* est un de ses corollaires.

La société est, à cette époque, organisée de telle sorte, l'Etat est envisagé sous un angle si particulier que la suppression du droit de s'associer, l'individu affranchi et cependant dévoué à l'État, la souveraineté fractionnée, déléguée par mandat restreint, constituent trois faits nécessaires et qui se complètent les uns les autres. Si on change les conditions de la vie politique, le faisceau commencera à se disjoindre. C'est ce qui s'est produit au cours du XIXe siècle.

Actuellement la France est très loin d'être ce qu'elle était à la fin du siècle dernier. Peut-être ne devient-il pas trop hardi de concevoir l'existence simultanée, et dans une parfaite harmonie, de la souveraineté fractionnée et du mandat restreint

[1] Cette influence de Rousseau parait au moins problématique à M. Edme Champion. Dans son livre sur *l'Esprit de la Révolution française*, il ne réussit cependant à démontrer qu'une chose, sur laquelle du reste tout le monde est à peu près d'accord : c'est que, si Rousseau a agi fortement sur les esprits de son temps, il ne se l'était pas, de propos délibéré, donné pour tâche. (V. p. 13-29.)

avec ce qui constitue les deux inverses de ses acolytes d'autrefois, individualisme extrême et suppression des associations, savoir la liberté d'association et la tendance à largement profiter de cette liberté dans le domaine économique et social pour mettre des groupements entre l'individu et l'État.

Il y a place pour ces groupements sans que l'individualisme en souffre. On conçoit, en effet, les associations comme différentes de ce qu'elles étaient sous l'ancien régime. Ce ne sont plus, en tout et pour tout, des personnes morales qui, à un point de vue particulier, interviennent dans la vie électorale en tant que personnes morales. En un mot, l'équilibre s'est peu à peu établi entre le morcellement par individus et le groupement étroit et autoritaire. L'association tend à s'assouplir, si bien qu'elle n'est plus une menace ni pour l'individu ni pour l'Etat, mais bien un appui pour chacun d'eux et aussi un trait d'union entre eux. Elle a un rôle qui ne manque pas de majesté et elle ne songe nullement à se commettre dans les luttes de partis que suscite la vie politique pure. Elle préfère se cantonner dans la vie économique et sociale, quitte à ce que celle-ci devienne un jour plus prépondérante encore que maintenant et s'impose en droit électoral. Elle transformera ce nouveau domaine en y apportant ses propres caractères qui, plus réels et vivants, élimineront les anciens : elle deviendra le droit électoral tout entier.

Avec la représentation des intérêts, les groupements économiques, sociaux ou territoriaux servent à constituer les circonscriptions électorales ; mais, au jour du vote, celles-ci ne sont point considérées comme des personnes morales dont un ou deux citoyens sont la personnification. Bien qu'il appartienne à l'une quelconque de ces circonscriptions, l'électeur reste détenteur de sa part de souveraineté et il la transmet avec un mandat correspondant. Mais, cette transmission, il l'opérera toujours comme membre d'un groupe formé par la communauté d'intérêts. Il est possible que de revêtir cette qualité inhérente au groupe ajoute quelque chose, un caractère spécial à la fraction de souveraineté et au mandat délégués. Mais s'il y a différenciation entre les fractions de souveraineté et les mandats, y a-t-il par là même inégalité? Et, par conséquent, sur le point essentiel de l'équivalence des fractions de souveraineté, la représentation des intérêts rompt-elle avec la théorie de la souveraineté fractionnée et du mandat restreint?

La question de différence qualitative sera fort probablement l'origine de l'antagonisme. La souveraineté ne peut certainement pas être considérée comme un tout compact et infiniment homogène. Puisqu'elle se fractionne, c'est qu'elle a des éléments. Pourquoi supposer à tout prix que ceux-ci sont des unités et rien de plus? Il n'y en a qu'une raison plausible : le désir de ménager les susceptibilités des membres du corps électoral, en écartant toute idée de privilège. Et on s'attache à cet argument bien fait pour procurer quelque popularité. On ne veut pas concevoir autrement le morcellement de la souveraineté, de crainte de perdre le bénéfice de la théorie qui l'institue propriété du peuple. On n'est pas certain, en effet, que le peuple se laissera persuader de l'équivalence absolue des fractions de souveraineté envisagées conjointement avec la représentation des intérêts. Et, en cela, il n'aurait peut-être pas tort.

Le souverain étant le peuple, la souveraineté est sa volonté qui est composite, variable, susceptible d'évoluer et non une notion pure, essentiellement vague et neutre. Dès lors, les éléments de cette souveraineté qui, adéquate au peuple, participe à ses mille aspects, vont à leur tour refléter chacun quelque peu de ces mille aspects et renfermer chacun un caractère plus prononcé, soit dans le domaine économique, soit dans le domaine social, soit enfin dans le domaine territorial. Ils seront commerciaux ou agricoles, patronaux ou ouvriers, picards ou provençaux.

Il suffira, pour rompre entre eux l'égalité, qu'on mesure l'importance des groupements, non pas au nombre de leurs membres, mais à leur fonction. Il s'en suivra, en effet, qu'un groupement de dix millions de gens à intérêts identiques, supérieur par la fonction à un autre groupement de dix millions d'individus réunis par les intérêts, aura droit en bloc à une part plus grande de souveraineté ; si bien que le dix millionième de sa part sera plus fort que le dix millionième de la part du second groupement et que chacun de ses électeurs détiendra une fraction de souveraineté plus considérable. L'égalité quantitative supposée par la théorie de la souveraineté fractionnée et du mandat restreint s'est évanouie et la cause en est dans l'application de la représentation des intérêts.

La question de compatibilité entre la représentation des intérêts et la théorie de la souveraineté fractionnée et du mandat restreint est donc subordonnée à la façon dont on calcule l'importance respective des groupes économiques, sociaux ou territoriaux de la réforme proposée. Pour que celle-ci puisse cadrer avec le mandat réel, c'est uniquement du nombre de adhérents qu'il faut tirer l'évaluation de la force des groupes ; car, en pareil cas, la différence qualitative des fractions de souveraineté subsiste seule et n'attente en aucune manière à leur équivalence quantitative, qui est la base de la théorie foncièrement égalitaire de la souveraineté fractionnée et du mandat restreint. M. Esmein, lui, est d'avis que, même dans ces conditions, il y a rupture d'équilibre entre les multiples attributions de souveraineté aux membres du corps électoral. « Les divers collèges électoraux, dit-il, doivent être composés d'électeurs de même qualité, choisis tous au même titre, en d'autres termes simplement, de citoyens. C'est ainsi seulement que le sectionnement peut fractionner la souveraineté nationale dans son exercice, sans la dénaturer. Les fractions ne restent telles qu'autant qu'elles possèdent toutes les qualités de l'entier[1]. »

[1] Esmein, *Éléments de Droit constitutionnel*, p. 182 et 183.

Mais, encore une fois, la souveraineté n'est point un bloc neutre ; volonté du peuple, ici, elle est, comme cette volonté, formée d'éléments divers et évolutifs. Que, dans sa subdivision entre les électeurs, se reflète cette nature, n'est-ce pas éviter justement de la « dénaturer » en l'idéalisant ? Et, en tout cas, on ne peut soutenir qu'il en résulte la constitution de privilèges électoraux au bénéfice de tels ou tels citoyens.

On aura, en fin de compte, quelque chose d'analogue au caléidoscope dont les losanges de couleurs diverses sont cependant de même dimension et contribuent, sur le pied de la plus parfaite égalité, à former un ensemble éclatant.

En fait, M. Esmein admet une représentation des intérêts, mais dans des corps consultatifs et en dehors du Parlement[1], de telle sorte que la souveraineté politique ne soit point limitée par des forces qui lui sont extérieures. Mais, en réalité, ces forces ne lui sont pas extérieures ; elles sont, au contraire, son essence même. Ce qui est limiter la souveraineté nationale, l'enfermer dans une formule purement métaphysique, c'est de lui enlever les éléments concrets qu'elle contient. Elle est, en effet, la volonté du peuple envisagé non seulement comme un amas d'unités, mais encore comme un ensemble harmonique d'êtres pratiquant des activités multiples et variées.

2° LE RÉGIME SEMI-REPRÉSENTATIF

Dans le régime représentatif proprement dit, qui ne confère au citoyen que le droit de désigner ses députés, la théorie de la souveraineté fractionnée et du mandat restreint est comme une fiche de consolation à l'adresse des adversaires de ce même régime représentatif. Elle grandit, en effet, autant que faire se peut, l'électeur et son rôle : l'électeur est détenteur d'une fraction de souveraineté ; son rôle est de la remettre entre les mains du représentant qu'il a choisi.

[1] Esmein, *Éléments de Droit constitutionnel*, p. 184.

Il est des gens que cette concession ne satisfait pas ; sans réclamer l'exercice direct, dans son entier, de la souveraineté par le citoyen, ils veulent tout au moins un partage entre l'élu et l'électeur. La souveraineté fractionnée et le mandat restreint se retrouvent à la base de ce nouveau régime que M. Esmein appelle *semi-représentatif*.

Suivant Rousseau, en se choisissant un représentant, le citoyen abdique, parce qu'il est obligé de lui confier sa part de souveraineté. Avec le *régime semi-représentatif*, l'abdication n'est pas complète ; l'électeur ne se dessaisit que sous deux conditions : la première, c'est de pouvoir contrôler s'il est fait bon usage, par son député, de la souveraineté qu'il lui a remise, la seconde, c'est d'avoir licence de suppléer au manque d'exercice ou à l'exercice incomplet de la souveraineté par le député, et cela en suggérant à ce dernier d'introduire dans la législation certaines dispositions nouvelles. Le premier de ces moyens d'action est le *referendum*, le second l'*initiative*.

Dans les deux cas, on contrevient à une règle de droit privé dont le respect serait encore ici nécessaire : « Donner et retenir ne vaut. » Car, avec le régime semi-représentatif, il se trouve que celui qui a délégué la souveraineté ne l'a déléguée que pour partie et, par suite, a fait deux souverains au lieu d'un : lui-même et son mandataire. Des conflits pourront surgir entre eux. La prééminence étant disputée, c'est qu'il n'y a plus de souverain.

Les Allemanistes ont la supériorité d'une logique peut-être impitoyable, mais, à coup sûr, très séduisante. Ils admettent, avec le *Contrat social*, que la souveraineté est, par nature, indivisible et inaliénable ; ils repoussent de toute la force de leur conviction le régime représentatif. Mais, obligés de le subir, ils s'ingénient à ne faire du député qu'un simple instrument de transmission de la volonté des électeurs, en instituant le *mandat impératif*. Ils admettent pourtant, comme un pis aller, les deux procédés qui caractérisent le régime semi-représentatif[1], qui font de lui une approximation, selon les exigences de l'époque, de la législation directe, et qui, triomphantes en Suisse, tendent à s'implanter et à se propager aux États-Unis ; il s'agit toujours de l'initiative et du referendum.

C'est donc avec l'initiative et le referendum qu'il convient uniquement de voir si la représentation des intérêts peut coexister lorsqu'on recherche si elle est compatible avec le régime semi-représentatif.

Que suppose, en principe, l'*initiative?* Des citoyens qui désirent voir introduire telle ou telle disposition dans la législation de leur pays et qui ont le droit, en observant certaines formalités, d'obliger le pouvoir législatif à examiner leurs propositions. Peu importe la fonction sociale de ces citoyens, peu importe la question qu'ils mettent en avant, peu importe la composition du corps légiférant auquel ils s'adressent. Telle est, en substance, sur ce point, la Constitution fédérale suisse[2]. L'indifférence qu'elle témoigne à l'égard de la qualité des signataires du projet d'initiative, la nature de ce projet et des hommes publics sous les yeux desquels il va être porté, résulte de ce que le régime politique tout entier du pays est étranger à ces préoccupations. Mais, s'il venait à y attacher quelque importance, si, en d'autres termes, il établissait des circonscriptions électorales d'après les groupements économiques, sociaux ou territoriaux et un Parlement qui représentât ces groupements et leurs intérêts, si, en un mot, il admettait la représentation des intérêts, celles de ses dispositions qui concernent l'initiative demeureraient comprises dans cette transformation. Sur ce point spécial, comme sur l'ensemble du régime représentatif, la réforme apporterait même plusieurs améliorations.

[1] Le groupe socialiste de la Chambre des députés a déposé le 11 novembre 1895 un projet portant introduction du droit d'initiative pour la revision de la Constitution. V. J. Jaurès, Vues politiques (*Revue de Paris*, 1er avril 1898, p. 581).

[2] Alph. Dunant, *la Législation par le peuple en Suisse*, p. 93 et suiv.

Et tout d'abord, il y aurait diminution dans le nombre des demandes par voie d'initiative. Il est évident que, tous les intérêts possédant des représentants qualifiés, on n'aurait plus à répondre à ceux qui, privés de députés, en sont réduits à élever eux-mêmes la voix. En outre, les représentants ayant été, autant que possible, pris parmi les citoyens qui partagent les intérêts de chaque groupe électoral, ils risquent bien moins d'oublier ou de négliger certains points importants pour la sauvegarde et le développement de ces intérêts. Par conséquent, les agitations pour recueillir le nombre de signatures légalement exigible au bas de la proposition d'initiative, et aussi les votations populaires, suites de ces propositions, seront bien moins fréquentes. Elles s'échelonneront à de très longs, à de plus en plus longs intervalles. La vie politique, sans cesser d'être active, deviendra moins fiévreuse.

En second lieu, si l'initiative devient d'un usage plus restreint, elle gagnera d'autre part en opportunité. Elle ne sera plus lancée comme une arme de parti qui cherche à ébranler l'adversaire au pouvoir, à faire que les diverses fractions du corps électoral aient occasion de se compter, à tâter le terrain en vue d'élections prochaines[1]. Les demandes par voie d'initiative seront bien plutôt les manifestations des *desiderata* des groupements économiques, sociaux ou territoriaux. Elles porteront sur des sujets qui intéresseront la vie même du pays et ne seront produites qu'après mûr examen, surtout après que le groupe promoteur se sera assuré que les autres groupes à mêmes intérêts que lui sont prêts à le soutenir.

Tout contribuera donc à faire de l'initiative la conséquence de mouvements sérieux et très rares dans les parties vitales de la nation, à lui enlever le caractère qu'elle possède un peu trop actuellement d'être un instrument d'escarmouches aux mains

[1] Il a fallu qu'il fût doté du droit d'initiative, pour que le peuple suisse s'abaissât jusqu'aux actes vexatoires de l'antisémitisme, une proposition de loi fut déposée et adoptée, interdisant l'égorgement du bétail dans les abattoirs israélites.

des partis[1], et une source de lassitude du corps électoral par la multiplicité des votations qu'elle provoque.

Des remarques faites à propos de l'initiative, il ressort que la représentation des intérêts pourrait exister concurremment avec elle, mais restreindrait considérablement son rôle. Mêmes remarques et même conclusion au sujet du *referendum*[2].

Ce dernier, qui n'apporte plus un complément, mais un simple contrôle à l'activité du corps législatif est, en réalité, de moindre importance. Il suppose qu'il peut y avoir divergence de vues entre les élus et les électeurs ; il intervient pour donner le dernier mot au peuple. Ce n'est donc qu'un correctif, et un régime représentatif bien conçu s'en passerait certainement. Or, un pareil régime comporterait l'accord parfait entre les mandants et les mandataires ; c'est un idéal, soit ! Mais on peut s'en approcher le plus possible, et la représentation des intérêts en est, semble-t-il, un excellent moyen. Les intérêts sont, en effet, choses mieux définies que les opinions et sur lesquelles les malentendus risquent moins de se produire. En outre, les députés, étant choisis dans le groupe électoral de façon à partager avec leurs commettants les intérêts qui servent de base même à ce groupe, ont toutes chances de rester généralement en communion avec ceux qui les ont élus[3]. Enfin, dernière observation : le *referendum* a révélé que, souvent, la majorité du corps électoral est en désaccord avec la

[1] « Ou bien le droit d'initiative restera sans emploi dans l'arsenal de la Constitution, ou bien, si jamais un parti essaie de s'en armer, il deviendra une cause d'agitation stérile et un instrument de révolution. » (Duvergier de Hauranne, la Suisse et sa constitution, *Revue des Deux Mondes*, 15 avril 1873, p. 793.)

[2] Alph. Dunant, sur le referendum suisse : *la Législation par le peuple en Suisse*, p. 75 et suiv.

[3] Il y a toutes chances pour que leur zèle soit plus grand. M. Jottrand fait remarquer que, « dans seize occasions importantes où des intérêts capitaux pour la nation suisse lui avaient été soumis, le referendum populaire n'a réuni que 360.000 votants au maximum sur 634.000 électeurs inscrits. » (*Revue sociale et politique*, année 1891, n° 5, p. 465.)

majorité du corps législatif, parce que celle-ci ne correspond pas à celle-là. Or, de la comparaison entre la représentation des intérêts et la représentation des minorités, il est ressorti que, sans être identiques, elles ramenaient cependant à une corrélation, au moins approximative, entre l'importance des groupements électoraux et leur représentation. Par conséquent, la vérification que l'on prétendrait opérer par le moyen du *referendum* deviendrait, à ce point de vue, presque inutile. Elle le serait plus sûrement encore si, à la représentation des intérêts, on adjoignait la représentation proportionnelle qui ne prétend plus seulement arriver à un à peu près dans la concordance entre le corps électoral et le corps législatif, mais à la précision la plus minutieuse possible. C'est même là son gros argument lorsqu'elle se pose en adversaire du *referendum*. Comme celui-ci, elle peut prétendre à consoler de la privation de la *législation directe*. A défaut de l'intervention immédiate du peuple dans l'œuvre législative, elle veut son intervention médiate par l'entremise d'un corps représentatif qui soit son image exacte.

Ainsi la représentation proportionnelle, comme la représentation des intérêts, supprime, autant que faire se peut, les causes de conflit entre les électeurs et les élus. A quoi bon consulter les premiers pour faire simplement constater l'accord existant? On a agi avec plus de sagesse en créant cet accord par des mesures préventives.

En somme, la représentation des intérêts peut subsister parallèlement avec l'initiative et le *referendum*, dont elle aura cependant beaucoup réduit le rôle, et comme elle est compatible avec la théorie de la souveraineté fractionnée et du mandat restreint, sous la condition, néanmoins, qu'elle ne rompe pas l'égalité quantitative des fractions de souveraineté, elle aurait droit à prendre place dans le régime semi-représentatif.

B. — La représentation des intérêts est-elle compatible avec la théorie du mandat fictif général ?

La théorie du *mandat fictif général*[1] se caractérise par ce trait essentiel, qu'il lui répugne de morceler la souveraineté. Pour elle, cette dernière est un rocher et non plus un amas de galets, comme dans la théorie du mandat réel. Lors du vote, tous les électeurs, et en tout cas ceux qui constituent par leur réunion la majorité, poussent ce bloc dans l'urne, au lieu que, avec la théorie précédente, chaque citoyen prenait son caillou au tas et le jetait dans l'urne.

Maintenant donc quiconque vote est censé déléguer mandat au nom de toute la nation et non plus en son propre nom seulement, et au nom de son groupe. Tout repose sur une *fiction légale*, dont on n'aurait que faire s'il était possible d'ériger le pays en un collège électoral unique. Mais, puisque cette solution est impraticable, il faut recourir au subterfuge qui veut qu'un individu ou une petite somme d'individus institue un mandataire avec la même autorité que s'ils étaient la généralité des citoyens, parce que « *le législateur commande* de regarder ce petit groupe comme le représentant de la totalité des citoyens et de voir, dans sa voix, la voix du peuple tout entier[2] ».

L'opération se décompose : premièrement, en un choix dans la circonscription ; ce choix, qui est soumis à la ratification tacite de la nation, est d'ailleurs approuvé d'avance par elle. En second lieu, en vertu de la fiction légale, la nation investit instantanément l'élu de sa fonction nouvelle et des pouvoirs qui s'y rattachent. Tel est le *mandat fictif général.*

Si l'on envisage uniquement de qui est composé le corps

[1] Rieker, *Die rechtliche Natur der modernen Volksvertretung*, Leipzig, 1892.
[2] *Ibid.*, p. 55. — *Cf.*, Esmein, *Éléments de Droit constitutionnel*, p. 181 et suiv.

électoral, cette théorie n'a rien qui choque beaucoup, sous le régime actuel. En effet, les citoyens votent en tant qu'unités, choses essentiellement neutres; et, par suite, on peut, à la rigueur, concevoir que certaines unités, qui n'ont de différence avec toutes les autres que leur localisation dans le territoire, investissent de pouvoirs un homme, tant pour elles que pour l'ensemble du corps électoral.

Mais si on voit dans les citoyens autre chose que des unités identiques entre elles; si, au contraire, on ne les domicilie plus que par pure nécessité pratique sur un point du pays, et si on les prend groupés surtout par leurs intérêts, ils ne sont plus seulement *un* dans le domaine électoral, mais bien *un agriculteur*, *un commerçant*, *un homme revêtu d'une fonction* quelconque, mais qui ne passe plus inaperçue, qui devient, à vrai dire, tout l'important. Entre cette qualification précise et l'abstraction dont la théorie du mandat fictif général accompagne la personne de l'électeur, il y a opposition, et, de prime abord, il semble bien qu'il ne peut rien y avoir de commun entre le mandat fictif général et la représentation des intérêts.

Certes, en élisant un député de tel ou tel groupement agricole, on contribue à la représentation et au développement de l'intérêt général qui, s'il constitue plus que les intérêts particuliers, est du moins, pour une de ses parties, leur somme. Mais c'est là un lien trop indirect et trop lâche pour unir de manière efficace, féconde en ce qui touche l'œuvre parlementaire, un représentant des agriculteurs aux commerçants, aux industriels, en un mot, à tous les citoyens dont la fonction est différente de celle de ses commettants directs.

Il serait absurde de concevoir la modification du corps électoral seul, les députés restant étrangers aux intérêts spéciaux des circonscriptions nouvelles, ne les partageant pas, peut-être même les ignorant au jour où ils sont élus. Il se produira, par la force des choses, une spécialisation des représentants. Cependant on s'efforcera d'élire des hommes dont l'intelligence et le labeur auront ajouté à cette spécialisation l'aptitude à comprendre et parfois résoudre des questions d'un autre ordre, surtout dans la catégorie des lois d'intérêt général. Il serait à souhaiter que ce genre de députés devînt maître des corps représentatifs; car il serait néfaste que des gens à l'horizon borné par les limites mêmes de leur circonscription économique, sociale ou territoriale fussent seuls appelés à concourir à la gestion des affaires publiques. On leur demandera des vues plus étendues. Mais, en fait, on admettra fort bien qu'ils se montrent particulièrement capables dans toutes les questions se reliant aux intérêts du groupe qu'ils sont directement chargés de représenter.

Cette capacité aura même été le gros facteur de leur triomphe. Les électeurs, tout d'abord, connaîtront plus aisément et plus à fond les candidats de leur milieu; ils se sentiront plus près d'en être bien compris; ils redouteront moins d'être trahis pour la satisfaction d'un intérêt personnel puisque cet intérêt sera confondu, ou peu s'en faut, avec leurs intérêts; enfin ils auront une sérieuse assurance que, pour tout ce qui les concerne, leur député sait ce qui est, et ce qu'il faudrait.

Les avocats, dont la multiplicité au Parlement soulève de si vives clameurs, ne seront plus que par rares exceptions les représentants d'agriculteurs, de commerçants, d'industriels, etc. Ils ne brigueront plus les suffrages que des gens des professions libérales. Ainsi conserveront-ils une certaine place. A vrai dire, leur exclusion totale serait à déplorer. Moyennant une sélection consciencieuse, ils sont hommes à bien gérer les affaires du pays. C'est avec la vie, sous ses mille aspects, qu'ils sont aux prises chaque jour. Ils acquièrent des aperçus et souvent des vues profondes, sur tous les éléments de l'activité nationale, depuis l'industrie jusqu'à la médecine, depuis la littérature jusqu'aux opérations financières. Leur esprit s'est assoupli; à commenter la loi, il s'est formé pour la critique; s'inquiétant dès la Faculté et sans cesse de sujets multiples et variés, il a acquis une facilité plus grande d'assimilation et, s'il ne peut toujours pénétrer jusqu'à la substance des faits, du moins s'est-il accoutumé aux conceptions d'ensemble larges et claires. La présence des hommes de loi, et plus particulièrement des avocats, dans les sphères gouvernementales est donc à désirer, mais dans une proportion restreinte et qui permette de placer auprès d'eux des hommes plus spécialisés. C'est là ce que promet de réaliser la représentation des intérêts.

Que demande, par contre, la théorie du mandat fictif général? Que les députés soient distraits des uniques affaires de leur circonscription, qu'ils embrassent toute la chose publique, qu'ils soient généralisés, ce qui veut dire médiocrisés[1]. Ayant ainsi un but qui est l'inverse de celui de la représentation des intérêts, la théorie du mandat fictif général ne saurait être compatible avec elle. Déjà le mandat fictif général aidait à la méconnaissance des minorités d'opinions, car il entraînait à considérer comme les seuls directeurs de la nation les élus de la seule majorité. Ici, il se révèle comme foncièrement hostile au désir de ceux qui, prétendant que certains intérêts et des plus vagues sont représentés à l'exclusion de tous autres, veulent faire représenter tous les intérêts. On pourrait mettre en opposition la représentation des intérêts et la représentation proportionnelle d'une part, la théorie du mandat fictif général et le régime majoritaire de l'autre.

Au cours d'une élection faite en vertu de la représentation des intérêts, il est difficile, pour ne pas dire impossible, de conserver la notion de mandat fictif général. Mais ensuite, une fois le corps législatif constitué de pareille façon, qu'est-ce que le député détient en fait de mandat? L'analyse de l'opération électorale prouve que le député ne peut prétendre représenter d'autres citoyens que ses commettants. Les raisons mêmes qui l'ont fait choisir s'y opposent. Même la loi, et la loi usant de fiction, ne pourra faire qu'il soit propre à remplir un mandat

[1] Taine disait de l'Assemblée nationale constituante : « Il y a trop de talents moyens et trop peu de talents supérieurs. » (*Les Origines de la France contemporaine. La Révolution*, t. I, p. 147).

général. Son mandat est réduit en ce qui est du nombre de ceux qui le lui ont transmis. Mais, allant plus loin, ne peut-on prétendre également qu'il est réduit en ce qui est des questions sur lesquelles il porte? La question devient ici très délicate, car elle côtoie celle des cahiers et du mandat impératif. Il y a donc lieu de la réserver jusqu'au moment où on s'occupera de ceux-ci. Mais on peut dès maintenant entrevoir qu'un mandat né dans un milieu formé par la similitude de certains intérêts primordiaux, confié à un homme qui partage ces intérêts, visera avant tout ces intérêts ou ce qui s'y rattache à peu près directement.

En outre, les électeurs seront très tentés de préciser auprès de leur député les questions sur lesquelles devra se concentrer son attention, de quelle façon il devra admettre qu'on les résolve, et, par suite, comment il devra parler, agir et voter à leur sujet. Ils ajouteront sans doute : « Quant aux points qui nous touchent de façon moins étroite, mais uniquement parce qu'ils sont constitutifs de l'intérêt général, duquel nous participons, faites au mieux! Vous avez, somme toute, notre confiance. »

En réalité, donc, le mandat reçu par le député sera appuyé d'un *cahier* très spécial, mais cependant bien moins rigide que les cahiers d'autrefois. Peut-être le mandat sera-t-il impératif? Mais, comme le caractère d'obligation du mandat dépend de la façon dont est conçu le cahier, comme d'autre part celui-ci ne sera pas absolument catégorique, ni limitatif, le mandat sera plutôt un point d'appui, le cahier un plan d'action que le député sera tout heureux d'avoir à sa portée. Mais spécial, au moins pour partie, il ne pourra être soumis à la fiction de généralisation que comporte la théorie dont il s'agit pour l'instant.

En effet, jamais aux yeux des partisans de cette théorie, le député choisi en vue de la partie spéciale n'offrirait des garanties certaines pour tout ce qui serait de la partie générale[1]. Dès

[1] Étant donné ce fait, le mieux est de renoncer à faire nommer les Chambres suivant la représentation des intérêts, et d'introduire celle-ci dans l'élection

lors, la fiction risquerait d'être dangereuse. Le mieux est d'y renoncer dès l'instant où l'on applique la représentation des intérêts et de jeter par-dessus bord, avec elle, même la notion de mandat.

de Comités dont les Comités consultatifs et les Conseils supérieurs actuels seraient l'embryon. La réforme n'en serait nullement amoindrie, puisque le mode de nomination des Conseils consultatifs se rapprocherait du suffrage universel et que leurs attributions les mêleraient de façon permanente et effective à l'œuvre législative. Leur rôle pourrait présenter une sérieuse analogie avec celui du Tribunat de la Constitution de l'an VIII.

CHAPITRE III

LA REPRÉSENTATION DES INTÉRÊTS ET LES DIVERS FONDEMENTS JURIDIQUES DE LA REPRÉSENTATION POLITIQUE

(Suite)

A. — La représentation des intérêts est-elle compatible avec la théorie de la Délégation par la Constitution ? Critique de la notion de mandat en droit électoral.

Les deux théories qui viennent d'être mises en présence de la représentation des intérêts supposent, l'une et l'autre, le peuple au premier rang, entre ses mains la souveraineté, et cette souveraineté transmise par mandat à des représentants.

Avec la théorie de *la délégation par la Constitution,* la souveraineté n'est plus propriété du corps électoral. C'est l'État, personne morale, qui est souverain ; la députation est un de ses organes et le corps électoral est appelé à le créer. La souveraineté se délègue de l'État au Parlement ; il n'est plus question de mandat. C'est qu'à l'origine même de la théorie de la délégation par la Constitution se trouve une critique du mandat politique, dont la conclusion tend à la suppression de ce dernier.

C'est à M. Orlando[1] qu'on doit l'analyse la plus impitoyable de ce qu'on a coutume de regarder comme un mandat et qui

[1] Orlando, Du fondement juridique de la représentation politique (*Revue du Droit public et de la Science politique,* janvier-février 1895).

ne l'est pas, en réalité. Il dégage d'abord les caractères de l'objet que le droit en général nomme ainsi ; puis il les recherche dans le mandat législatif et, ne les retrouvant pas, il conclut que ce mandat législatif n'est qu'un pseudo-mandat. Ce n'est pas qu'il veuille, entre lui et le mandat proprement dit, l'identité absolue ; mais tout au moins demande-t-il « une certaine relation substantielle entre les deux concepts[1] », d'où il découle la possibilité de donner aux deux termes qui s'y appliquent un même sens, quoique dans des domaines différents. Si l'on est obligé de dire qu'ils n'ont pas même signification, c'est donc qu'ils désignent deux choses dissemblables, et, par suite, qu'il n'y a pas de mandat législatif.

Et tout d'abord, la manifestation de volonté qu'implique tout mandat n'a pas eu lieu dans la circonscription où vient d'être élu le député. En pareil cas, la véritable volonté serait constituée par un faisceau de tendances pareilles chez une somme d'individus et chez une somme qui soit tout au moins la majorité effective. Or, l'intention de chacun des électeurs a presque toujours été différente de celle de son voisin. « Donc pas de concert pratique et préalable entre eux et l'élu[2]. » Bien plus, ces gens, qui viennent de faire un député, ne sont pas toujours la vraie majorité ; ils ne le sont que grâce aux abstentions, ou au morcellement du reste du corps électoral dans la circonscription entre plusieurs autres partis, qui n'ont pas su s'allier pour la lutte, et dont cependant l'ensemble est supérieur à la majorité du moment. Enfin, il faut tenir compte que tout le monde n'a pu concourir à l'expression de volonté ; il est des incapables du droit électoral, et certains ne se résignent pas à cet état d'infériorité ; ils trouvent même en dehors d'eux des personnes qui s'intéressent à leurs revendications et les appuient.

[1] Orlando, Du fondement juridique de la représentation politique (*Revue du Droit public et de la Science politique*, janvier-février 1895, p. 8).

[2] A. Desjardins, *De la Liberté politique dans l'État moderne*, p. 63.

Ce n'est donc qu'une volonté tronquée et souvent fausse qui s'exprime ; ce n'est donc pas *la* volonté. Si elle n'existe pas, elle qui constitue l'élément essentiel du mandat, celui-ci ne saurait se former. A plus forte raison en sera-t-il ainsi dans le cas où l'on considère l'élu comme le représentant de la nation entière. Il s'agit de la théorie du mandat fictif général. Le lien immédiat de volonté se relâche au point de n'être que fictif. Divergence de mobiles, incertitude sur la vraie majorité et, par suite, la vraie volonté, présence, dans le droit électoral, d'incapables, dont l'incapacité est contestée, toutes ces causes de faiblesse pour la volonté sur laquelle repose le mandat, grandissent en proportion de l'étendue du territoire.

Entre le mandant et le mandataire, il y a une obligation précise et catégorique; celui qui a accepté le mandat s'est engagé à le remplir tel, exactement, qu'on le lui a confié. Dès lors, le mandat législatif, pour être vraiment un mandat, doit être impératif. Actuellement on l'admet, mais sans lui reconnaître ce caractère ; la contradiction est flagrante «.... Qu'est-ce qu'un mandat ? Tel qu'on l'emploie ici, ce mot n'a pas le sens qui lui appartient d'ordinaire en anglais, en français ou en latin. Je suppose que c'est un fragment de l'expression française « mandat impératif », qui signifie que des instructions expresses ont été délivrées par un collège électoral à son représentant, sans qu'il soit permis à ce dernier de s'en écarter; et j'imagine que le retranchement du mot *impératif* implique que les instructions ici données sont d'une teneur assez vague et d'une portée générale[1]. »

Le vague et la généralité substitués à la précision et à la limitation, voilà bien, en effet, ce que le droit public moderne introduit dans le mandat législatif ; par là-même, il le détruit. Il lui substitue simplement des indications.

Enfin, un troisième trait fondamental du mandat « est sa

[1] Sumner Maine, *Essais sur le gouvernement populaire*, p. 171.

révocabilité au gré du mandant[1] ». Mais si, de nos jours, on voit fréquemment procéder à la cérémonie que les députés appellent « rendre compte de son mandat », on ne voit que dans les partis fanatiques du mandat impératif cette solennité suivie de la démission du député quand les électeurs le désavouent. A part ces cas infiniment rares et cantonnés dans un certain monde politique, le mandat n'est considéré comme retiré aux représentants que par l'échéance de la législature. Jusqu'à ce moment-là, les mandants sont obligés de subir leur mandataire, même s'ils en sont mécontents. Alors, où se trouve le droit de révoquer le mandat? Il a disparu.

De son étude approfondie, M. Orlando retire la conviction qu'il ne saurait être question d'un mandat législatif. Son opinion est partagée par un auteur dont le nom fait autorité en France, M. Arthur Desjardins. Celui-ci, dans son ouvrage intitulé : *De la liberté politique dans l'État moderne*, conclut nettement : « A proprement parler, les électeurs ne sont pas des mandants, les députés ne sont pas des mandataires[2]. » Et encore : « Si on veut aller au fond des choses, il n'y a pas d'analogie entre le mandat de droit civil et ce que l'on nomme le « mandat législatif[3] ». M. A. Desjardins ne veut pas surtout que l'élu soit lié, car il se fait de lui une tout autre idée que les gens férus de la toute-puissance, de l'omniscience du peuple, et qui veulent que les représentants ne soient que ses valets. La notion du mandat législatif sera toujours odieuse à ceux qui veulent voir dans le député une intelligence, un être d'élite appelé à travailler au bien général. Le mandat l'emmure et l'enchaîne. Il fait que le député « sera au besoin le champion de ces intérêts locaux même contre l'intérêt de tous, et.

[1] Orlando, Du fondement juridique de la représentation politique *(Revue du Droit public et de la Science politique*, janvier-février 1895, p. 14).

[2] *Ibid.*, p. 61.

[3] *Ibid.*, p. 62, *Cf.* Courcelle-Seneuil *Cf.* M. Smet de Naeyer. Discours à la Chambre des représentants belges, séance du 4 mai 1892. Session ordinaire, 1891-1892 *(Annales parlementaires*. Ch. des Rep., p. 1148)

quoique l'élection ait pour fin incontestée la formation d'un gouvernement national, l'intérêt privé prépondérant gouvernera[1] ». Là est le danger le plus sérieux.

En le faisant courir au régime représentatif, la fausse notion de mandat se révèle comme un élément néfaste entre tous de cette politique superficielle qui envahit aujourd'hui la nation. C'est, en effet, le comble du superficiel que de s'attacher uniquement à tels ou tels intérêts, de ne pas avoir le regard de l'esprit assez perçant et clair pour discerner, sous les préoccupations obsédantes de chaque jour, l'intérêt général qui doit être le premier poursuivi.

A propos du mandat fictif général, on s'était demandé si la représentation des intérêts n'implique pas un mandat passablement défini, sinon parfaitement défini par un cahier, et, par conséquent, impératif. C'était admettre que la représentation des intérêts est liée à la notion de mandat. Une autre question se pose maintenant, à savoir si la représentation des intérêts ne peut pas s'affranchir de toute union avec le mandat. Implique-t-elle le mandat impératif? leur connexité pourra subsister, car le mandat impératif est chose qui se conçoit. Mais, si le mandat rapproché de la représentation des intérêts n'est pas impératif, c'est un concept qui sera infailliblement éliminé, car il ne correspond à rien de réel. On ne manquera pas, en retour, de trouver entre les électeurs et l'élu quelque autre rapport qui remplacera avantageusement celui du mandat détruit par M. Orlando.

Or, M. Orlando lui-même a songé à la nécessité de cette substitution; d'où une théorie qui peut être désignée sous le nom de *Théorie de la délégation par la Constitution.*

[1] A. Desjardins, *De la Liberté politique dans l'État moderne*, p. 64.

B. — La théorie de la délégation par la Constitution et la représentation des intérêts.

Qu'est-ce donc que la *délégation par la Constitution?*

Son premier caractère est connu : elle supprime le mandat. Mais cet acte, si gros de conséquences, est lui-même le résultat d'une première constatation ; il n'y a pas de souveraineté aux mains du corps électoral.

La souveraineté est propriété de l'Etat. Il n'y a jusqu'ici que changement de détenteur. Bientôt, il n'y aura plus de détenteur parce que l'existence même de la souveraineté dans le droit public interne sera niée. Ce fait est trop intimement lié à la thèse de la représentation des intérêts pour qu'il soit possible de n'en rien dire ici.

M. Ch. Benoist, dans ses écrits et dans les controverses orales qu'il a soutenues en faveur d'une modification dans la division du corps électoral, s'est attaqué avec ardeur à la souveraineté. Il constate que, déjà, on n'est point d'accord sur sa nature et il conclut qu'on est très embarrassé de dire où elle se trouve. Il insiste sur cette deuxième raison ; elle lui semble péremptoire comme semblait indiscutable et suffisante à Henri IV la raison que lui donnaient les échevins de Paris de l'absence de cannonade en certaine festivité commune : l'absence de canons. De même ici : à quoi bon discuter de la souveraineté, la prendre pour noyau de théories et de formes de gouvernement, puisqu'on est incapable de la saisir quelque part, puisqu'elle n'est qu'une ombre fuyante. Ni le peuple, ni les Chambres, ni le ministère, ni le Président de la République n'en sont détenteurs [1].

Si l'on admet (et il faut bien s'y résoudre) qu'elle est chose difficile à découvrir, quels sont, en tout cas, les éléments auxquels on peut la reconnaître, quels sont ses caractères ? Hélas!

[1] Ch. Benoist, *la Réforme sociale,* du 15 décembre 1895.

sur ce terrain surgissent de grosses divergences d'opinions! Pourtant on distingue deux grands courants très nets. Pour certains, et ils sont de l'Ecole des juristes analytiques, avec Austin, la souveraineté est chose illimitée et irrésistible, un absolu. Rousseau est de leurs amis. Pour d'autres, et ce sont les membres de l'Ecole historique avec sir Henry Maine, la souveraineté est chose relative parce qu'elle doit tenir compte, après avoir proclamé que la nation en corps est supérieure aux individus, que ces individus ont certains droits. Evitant l'un et l'autre de ces extrêmes, M. de Kérallain prétend que la souveraineté est à la fois absolue, illimitée et malgré tout relative. Elle est illimitée et absolue lorsqu'il s'agit de décider; elle est relative lorsque la décision étant intervenue, il s'agit de l'appliquer ; car alors ce sont les organes de l'Etat qui l'appliquent, et par leur intervention même, amoindrissent la toute-puissance de la souveraineté[1].

S'attaquant à ceux qui attribuent à la souveraineté un caractère de relativité et de limitation soit impérieux, soit tempéré (peu lui importe), M. Ch. Benoist estime que la souveraineté est, par nature, mieux encore par définition, illimitée et irrésistible, qu'elle est absolue ou n'est pas.

Reste à examiner si, dans la réalité, on trouve la souveraineté avec le caractère d'absolu et d'illimité. Si on ne la rencontre pas telle dans la politique intérieure, c'est qu'elle n'y existe sous aucune forme. En fait, partout ce que l'on nomme la souveraineté est limité, enrayé, subit un contrôle humain. Déterminer le lieu de la souveraineté devient un problème insoluble. Nul, pas même le peuple, ne se peut dire souverain. C'est « l'anarchie dormante ». Piètre résultat, qui donne tout lieu de penser que l'idée de souveraineté est une erreur, un mirage, et qu'il convient de l'écarter! A quoi bon hésiter? Elle

[1] La souveraineté politique dans le droit moderne (*la Réforme sociale*, 16 avril 1896). — Un dernier mot sur la souveraineté politique (*la Réforme sociale*, 16 juin 1896).

est inutile en somme. M. Ch. Benoist en est persuadé et il pr pose en place une autre notion qui est celle de *vie nationale d'autorité légale* : il en sera question plus loin.

Les partisans de la délégation par la Constitution ne suive point M. Ch. Benoist sur le terrain des négations. Il leur suf d'avoir contesté qu'il y eût le moindre contrat faisant pass de la souveraineté des mains des électeurs dans celles des élu Ils estiment eux qu'il y a une souveraineté, mais qu'elle surg autrement, qu'elle se localise ailleurs que le veulent les théori accréditées depuis nombre d'années. Elle est aux mains de l'Et en qui le peuple, la nation trouve sa véritable expressio comme unité juridique [1].

Ainsi l'État englobe le peuple tout entier et le synthétise Par suite, il lui est supérieur et, plutôt que lui, a droit à êtr le souverain. A un élément concret se trouve ainsi substitu quelque chose d'abstrait : une personne morale, indépendant de la forme de gouvernement par laquelle elle se manifeste saisit le sceptre. Comment a-t-on abouti à cette substitution M. Orlando l'explique en disant que l'État est la véritabl expression juridique du peuple. On peut s'imaginer que l transmission du sceptre n'est point due à l'initiative de l nation, puisque M. Orlando lui a refusé toute souveraineté elle résulte plutôt d'une conception spéciale qu'on s'est faite d l'Etat. Celui-ci serait le Peuple, mais aussi plus que le Peuple Le peuple, en effet, représente, à un moment précis, u ensemble d'individus et de faits qui, demain déjà, auront ét modifiés, non dans leur généralité, mais dans certaines d leurs parties, si bien que l'ensemble aura varié. L'État, a contraire, survit aux générations et aux événements : il es permanent ; il a la majesté de ce qui touche, à la fois, au hommes et aux choses du passé, aux hommes et aux choses d présent, aux hommes et aux choses de l'avenir. Il s'appuie su

[1] Cf. M. Orlando, Du fondement juridique de la représentation politiqu (*Revue du Droit public et de la Science politique*, janvier-février 1895, p. 20)

l'histoire et la tradition nationales composées de leurs éléments politiques et économiques. Vis-à-vis des citoyens, il est ce qui les domine dans le temps, ce qui les domine de toute sa majesté. Une génération devant songer aux générations futures fait preuve, par là même, de sollicitude envers l'État, et subordonne ses intérêts à ceux de l'État. Une génération grandement redevable aux générations passées est redevable envers l'État qui a été la véritable expression juridique de ces générations.

Permanence, majesté, objectif constant, lien intime, tradition, en faut-il davantage pour ériger l'État en véritable souverain illimité, absolu, tel que le désire M. Ch. Benoist? Mais, un État pareil n'est-il pas bien redoutable? Que deviendront, sous lui, les droits des individus et des groupes? Toute-puissance ne veut pas dire aveuglement ni folie. Ce n'est pas sur la force matérielle seule qu'elle doit s'appuyer. Il faut qu'elle subsiste par la libre acceptation de tous, parce qu'elle est agréable à tous, rapporte aux individus et aux groupes ce qui est de leur ressort et ce qui leur est nécessaire, enfin, pratique sans cesse la règle du « tous pour un », mais avec la contre-partie du « un pour tous ». Son principe de vie est aujourd'hui la *solidarité*.

La toute-puissance doit s'allier avec les qualités d'intelligence, de perspicacité, de générosité, de grandeur, qui complètent son principe d'autorité et font qu'elle est bien la souveraineté et non la tyrannie qui est brutale, avide, égoïste.

Voici, par conséquent, deux points acquis dans la théorie de la délégation par la Constitution : d'abord, pas de mandat et surtout pas de délégation de souveraineté du peuple aux députés, la souveraineté ne résidant pas dans le peuple. En second lieu, la souveraineté réside dans l'État, personne morale.

Il s'agit maintenant d'étudier comment s'épanouit cette souveraineté. L'État se révèle et agit dans l'administration, par le gouvernement, qui ne participe ni de sa permanence, ni de sa suprême majesté parce qu'il est forcément composé d'hommes. Ce gouvernement a des organes qui seront, en même temps, ceux de la souveraineté de l'État. Un instant, le régime représentatif semble ici condamné : le rôle du peuple n'apparaît plus. Toutefois, il en subsiste un qui de l'ancien a perdu l'éclat, peut-être aussi les dangers. Il ne faut pas oublier que l'État souverain est l'expression juridique du peuple, qu'il lui est donc simultanément supérieur et uni, qu'il touche à lui comme il a touché à lui dans le passé et y touchera dans l'avenir. Alors, il lui demande de contribuer à la constitution des organes du gouvernement et de choisir, dans ce but, certains de ses membres.

Sorti de la nation, le Parlement représentera ce qu'il y a de mieux en elle, mais, en même temps, il sera un représentant de l'État, en ce sens qu'il formera un organe, le mieux conditionné possible, de sa souveraineté. Mais, pour être organe de la souveraineté, il importe que le Parlement détienne celle-ci ; il la détiendra en vertu d'une délégation de la Constitution qui n'est pas autre chose que le règlement par lequel l'État organise son gouvernement par lequel il donne la silhouette de sa personnalité, « son expression générale[1] ».

Deux idées, qui brouillent les théories avec mandat, sont ici nettement séparées : l'idée d'élection en tant que choix et celle de représentation[2]. On remarquera alors que l'opération électorale se réduit à ceci : les citoyens choisissant parmi eux les plus capables afin de les désigner à l'État ; puis l'État, qui

[1] « Sans doute enfin il y a de ces intérêts communs, les plus grands peut-être dans l'État, dont la représentation ne saurait être assurée par voie d'élection. Mais ce n'est, en effet, pas l'élection seule qui défère le caractère représentatif ; elle désigne celui qui doit en être revêtu, voilà tout, quand celui-ci n'est pas tout désigné d'avance par son rang ou sa fonction dans un corps organisé. » (Marquis de la Tour-du-Pin-Chambly, Comment on est citoyen, *l'Association catholique,* t. XXXII, p. 657.) — Sur l'aptitude du peuple à discerner l'élite et sur la propension que la représentation des intérêts lui donne à se faire représenter par cette élite, v. *supra*, chap. 1er, A.

[2] M. Le Poutre, Chambre des représentants belge; séance du 9 mars 1893. Ses. Ord. 1892-1893. (*Annales parlementaires*, Ch. des Rep., p. 383.)

est une personne morale, créatrice et dispensatrice de souveraineté, confiant, pour partie, cette souveraineté aux élus; enfin ceux-ci formant, comme corps collectif, comme Chambre et Sénat, un organe, le mieux conditionné possible, de l'État. Le peuple, qui n'est plus le souverain, change de fonction ; il n'est plus tant appelé à juger des idées que des hommes, et cette seconde tâche est certainement moins ardue et moins délicate. Déjà maintenant, elle lui est plus coutumière; c'est la personne du candidat qui, surtout, l'influence ; ses titres, sa position sociale, une simple aventure parfois, mais aussi sa valeur intellectuelle et morale. « De judicieux observateurs ont remarqué que, sous l'apparence d'un gouvernement impersonnel, nulle part les personnes ne jouent un rôle aussi considérable que, de nos jours, en Angleterre. Le plus souvent, le groupement des partis se fait autour des personnalités dominantes envers lesquelles l'opinion de leurs partisans est plus d'une fois arrivée à une *androlâtrie*, à un culte qui change parfois d'objet, mais qui reste attaché longtemps au même héros[1]... »

L'éducation du peuple aura, entre autres buts, celui de le mettre de mieux en mieux à même d'apprécier les hommes et de dégager de la masse l'élite qui, en retour et prenant de degré en degré des intermédiaires, agira sur la foule et pour la foule. Elle préparera la voie aux idées neuves qu'elle aura conçues[2], puis les appliquera quand le moment opportun sera venu. Elle n'y aura point de peine. En effet, « ce qui précède dans l'esprit de l'homme d'État et du peuple ou du parti dont il est le représentant, c'est la conception d'un certain idéal, reflet de ces sentiments profonds qui conduisent le monde et sur lesquels il faut influer, si l'on veut agir sur la marche des

[1] D'Eichtal, *Notes sur l'Angleterre*, p. 196.

[2] « Une des fonctions de l'élite est d'élaborer les idées de la Société. » (J. Novicow, l'Élite intellectuelle et l'Aristocratie (*Revue politique et parlementaire*, 10 mai 1896, p. 343.)

événements et sur l'avenir des sociétés[1] ». De ces sentiments et de cet idéal qui en naît, l'élite prend réellement conscience, et là est sa supériorité. Mais entre sa conscience et l'inconscience de la masse circule comme un fluide qui est un gage précieux d'union et de confiance.

Créatrice d'idées et de réformes, l'élite discernera, en outre, les tressaillements de la nation, opérera entre eux une sélection, encouragera certains et réprimera les autres. Les idées, voilà le domaine de ses études[2], après que la sphère de recherche de ses électeurs aura été celle des individualités. Et c'est bien elle qui sera l'âme de la nation, car la force d'une société se puise dans les idées dont elle se nourrit et qui la font vivre. Les savants, les penseurs, les philosophes, les historiens, les critiques, les poètes, les génies des finances, de l'armée, du commerce, de l'industrie, de l'agriculture, du droit, etc., jettent la semence d'où sort tout ce qui fait la grandeur et la force des nations.

Bien entendu, les hommes politiques doivent être, au moins certains d'entre eux, des hommes d'action. Mais tous auront cette faculté, plus rare qu'on ne le croit, de penser sur les choses et de garder sur elles des vues larges et hautes. « Quand les intellectuels mettent en *circulation* une idée, cette idée chemine à travers la cité et traverse toutes les intelligences, en s'y déformant plus ou moins... Le trait de génie *se fausse* dans la foule... ; mais la foule a pourtant reçu le génie. Le *faux* n'est pas *néant*. Le faux, c'est du vrai, au fond, mais du vrai déformé ou dénaturé[3]. »

Le faisceau d'attractions qui doit s'établir entre le peuple et l'élite exige, pour naître, que cette dernière ait, en plus de

[1] A. Delon, Du gouvernement dans la démocratie (*Revue socialiste*, février 1892, p. 156.)

[2] « Un gouvernement s'égare, s'il n'a sans cesse le regard tourné vers le monde des idées... » (Hanotaux, *Discours de réception à l'Académie française*, 24 mars 1898.)

[3] Izoulet, *la Cité moderne*, p. 119 et 120.

l'intelligence, la moralité. Et si elle en est imprégnée, alors existeront ces sentiments féconds: fierté, confiance, amour et dévouement.

On peut conclure, avec Alexandre Dumas fils : « Nous diviserons donc les hommes en deux ordres d'une simplicité élémentaire :

« Les hommes qui savent, c'est-à-dire quelques-uns ;

« Les hommes qui ne savent pas, c'est-à-dire tous les autres.

« Ce sont les premiers qui ont reçu mission de renseigner et de conduire les seconds[1]... »

Qu'il y ait dans l'élite dont il s'agit ici certains éléments d'aristocratie, rien de plus juste. Mais que l'aristocratie et l'élite se confondent forcément, voilà ce qui ne semble pas possible à des esprits vivants de nos jours, en pays républicain. On conçoit parfaitement une élite d'intellectuels, mais qui sont hommes de sens pratique aussi, c'est-à-dire qui savent penser et faire régner les pensées dans les faits, qui ne détiennent aucun privilège ni de par la naissance, ni de par la fortune. L'idéal serait que l'élite dirigeante se consacrât à la chose publique par simple dévouement civique. M. Novicow entrevoit cet idéal. Il distingue d'abord l'élite et l'aristocratie telles qu'on les comprend aujourd'hui. Elles se côtoient, et rien de plus, « car l'esprit souffle où il veut[2]. » Puis il rêve de leur union de plus en plus intime jusqu'à l'assimilation parfaite. « Mais ces deux choses ne peuvent vivre que l'une à côté de l'autre. Une aristocratie sans haute culture intellectuelle n'est plus digne de ce nom. Elle ne peut donc pas se passer de l'élite qui élabore cette culture. D'autre part, l'élite ne peut presque pas vivre et produire sans le secours de l'aristocratie. Plus l'intimité entre ces deux classes est grande, plus l'orga-

[1] Alexandre Dumas fils, *l'Homme-Femme*, p. 28.

[2] Novicow, l'Élite intellectuelle et l'Aristocratie (*Revue politique et parlementaire*, 10 mai 1896, p. 340).

nisme social est parfait. Le jour où chaque aristocrate, chaque homme riche remplira volontairement et d'une façon désintéressée une fonction intellectuelle ou politique, les sociétés arriveront au point culminant de la perfection[1]. »

La théorie de la délégation par la Constitution est donc, en résumé, ceci : la foule discernant l'élite ; celle-ci représentant l'État, parce qu'elle constitue ses organes de gouvernement et qu'elle reçoit de lui, le souverain, par la lettre et l'esprit de la Constitution, délégation de souveraineté.

Que l'on mette en contact cette théorie et celle de la représentation des intérêts : va-t-il y avoir répulsion ? — Oui, et violente, prétend M. Orlando. Il en donne une raison qui, à son point de vue, est évidemment péremptoire. Ne se figurant pas la représentation des intérêts autrement qu'accompagnée du mandat, il la rejette, comme il a rejeté celui-ci. « ... Il est facile avant tout de faire observer que la représentation d'intérêts spéciaux d'individus ou de classes ne peut être considérée comme un facteur juridique de l'institution moderne de la représentation, puisque, comme nous l'avons vu et comme on le sait d'ailleurs fort bien, cette représentation par mandat est nettement prohibée et défendue par le droit public moderne. Qu'il y ait donc, dans les Chambres électives, des organes propres d'intérêts spéciaux, ce peut être un fait, mais ce n'est pas le droit. Le fait est parfois si manifestement abusif, qu'il serait en vérité bien étrange de le prendre comme base d'une théorie juridique[2]... »

Mais, si on prend la question par une autre face, il semble que l'incompatibilité se transforme au contraire en concordance. Le peuple est appelé à choisir les plus capables. Les plus capables de quoi ? Tout est là. On répondra de façon vague : de gérer les affaires publiques. Soit ! Mais encore ? De décider

[1] Novicow, l'Élite intellectuelle et l'Aristocratie (*Revue politique et parlementaire*, 10 mai 1896, p. 340 et 341).

[2] Orlando, Du fondement juridique de la représentation politique (*Revue du Droit public et de la Science politique*, janvier-février 1895, p. 33).

ce qui est le mieux pour le bien public. Parfait! Mais si, étant ainsi qualifiés, ces hommes apportent en outre chacun quelque capacité spéciale pour telles ou telles questions, si bien qu'ils puissent, sur les points qui leur sont familiers, éclairer leurs collègues qui, à leur tour et dans leur sphère, leur rendront le même service? Voilà du coup le Parlement très perfectionné. Eh bien, que lesdits points spéciaux soient l'agriculture, le commerce, les sciences, etc., et que l'on vise, dans l'élection, en formant des collèges électoraux qui y soient le plus propres possible, à envoyer au Parlement des gens versés particulièrement dans ces questions, tout en ayant l'esprit ouvert à tout en général, que ces hommes reçoivent la délégation de souveraineté de l'Etat par la Constitution, et on n'a pas autre chose que la pénétration de la représentation des intérêts et de la théorie de la délégation par la Constitution. Le peuple n'a pas besoin d'être souverain pour avoir des intérêts; il n'a pas besoin de transmettre un mandat pour pouvoir former l'organe représentatif de l'Etat par la réunion des gens qui sont à même, de leur propre initiative, de discerner ces intérêts et de leur donner satisfaction au mieux. Du reste, ils sont bien amenés à s'en préoccuper puisque ces intérêts sont, sinon tout, du moins la plus grosse part de l'intérêt général de l'Etat.

Par l'application de la représentation des intérêts, aucun n'est lésé des trois grands principes de la théorie de la délégation par la Constitution : souveraineté de l'Etat, suppression de mandat, choix des plus capables par le corps électoral. Jusqu'ici le nouveau mode de représentation proposé ne se présente que comme un procédé ; mais, si ce procédé est respectueux des principes de la théorie avec laquelle il aspire à coexister; si, d'autre part, il correspond à des réalités impérieuses auxquelles il peut répondre, il devient excellent ; il est même le meilleur des procédés Il s'impose comme un principe; il est vraiment du droit. Il incarne, en tout cas, le droit à la réunion du plus de lumière possible sur toutes les questions qui s'agitent au sein du pays vivant.

CHAPITRE IV

LA REPRÉSENTATION DES INTÉRÊTS EST-ELLE COMPATIBLE AVEC LA THÉORIE DU MANDAT COLLECTIF?

A. — La théorie du mandat collectif.

A ne prendre que l'ordre chronologique, la théorie dont il s'agit maintenant d'aborder l'étude, aurait dû passer la toute première. Elle remonte, en effet, aux temps antérieurs à la Révolution.

Elle repose sur la notion de mandat, mais d'un mandat compris et transmis de façon toute spéciale et assurément différente de celles actuellement en cours.

La Révolution, ardente à dégager l'individualité du citoyen, brisa définitivement les liens d'associations, de corporations, d'ordres et de classes. La représentation de ces multiples catégories qui constituaient auparavant autant d'unités politiques, disparut avec elles pour faire place à la représentation qui repose sur les divisions territoriales et le nombre[1]. Le régime représentatif ne naissait pas: il se transformait, passait de sa première à sa seconde phase.

Dans quels rapports l'élu s'était-il trouvé jusque-là vis-à-vis de l'électeur? Il était son mandataire[2], d'abord dans l'admi-

[1] *Cf.* Taine, *les Origines de la France contemporaine : la Révolution*, t. I, p. 221 et 222.

[2] Ce terme est plus exact que celui d' « élu », car il n'y avait pas toujours représentation en vertu d'une élection ; elle était souvent de droit.

nistration locale, communale et, plus tard, lorsque le pays fut en voie d'unification, dans les Assemblées nationales. Au cours de cette seconde période, qui est ici d'un intérêt plus immédiat, il eut en premier lieu l'unique mission de débattre et de consentir l'assiette et le montant de l'impôt. Puis il dut réclamer en retour, auprès du pouvoir royal des changements et des améliorations nettement, limitativement déterminés dans les « cahiers » qui étaient ainsi des *memoranda* de concessions réciproques.

Chaque groupe social établissait son cahier qu'il remettait ensuite à ses députés. Ceux-ci tenaient donc leur mandat — qui, par son caractère impératif, restait bien un mandat dans toute l'acceptation du terme — non pas tant d'une somme d'individus que d'une entité véritable, d'un être moral. C'était un *mandat collectif*.

En somme, les trois traits caractéristiques de la théorie résident dans les ordres et corporations, les cahiers, le mandat impératif annexé à ceux-ci.

Lorsqu'à l'heure actuelle on réclame un « suffrage universel organique », c'est-à-dire organisé sur la base des éléments économiques, sociaux et, dans certaines conditions, territoriaux de la nation, il semble, à première vue, qu'on fasse complètement et fatalement retour aux institutions du passé. Il n'en est rien cependant. Si certains y tendent, d'autres s'en défendent avec énergie[1]. Quoi qu'il en soit, le système nouveau qui, dans son principe, repose sur la représentation des professions ou, de façon plus compréhensive, des intérêts, devrait, de manière si réactionnaire qu'il soit conçu dans le détail, se mettre en harmonie avec les notions du droit public moderne. Peut-être même pousserait-il avec ardeur ce dernier dans une voie de sérieuses innovations. Il achemine, en effet, tout naturellement vers la liberté d'association.

[1] V. Ch. Benoist, *la Crise de l'État moderne*, p. 198 et 199.

B. — Les corporations, les syndicats obligatoires et la liberté d'association.

Si la représentation des intérêts veut l'association et la liberté de s'associer, elle ne leur sacrifie pas l'individu qui ne doit être que, dans une certaine mesure, subordonné au groupe. Il échappe à sa tutelle sitôt qu'elle l'entrave dans son développement, et cet affranchissement relatif profite à la collectivité encore, puisqu'elle participe certainement au progrès de chacun de ses membres.

Conçue dans cet esprit, la représentation des intérêts ne peut comporter l'existence de la corporation fermée d'autrefois, ni même ce que l'on tente de substituer à cette dernière, le syndicat obligatoire. M. Ch. Benoist le dit très catégoriquement : « Nous ne voulons ni de la corporation, ni de l'ordre, ni d'aucun groupe fermé ou imposé. Et non seulement nous ne demandons pas qu'on y retourne, mais très résolument, pour nous, nous refuserions d'y retourner. Nous ne voulons que du groupe ouvert et libre, lien et milieu social, et, par rapport au suffrage, simple circonscription sociale ajoutée à la circonscription géographique, sans que, d'être de tel ou tel groupe ou de rester dans telle ou telle circonscription sociale entraîne jamais rupture d'égalité ni différence dans le droit... Ouvert et libre nous voulons le groupe, et nous le voulons en vie et en mouvement, comme la société elle-même [1]. »

Passant par-dessus les outrances de la Révolution, on empruntera à la société ancienne son besoin de groupement. Il est indéniable qu'une liberté primordiale et absolue doit être donnée aux individus, non seulement de résider sur tel

[1] Ch. Benoist, *la Crise de l'État moderne. De l'organisation du suffrage universel*, p. 198 et 199.

ou tel point du territoire, mais encore d'embrasser la profession qui leur convient. Ce n'est là encore que la liberté de se classer. Il faut plus : il faut la liberté de s'associer. Le groupe, en effet, reste amorphe ; il n'est qu'une addition d'individus. L'association, elle, représente quelque chose de lié, de constitué. Elle marque un progrès considérable, puisqu'elle est un composé qui, bien coordonné, est supérieur aux composants, et, à son tour, grandit ceux-ci. Vraiment, plus l'homme s'associe, plus il s'augmente[1].

Presque toujours, sinon toujours, l'association sera provoquée par la communauté d'intérêts, par le besoin de défendre ceux-ci, ou, s'ils ne sont pas menacés, de leur donner satisfaction de plus en plus ample et sûre.

Par conséquent, une théorie qui veut la représentation des intérêts appelle la formation d'associations qui serviront justement à assurer la bonne représentation des intérêts, parce que ceux-ci y seront mis en évidence, discutés, précisés, et, en même temps, susciteront les moyens les plus propres à les faire triompher.

Après avoir donné la liberté du groupement économique ou social, la loi ne pourra entraver au sein de ces groupements la formation d'associations plus particulières, s'occupant d'intérêts plus spéciaux quoique du genre et de l'espèce encore de ceux qui sont à la base du grand groupe électoral. Si l'on suppose un groupe industriel avec la liberté d'association, on est logiquement amené à autoriser dans ce groupe la création d'une société de fabricants et d'ouvriers en soierie, par exemple ; puis, dans cette société, la subdivision entre fabricants et ouvriers. C'est là une porte ouverte à un développement partiel et en sous œuvre de la représentation professionnelle qui, ainsi limitée, ne paraît pas bien effrayante.

[1] « Tous les systèmes qui, faussement qualifiés de socialistes, vont à l'association autrement que par la liberté, détruisent de fond en comble et l'individu et la Société. L'association par la liberté, la liberté par l'association, tel est notre avenir. » (Ch. Dollfus, *le Dix-neuvième siècle*, p. 281.)

En un temps où l'on parle si bruyamment de l'action des associations particulières et de la solidarité qui est leur fondement, rien ne doit plus les entraver dans leur expansion, surtout dans le domaine économique et social. Le mouvement syndical agricole, qui prend une merveilleuse intensité, est toute une leçon. C'est lui qui est le plus avancé en France, grâce aux dérogations dans le sens de plus d'initiative qui ont été apportées, en sa faveur, à la loi de 1884.

Il faut donc que chacun puisse s'affilier à un groupement organisé et à celui qui l'attire. Cela conquis, c'est surtout dans leur action que les associations ne doivent plus trouver d'autres obstacles que ceux dressés pour la sûreté de l'État. Alors, tuteurs des intérêts divers qui s'agitent dans le pays, tous les groupes auront accès dans la vie publique, et ils créeront une atmosphère politique nouvelle où vibrera toute cette vie.

Ainsi l'imitation du passé n'aura pas été servile, car, au besoin d'association, on aura joint la liberté d'association et la liberté des associations. Il y aura eu une réminiscence qui se sera aussitôt pliée aux aspirations du moment dont, il faut bien le reconnaître, une bonne part de racines, celle qui correspond au respect de l'individu, plonge dans les temps de la Constituante.

Répudier les exagérations de l'ancien régime en ce qui touche les associations ne devait pas conduire à adopter celles des Jacobins. Marat[1], entre autres, qui voulait bien que le citoyen fût libre mais que les clubs eussent l'omnipotence, revenait au régime corporatif : il y cherchait sans doute des cadres dans lesquels il pût embrigader le peuple. Fallait-il davantage s'arrêter à la suppression de tous groupes, à une décentralisation poursuivie jusqu'à l'individu, ainsi que le désiraient les Girondins ? Tel fut, en effet, le régime qui prévalut dans la loi ; les faits la débordèrent dès l'Empire. On

[1] *L'Ami du Progrès*.

trouve alors des corporations de boulangers dans diverses villes où la municipalité les exige, puis les domine, parce que le pain est de toute importance[1]. Ce n'est même pas un groupement à caractères nouveaux essentiels. Mille traits le rapprochent de l'ancienne corporation. Sous certaines de ses formes, il s'est perpétué jusqu'aux temps actuels ; ce sont les ordres ou les chambres d'avocats, d'avoués, de notaires, d'huissiers, d'agents de change, de commissaires-priseurs[2].

La loi de 1864 sur le droit de coalition et celle de 1884 sur les syndicats sont une double réaction contre l'ancien régime et le régime révolutionnaire. Elles vont plus avant que l'un et moins avant que l'autre ; elles cherchent à représenter un juste milieu. « Nous assistons depuis vingt ans environ à un singulier spectacle : tandis que nos hommes politiques affirment partout la grandeur de l'œuvre révolutionnaire, proclament l'éternité des principes de 1789, en célèbrent pompeusement les anniversaires, la nation tout entière, consciemment ou inconsciemment, travaille à refaire, en les adaptant aux temps nouveaux, les institutions détruites par la Révolution... Les cadres détruits se reforment ; les unions organiques anéanties se reconstituent[3]. » On interroge, pour se guider quelque peu sur lui, le passé avec lequel il a été rompu si nettement, et cependant on est engagé dans une ère nouvelle. « ...C'est *l'associationisme*, c'est-à-dire un état social où les énergies individuelles, soustraites à la tutelle tyrannique de l'État, maîtresses d'elles-mêmes, seront éclairées, dirigées et protégées par des associations fondées sur la communauté des besoins et des intérêts[4]. »

1 Paris comptait 631 boulangers ; lorsqu'on y eut joint la banlieue, le chiffre fut de 920. Le même régime était appliqué à Marseille et dans 165 autres villes. — Hubert Valleroux, *les Corporations d'arts et métiers, et les Syndicats professionnels en France et à l'étranger*, p. 187-195.

2 *Ibid.*, p. 199, 200 et 202.

3 Léon Duguit, l'Élection des sénateurs (*Rev. politique et parlementaire*, 10 septembre 1895, p. 472.

4 *Ibid.*, p. 474.

M. Duguit écrit dans la *Revue politique et parlementaire*.

Voici la même note, mais venant de bien ailleurs. Au congrès de Reims, en 1896, le « Groupe royaliste d'études sociales » votait une déclaration où se relèvent ces mots : « ...Le rétablissement — sous des formes appropriées à l'état social actuel — des libertés communales, corporatives et nationales fondées sur le droit d'association, sur l'autonomie des corps constitués et sur la décentralisation administrative...., la représentation des droits et des intérêts près des pouvoirs publics, moyennant l'établissement d'un mandat défini, est une institution essentielle à la réorganisation sociale et politique. » Les socialistes eux-mêmes, sous le régime collectiviste, formeraient des groupes ; mais, limitant le nombre de leurs membres, ils les dépouilleraient de l'élément de liberté ; déjà ils veulent les syndicats obligatoires et, en 1877, au Congrès de Gand, ils déposèrent une couronne au pied de la statue de d'Arteweld, représentant des anciens groupements[1].

Il semble donc que, malgré les efforts réalisés pour concilier l'association et la liberté individuelle, un courant entraîne de nouveau vers un extrême auquel on donnerait seulement une livrée moderne[2].

Les seuls bons résultats qu'aient jamais présentés les corporations se relèvent dans le domaine moral. Leur juridiction n'a point été à dédaigner. D'autre part, dans leurs étroites limites, elles pouvaient ressembler à une famille, subir l'influence religieuse, mêler à leur activité professionnelle la charité et des devoirs d'éducation et d'instruction.

Aujourd'hui les ouvriers et les apprentis sont légions, les maîtres, les patrons n'ont point augmenté de nombre en proportion ; c'est une foule où les rapports personnels sont nuls. L'action morale ou seulement philanthropique qui émane du

[1] Ch.-M. Limousin, *Journal des Économistes*, octobre 1877.

[2] *Cf.* Hubert Valleroux, *les Corporations d'arts et métiers, etc.*, p. 230.

chef d'entreprise vient de si loin qu'elle est, pour chaque employé, vraiment anonyme ; l'argent, l'institution quelconque est là ; l'ouvrier a vu la main ; il n'a pas senti battre le cœur.

C'est donc vers l'association professionnelle libre que conduit la formation économique moderne. L'évolution s'est produite presque sans secousse et en dehors de toute intervention législative en Angleterre[1]. Quoique moins frappante ailleurs, cette même évolution est cependant générale. C'est qu'il y a des phénomènes de suppression de certains organes par non usage. Déjà « les anciennes corporations, jurandes et maîtrises, s'éteignaient par atrophie, même avant leur abolition légale[2] ». Les pays qui, actuellement, en Europe, ont conservé ou restauré un régime corporatif étroit, se voient obligés de laisser subsister des associations libres à côté de cette organisation qu'ils sont, la plupart du temps, amenés à imposer par pression administrative. C'est ainsi qu'en Russie, parallèlement aux « tseckes », existent les « artels[3] » ; que l'Autriche a des associations professionnelles libres, et l'Allemagne (loi du 15 mars 1883, chap. V) les associations ouvrières socialistes ou catholiques et les « Gewerbevereine[4] ».

Jouer sur les mots est inutile. On peut parler de « réorganisation corporative » sans évoquer le souvenir des anciennes formes. Mais la pente est rapide. L'Ecole de l'Association catholique n'y prend pas assez garde. Ce qu'elle demande, au fond, c'est le retour à la corporation proprement dite. « Après avoir, sous le nom de syndicat, écrit M. Ségur Lamoignon, rendu un premier hommage à la corporation d'autrefois par la loi de 1884, voici qu'on s'aperçoit que, pour être viable et salutaire, l'institution syndicale a besoin d'être pourvue des avantages qui faisaient jadis la vie des corporations... Si les

[1] *Cf.* Hubert Valleroux, *les Corporations d'arts et métiers, etc.*, p. 163.
[2] G. de Greef, *le Transformisme social*, p. 466.
[3] Hubert Valleroux, *Les Corporations d'arts et métiers, etc.*, p. 173-175.
[4] Pic, *Traité élémentaire de législation industrielle*, p. 197 et 199.

ouvriers groupés en syndicats ne songent qu'à s'organiser pour la lutte, c'est principalement, sinon uniquement, parce que, ne possédant rien..., ils n'ont rien à conserver, aucun intérêt à maintenir un ordre social économique qui ne repose sur aucun patrimoine[1]. » M. Mesureur partage la même opinion au point de vue du patrimoine syndical, et M. Dussaussoy, député du Pas-de-Calais, lui a donné la forme d'un projet de loi.

Mais, allant plus loin, l'Ecole de l'Association catholique veut confier aux corporations le droit de juridiction. Elles grouperont les éléments adverses, étant nécessairement des syndicats mixtes. « Nous ne comprenons pas, dit M. de Marolles, la corporation formée autrement que par la réunion des patrons, des ouvriers et des apprentis... La corporation proprement dite n'existe que quand elle est formée des éléments qui la caractérisent et qui sont eux-mêmes complexes, c'est-à-dire composés des éléments individuels nécessaires à la formation de l'entité qui s'appelle atelier, usine, syndicat, société de production[2]. »

Ainsi conçue, la corporation embrasse les individus que le monde économique met aux prises ; elle est donc toute portée pour agir sur eux par ses règlements mêmes, leur imposant ses décisions arbitrales ou judiciaires[3].

Son rôle ne s'arrêtera pas là ; étant à elle seule toute une branche d'industrie, elle pourra légiférer dans ce domaine sans qu'aucun de ceux qui en font partie lui échappe[4] ; elle fixera le taux des salaires[5] ; elle prélèvera, d'autre part,

[1] Ségur-Lamoignon, Aperçus et Documents sociaux (*l'Association catholique, Revue des questions sociales et ouvrières*, mai 1895, p. 522).

[2] De Marolles, De la Corporation, Rapport présenté par le Conseil des Études et adopté par le Conseil général de l'Œuvre des cercles (*l'Association catholique*, avril 1895, p. 344).

[3] Id., *ibid.*, juin 1895, p. 526.

[4] Id., *ibid.*, juin 1895, p. 569.

[5] De Ségur-Lamoignon, Aperçus et Document ssociaux (*l'Association catholique*, avril 1894, p. 465).

comme une sorte d'impôt, par des cotisations exigées de ses membres.

Le trait vraiment caractéristique de ces institutions nouvelles et qui les rapproche infiniment d'une des deux formes de syndicats obligatoires, est l'extension de leur droit de surveillance, et, pour ainsi dire, d'application de leurs règlements, sur tous les ateliers libres ; elles finiront par englober ceux-ci partout, comme déjà cela se passe en Allemagne sous l'influence des lois sur l'apprentissage (loi du 24 mars 1884), sur l'obtention de la personnalité civile (loi du 23 avril 1886), et sur les charges de l'enseignement professionnel (loi du 6 juillet 1887[1]).

En France même, on souhaite que la loi intervienne pour reconnaître officiellement la réorganisation corporative[2].

L'Ecole de l'Association catholique ne veut pas voir les conséquences inévitables vers lesquelles l'entraîne son programme économique. Elle se défend énergiquement de retourner aux institutions de l'ancien régime. L'analogie lui suffit ; mais ses membres individuellement aboutissent à l'identité presque absolue avec ce que les socialistes nomment le *Syndicat obligatoire*, et qui n'est pas autre chose qu'une restauration de la corporation du passé. Le rapprochement s'impose, lorsqu'après avoir vu ce qu'est la conception de l'Association catholique par rapport aux groupements, on lit certain passage du programme élaboré par le Domcapitular Monfang dans une réunion électorale tenue le 27 février 1871, en conformité avec les idées de Mgr von Kettler et des socialistes catholiques allemands : « L'État ne doit point organiser le travail par une loi générale ; c'est aux ouvriers à former des associations, à édicter des règlements et une constitution du travail dans chaque métier, dans chaque industrie. L'État intervient ensuite pour leur donner force de loi[3]. »

[1] Pic, *Traité élémentaire de législation industrielle*, p. 196.
[2] Milcent, *l'Association catholique*, t. XXXI, p. 160.
[3] De Laveleye, *le Socialisme contemporain*, p. 149.

C'est à l'influence du pape Léon XIII qu'est due l'orientation des écoles sociales catholiques au sujet des associations. C'est lui qui a voulu qu'on s'en tînt à l'analogie avec les institutions du passé, sans qu'il se doutât de l'influence qu'allait jouer l'implacable logique des faits. Il écrivait dans son encyclique *Humanum genus :* « Il est une institution due à la sagesse de nos pères et dont le temps avait interrompu le cours, mais qui pourrait aujourd'hui encore servir de type à des créations analogues. Nous voulons parler des corporations d'ouvriers qui, avec la religion pour guide, protégeaient à la fois les intérêts et les mœurs. Si à travers tant de siècles, ces corporations rendirent à nos pères de si précieux services, notre temps peut-être en retirera encore de plus grands. C'est pourquoi nous souhaitons vivement que partout pour le salut du peuple, ces corporations soient rétablies et adaptées aux circonstances. » Le mot d'ordre est donné : les auteurs catholiques le répètent sur des tons variés. Le Dr Oberdœrffer ravive le souvenir des *gildes* du moyen âge[1]. En Allemagne, à l'assemblée des catholiques de Cologne M. Schorlemer-Alst remonte aussi loin[2]. Ce sont encore Mgr de Harlez et M. de Mun, en mille circonstances.

Mais bientôt la discorde apparaît. De déductions en déductions, et, bien que partis de points de départ communs, certains esprits se rendent compte qu'il y a toute chance pour que l'on ne puisse s'arrêter en route.

Il faudra aller jusqu'à la vieille corporation obligatoire et fermée. Comme dernière mesure, certains demandent qu'un triage sévère soit fait parmi les adhérents, afin que le principe d'autorité morale, religieuse et politique, qui doit prédominer dans la corporation, ne risque pas d'être méconnu par quelques brebis galeuses. Ces mauvais éléments seront hors de la corporation, mais soumis à son contrôle. « Nous ne voulons à

[1] Oberdœrffer, *l'Association catholique*, t. XXXI, p. 506.

[2] Discours à l'assemblée des catholiques allemands, à Cologne, en 1894.

aucun prix, dit M. Harmel, de la corporation obligatoire, parce que le mélange d'éléments disparates, souvent opposés au point de vue moral, produirait des effets désastreux. » A l'inverse, le R. P. de Pascal est partisan décidé de l'obligation, et M. Costa-Rosetti-Synopis trouve que l'État est dans les limites de son devoir lorsqu'il applique ce principe dans la réorganisation corporative.

L'École de l'Association catholique fait de la corporation un élément sérieux de la représentation des intérêts, qu'elle est, du reste, la seule à réclamer hardiment. Tous ses programmes la renferment[1] et elle a déjà tenté des essais du système dans le cadre d'une province, notamment en Dauphiné.

Avant de voir ce qu'il faut penser de l'alliance de la corporation et de la représentation des intérêts, il n'est pas sans utilité d'examiner les syndicats obligatoires et de vérifier tous leurs points de similitude avec la corporation nouvelle. Il en ressortira clairement que celle-ci n'est pas autre chose que ceux-là. Et alors, une seule question se posera : Vaut-il mieux pour l'application de la représentation des intérêts l'introduction du syndicat obligatoire ou l'extension de l'association professionnelle libre?

Si les partis, dits de réaction, parlent volontiers de réorganisation corporative, c'est, par contre, au mouvement socialiste qu'est due la campagne entreprise en faveur du syndicat obligatoire[2]. Sa véritable terre d'origine est la Suisse, sa cause première l'échec, en 1888, de la « Fédération horlogère » du Jura neuchâtelois.

Actuellement, l'obligation en matière syndicale est en tête du programme socialiste suisse[3]. En 1893, le Congrès de

[1] Ségur-Lamoignon, Aperçus et Documents sociaux *(l'Association catholique*, avril 1894, p. 464 et 465).

[2] R. Poincarré, Vues politiques *(Revue de Paris*, 1er avril 1898, p. 655).

[3] Jay, l'Organisation du travail par les syndicats professionnels *(Revue d'Économie politique*, 1894, p. 317).

Bienne adoptait à l'unanimité la thèse suivante : « Toute loi sur les arts et métiers, qui n'aura pas pour base les syndicats obligatoires, doit être considérée comme impuissante à atteindre son but[1]. » Le mouvement gagna les petits industriels[2].

Enfin, et ici on touche du doigt la liaison étroite qui existe entre la corporation nouvelle et le syndicat obligatoire, le parti catholique suisse, et à sa tête M. Decurtius, est un fervent adepte du syndicat obligatoire. Toutes les tentatives faites pour donner une forme et une sanction législatives à la réforme proposée ont échoué tant au fédéral[3] qu'au cantonal[4].

L'idée n'a guère franchi la frontière suisse. Les socialistes français sont tout à la liberté d'association.

Par contre, des économistes, dont M. Jay, estiment, sans en ressentir de frayeur, que « le xxe siècle verra renaître des corporations. Mais... les nouvelles corporations ressembleraient aux corporations des xviie et xviiie siècles, comme le Gouvernement de la République française ou de la Confédération suisse ressemble aux gouvernements de Louis XIV et de Louis XV[5] ».

L'épithète d'*obligatoire* demande à être serrée de près. En

[1] *Journal de Genève* du 5 avril 1893. — Comparer ; *le Temps* du 7 avril 1893, Un Congrès ouvrier en Suisse.

[2] « Union des arts et métiers ». Résolutions prises à Schaffouse (1892). Message du Conseil fédéral concernant le droit de légiférer en matière d'arts et métiers du 25 novembre 1892 *(Feuille fédérale*, 15 décembre 1892, p. 733). — A relever encore : 1° la pétition adressée au Conseil Fédéral, en 1893, par la « Société suisse des propriétaires d'imprimeries ». Rapport du Conseil Fédéral à l'Assemblée sur la gestion de 1893 *(Feuille fédérale*, 14 mars 1894) ; 2° la pétition adressée au Conseil fédéral, en 1893, par les patrons coiffeurs de Genève. Rapport du Conseil fédéral... *(Feuille fédérale*, 14 mars 1894).

[3] En 1893 un article 34 *ter* additionnel à la Constitution et décidant que « la Confédération a le droit de statuer des prescriptions uniformes dans le domaine des arts et métiers » fut rejeté par le peuple.

[4] V. le projet de loi déposé, en 1891, par M. Favon, au grand Conseil du canton de Genève *(le Genevois*, n° du 20 janvier 1891).

[5] Jay, l'Organisation du travail par les syndicats professionnels *(Revue d'Économie politique*, 1894, p. 338).

quoi consiste l'obligation ? Il est deux écoles dont les réponses sont nettement différentes.

Pour l'une, il y a obligation d'être membre du syndicat qui groupe (le plus souvent en deux sections distinctes) les ouvriers et les patrons, tous les membres de la profession, dans un rayon territorial donné, les divers syndicats étant ensuite fédérés entre eux. C'est là une conception très absolue. Si elle était réalisable, il est certain qu'elle formerait une base merveilleuse pour la représentation des intérêts. Elle est chère à M. Favon et, vraiment, par sa simplicité et ses allures grandioses, elle est bien faite pour séduire les ouvriers[1].

Plus simples encore sont les principes de la seconde école. Etre du syndicat n'est pas obligatoire ; ce qui l'est, c'est de subir son autorité, de se conformer à ses décisions et à ses règlements. L'analogie avec la corporation nouveau modèle est frappante. M. James Perrenoud, l'ardent apôtre des syndicats obligatoires, se rattache, avec M. Fritz Huguenin, son collaborateur, à cette forme moins intransigeante[2].

M. Cornaz, qui ne suit ses amis d'extrême gauche qu'avec une certaine timidité, limite à cette œuvre de réglementation le syndicat obligatoire, dont il ne veut, du reste, l'établissement qu'en cas d'urgence[3]. M. Greulich, le chef du « Secrétariat ouvrier » à Berne, songe à mettre un frein à l'arbitraire de ce qu'il appelle la « Chambre syndicale mixte » et qui est composée par les syndicats séparés, ouvriers et patronaux, de la profession. Les décisions de cette chambre ne seront obligatoires qu'après avoir été prises par un

[1] Résolution du Congrès de Bienne (1893) (*Journal de Genève*, nº du 5 avril 1893). Comparer : *le Temps*, nº du 7 avril 1893, Un Congrès ouvrier en Suisse.

[2] V. leur mémoire adressé au Conseil fédéral suisse, en 1889, *les Syndicats industriels et leur application à l'industrie horlogère*.

[3] Congrès ouvrier d'Olten, 1890. — *Quatrième et cinquième rapports annuels du « Comité directeur de la Fédération ouvrière suisse »* pour les années 1890 et 1891, p. 28 et 29.

nombre égal de délégués des ouvriers et de délégués des patrons[1].

L'adoption des syndicats obligatoires engage deux choses : la liberté de la personne et la liberté des facultés de travail et de production. L'une et l'autre sont également respectables, mais jusqu'au point précis où elles conduiraient à l'anarchie dans le monde économique et social. C'est cette limite qu'il faut avoir nette devant les yeux lorsqu'on songe à une organisation industrielle, commerciale et agricole.

L'association professionnelle libre, telle que la représentent, au moins en grande partie, les syndicats actuellement constitués en France, semble devoir être le juste milieu nécessaire. « Je regarde le mouvement syndical, écrit M. Ch. Bücher, comme bienfaisant et nécessaire en tant qu'il constitue un retour de l'anarchie en fait de production à l'ordre dans la production, en tant qu'il est une discipline sociale et économique que s'impose la société pour les tâches que requiert une culture plus avancée[2]. »

En droit électoral, l'organisation syndicale n'intervient comme élément de base des circonscriptions que si l'on introduit la représentation des intérêts. Mais ce n'est là qu'un rôle secondaire et auquel ne doit pas être subordonnée la constitution des groupements économiques ou sociaux. Les listes électorales pourraient rester aussi indépendantes de ces formations que le sont actuellement les rôles de la patente. Elles se rapprocheraient de ces rôles, pourraient, dans une certaine mesure, leur demander à être dressées d'après eux. On s'inquiéterait uniquement de savoir quelles sont les occupations du citoyen et non de savoir s'il est affilié à un groupe quelconque de la profession auquel il se trouve rattaché. Les

[1] Congrès ouvrier d'Olten, 1890. — *Quatrième et cinquième rapports annuels du « Comité directeur de la Fédération ouvrière suisse »* pour les années 1890 et 1891, p. 34 et suiv.

[2] Ch. Bücher, les Syndicats industriels *(Revue d'Économie politique*, 1894, p. 922).

groupes ou le groupe de la profession, des intérêts feront partie de la circonscription électorale, mais ils ne la constitueront pas à eux seuls ; auprès d'eux seront des individus isolés qui auront pris cette place de leur plein gré ou parce que les commissions de formation ou de revision des listes auront estimé que tel était leur lieu électoral. Ils seront donc côte à côte avec les syndicats ; mais ils n'auront aucun devoir vis-à-vis d'eux.

Cette classification ne sera pas plus difficile que celle par arrondissement. Elle sera aussi aisée que l'établissement du rôle des patentes et même bien plus aisée puisqu'elle viendra après lui et pourra se servir beaucoup de lui.

L'association libre sera plus propice que toute autre organisation à la représentation des intérêts. Elle formera, en effet, un noyau de volontaires dont le dévouement aux intérêts communs sera d'autant plus assuré ; ils auront toute l'ardeur des gens qui se laissent emporter par l'initiative privée, ils se sentiront du moins la responsabilité du groupement qu'ils auront constitué et auquel ils se seront ralliés. A un groupement forcé correspondrait, au contraire, l'indifférence, peut-être même la révolte ; l'acte constitutif, qui serait une loi ou tout autre acte administratif, émanerait de source anonyme, la responsabilité, le point d'honneur n'existeraient pas.

Dans les hommes qui se sont réunis de leur plein gré, les électeurs en quête de candidats trouveront déjà comme une sélection opérée. Les vertus d'initiative et d'activité se rencontreront plutôt parmi ces membres de l'association libre. Ils auront eu le courage d'affronter une responsabilité : c'est qu'ils s'en seront senti la force ; c'est aussi qu'ils auront conscience d'être suffisamment au courant des intérêts au nom desquels ils ont provoqué la fondation du syndicat.

Peut-être se rendront-ils compte du danger qu'il y a à n'envisager la production, la consommation et l'échange qu'au seul point de vue national, ou même régional, et par suite à organiser des groupements à règles inflexibles, mais qui, n'ayant d'effet que dans la région ou le pays entier, laissent les coudées franches aux groupements similaires des autres régions ou des autres pays et leur permettent souvent d'acquérir une supériorité écrasante. Les professions ont pris une telle extension que les cadres même les plus larges leur sont trop exigus. Parallèlement les besoins ont crû en intensité et en nombre : ils ont dépassé souvent les facultés de production nationale ; il a fallu s'adresser à l'étranger et, par suite, mettre celui-ci, entouré de ses procédés, de ses coutumes, de sa législation, face à face, en concurrence avec l'industrie, l'agriculture, le commerce du pays même qui sont, eux, attachés à d'autres procédés, soumis à d'autres coutumes, régis par d'autres lois. La production est dès lors internationale, et le gros obstacle, auquel se heurtent les syndicats obligatoires, est la difficulté, l'impossibilité même d'étendre à l'ensemble de la branche industrielle, commerciale ou agricole à laquelle ils appartiennent, leur organisation complète. Les tisseurs de Saint-Gall ont fait la cruelle expérience qu'il faut à un syndicat obligatoire une envergure qui couvre l'Europe, même le monde entier, sinon il n'a pas la puissance suffisante pour commander à ceux qui sont en dehors de lui, bien qu'appartenant au même organe économique et social. M. Wuarin écrivait en 1892 : « ...Comment inaugurer les syndicats obligatoires, tant qu'il n'y aura pas eu à leur sujet une entente internationale ? Quelle contrée serait assez sotte pour se mettre à travailler dans des conditions particulièrement coûteuses, tandis que ses voisines, continuant à produire comme par le passé, c'est-à-dire moins chèrement, l'évinceraient du marché[1] ? » Ce n'est pas tout. Les proportions colossales qu'a prises l'industrie en général ne peuvent s'accommoder de dispositions rigides, quoique de large envergure. C'est la souplesse qui peut éviter des brisures néfastes, pour des populations entières. Il faut désarticuler,

[1] Lettre de Suisse: les Syndicats obligatoires (*Journal des Économistes*, septembre 1892, p. 435).

mais sans trancher absolument tout lien entre les fragments, l'organisation économique et sociale.

A l'intérieur même du pays, le syndicat, constitué en masse compacte, aux arêtes vives, risque de blesser dans sa marche les intérêts voisins, alors qu'il serait, au contraire, urgent que tous fussent respectés et pussent librement s'épanouir. Va-t-on, en outre, empêcher un individu d'avoir les intérêts qu'il lui plaît d'avoir en limitant le nombre des membres de telle ou telle profession? Si cela est, un privilège est créé au profit des gens admis dans le métier et, de nos jours, les privilèges sont restreints le plus possible. Toute cette action néfaste des syndicats obligatoires, M. Wuarin l'analyse dans ses plus importants effets: « Parmi les plus graves de leurs conséquences, nous indiquerons les suivantes:

« Interdiction des professions obligatoirement syndiquées à un certain nombre de postulants — surtout parmi les femmes à qui l'on répondra: Complet! — et, par là, création d'un nouveau prolétariat de gens sans métier, sans gagne-pain.

« Élévation du prix de la vie. La loi de l'offre et de la demande va cesser son effet, car les syndicats qui ne manqueront pas de se généraliser à raison des privilèges considérables dont ils jouissent, aspirent tous au monopole.

« Prédominance d'un despotisme industriel intolérable, ramenant tous les abus si péniblement renversés il y a un siècle lors de la suppression des corporations et aggravant même les nuisances des anciennes maîtrises ou jurandes[1]. »

Qu'a-t-on trouvé jusqu'ici? Le péril d'écrasement par la concurrence étrangère, le péril non moins grand d'entrave à la production nationale. Mais ces vices étaient ceux des anciennes corporations! C'est donc que les syndicats obligatoires y ramènent tout droit, que leur tendance est identique à celle

[1] Lettre de Suisse: les Syndicats obligatoires (*Journal des Économistes*, septembre 1892, p. 434). *Cf.* Martin Saint-Léon, *Histoire des corporations de métiers*, p. 648 et 649. — *Cf.* Hubert Valleroux, *les Corporations d'arts et métiers, etc.*, p. 233 à 242.

des corporations dont on désire aujourd'hui la constitution [1].

Jamais l'État n'admettrait que de si compactes associations fussent en dehors de son contrôle et de sa puissance. L'autonomie des corporations est un leurre. La tutelle administrative et centralisatrice s'étendrait sur elle pour donner à leurs décisions force de loi, pour prendre la direction supérieure de l'industrie en général. Sans l'État, on ne pourrait songer à limiter pratiquement le nombre des apprentis, à empêcher les habitants des campagnes de s'établir dans les villes, à aller jusqu'à apporter des restrictions au mariage des indigents et des ouvriers. Une pareille intervention est abusive : « L'intervention de l'État n'est légitime, dit M. Aucoc, que si l'impuissance des individus isolés ou volontairement associés est démontrée, et si le bien qu'il s'agit de faire dans l'intérêt commun est impossible sans le concours de la puissance sociale[2]. » Mais, d'autre part, il ne faut pas créer de ces organisations toutes-puissantes qui, tenant leur existence de la loi, ne songent, en s'appuyant sur la loi, qu'à accaparer le monopole de créer de nouvelles lois. On risquerait de se laisser entraîner bien loin et il suffit pour s'en convaincre de relire les paroles de Volders au Congrès ouvrier de Namur : « La loi essentielle du socialisme est d'assurer le libre exercice de la force du nombre. » Et encore : « Le but de la classe ouvrière est de conquérir le pouvoir et non de concilier les intérêts. » Au même moment, Anseele s'écriait : « Nous ne devons connaître qu'un intérêt, l'intérêt du peuple qui doit imposer sa volonté ; tous les autres intérêts sont des dangers. »

En matière d'associations, la vraie formule, celle dont il semble que se soient inspirés les législateurs français de 1864 et de 1884[3], est celle de Rousseau : « Trouver une forme d'association qui défende et protège de toute la force com-

[1] *Cf.* Wuarin, *Journal de Genève* du 20 mars 1892

[2] Communication à l'Académie des sciences morales et politiques, 1886.

[3] A. Desjardins, *De la liberté politique dans l'État moderne*, p. 173.

mune la personne et les biens de chaque associé et par laquelle chacun, s'unissant à tous, n'obéisse pourtant qu'à lui-même et reste aussi libre qu'auparavant[1]. » Il faut, en un mot, que les groupements futurs reposent, non pas sur des monopoles, mais sur un jeu souple d'union et deviennent ainsi éléments de conciliation, de solidarité et de progrès. Ils seront alors de vraies institutions nationales et non plus seulement des rouages économiques, comme jadis.

Avec cette indépendance qui ne serait point de l'anarchie, la représentation des intérêts se conçoit. C'est ainsi que M. Hubert-Valleroux, partisan, comme toute l'école de Le Play, de l'association profesionnelle libre, après avoir reculé devant une organisation trop autoritaire proposée par M. Mazaroz[2], écrit: « Il faut reconnaître qu'il y a quelque chose de juste et de profond dans cette distinction qu'il (M. Mazaroz) veut donner aux associations professionnelles. Une grande nation ne peut être composée d'individus perpétuellement isolés; il vaut mieux pour elle et il vaut mieux pour les citoyens considérés à part que ceux-ci soient groupés en libres compagnies. Or, la similitude de profession est très propre à unir les hommes... Les hommes capables y sont mieux connus et se démêlent de la foule; les délégués de ces sociétés ont aussi une voix plus autorisée parce que leur compétence technique est indiscutable[3]. » Et il n'y a plus qu'un pas à faire pour aborder le remplacement des institutions administratives par les circonscriptions réunissant des hommes à mêmes fonctions et à mêmes intérêts. Ce pas, M. Hubert Valleroux n'hésite pas à le faire[4]. Et alors, à un élément rigide

[1] J.-J. Rousseau, *Contrat social*, Œuvres complètes, Furnes, Paris, 1835, p. 644.

[2] M. Mazaroz veut des syndicats formés à la fois de patrons et d'ouvriers qui nommeraient des électeurs chargés de désigner les membres des Assemblées politiques, soit locales soit nationales *(la Profession base du suffrage)*.

[3] Hubert Valleroux, *les Corporations d'arts et métiers, etc.*, p. 418.

[4] *Ibid.*, p. 418 et 419.

et factice, se trouve substitué un élément de réalité saisissante, et féconde parce qu'elle agit. « Ouvert et libre nous voulons le groupe, répète M. Ch. Benoist, et nous ne le voulons pas fixé, arrêté une fois pour toutes; nous le voulons en vie et en mouvement comme la société elle-même[1]. »

C. — Les cahiers et le mandat impératif.

La première caractéristique de l'ancienne organisation électorale résidait dans la nature des divers corps électoraux. La seconde est constituée par les *cahiers*. Ceux-ci passaient des paroisses aux bailliages, puis aux grands bailliages et, à chacun de ces degrés, ils fusionnaient entre eux, subissaient une condensation, en même temps que le nombre des délégués, chargés de les porter plus loin, se restreignait par l'élection. Enfin ils étaient présentés aux Etats généraux par les députés des trois ordres.

C'est ce régime que, dans un article de *l'Association catholique*, M. Ségur-Lamoignon préfère de beaucoup à celui qui existe actuellement[2]. Et tel est bien le sentiment de l'école entière. Pris des mêmes regrets en présence des mêmes usages, M. Séverin de la Chapelle, dont le nom fait autorité en pareilles matières, imagine de conserver ces usages anciens en les appliquant aux organes électoraux d'aujourd'hui. « Les Conseils municipaux de France, écrit-il, ont aptitude et ils ont la vraie compétence pour rédiger les cahiers généraux qui peuvent servir de base pratique aux travaux de chaque législature; les Conseils d'arrondissement ont compétence pour donner à ce travail préparatoire une première et nécessaire épuration, et les Conseils généraux ont à leur tour la capacité

[1] Ch. Benoist, *la Crise de l'État moderne; du suffrage universel organisé*, p. 199.

[2] Ségur-Lamoignon, *l'Association catholique*, t. XXIX, p. 347.

indispensable et le devoir d'en faire l'épuration définitive après laquelle ils peuvent être soumis à l'épreuve législative qui leur donne leur suprême sanction[1]. »

Déjà on a relevé, parmi les attributions dont l'École de l'Association catholique entend revêtir la corporation nouvelle, les plus essentielles des maîtrises et jurandes; et voici qu'il faut y ajouter le droit de remettre un cahier et un mandat qui ne peut être qu'impératif, sinon le *cahier* reste lettre morte. De déductions en déductions l'École de l'Association catholique en est venue à concevoir une organisation économique, sociale et électorale aussi, dont deux passages dus à M. le marquis de la Tour-du-Pin-Chambly, donnent une vue d'ensemble très nette : « Les syndicats sont, en France, l'instrument de réorganisation des professions manuelles. Tant que ces dernières associations ne seront pas elles-même suffisamment étendues et organisées, on est porté à demander la représentation de ces professions à des collèges professionnels. C'est pourtant là une erreur parce qu'un collège professionnel ne peut pas donner un mandat défini, n'étant pas un corps. Mais il est quand même nécessaire que ces collèges soient une institution légale, afin que celle d'un *referendum* étendu à tous leurs membres, puisse donner un contrepoids à l'action trop exclusive des associations[2]. » Et ailleurs : « ..... Le syndicat facilite l'établissement des cahiers qui sont la forme essentielle du *mandat*. Point de cahier, c'est-à-dire un mandat en blanc donné dans un collège électoral sans cohésion à une individualité qui ne conserve plus de lien avec ses électeurs, ce n'est pas autre chose qu'une abdication perpétuelle[3]. » Si l'on ne veut pas se contenter de fragments d'auteurs, que l'on

[1] Séverin de la Chapelle, *Nouvel organisme de la souveraineté nationale en France*, p. 69.

[2] De la Tour-du-Pin-Chambly, *l'Association catholique*, 15 déc. 1896, p. 538.

[3] De la Tour-du-Pin-Chambly, De la représentation de l'agriculture *(l'Association catholique*, mars 1893, p. 268). — *Cf.* P. de Pascal, Étude historique sur le régime représentatif *(l'Association catholique*, t. XXXII, p. 526).

jette un coup d'œil sur les travaux de la « Commission des intérêts publics » de l'École de l'Association catholique et sur les programmes adoptés dans ses Assemblées générales. En 1890, le vicomte de Mayol de Lupé analyse dans un rapport l'opération électorale avec représentation des intérêts. Pour lui, en premier lieu, doit venir « la définition du mandat ou rédaction des cahiers, car la représentation n'est sincère que quand il y a entre les mandants et le mandataire un contrat librement délibéré et librement accepté[1]. » L'Assemblée de 1891 votait la proposition suivante : « ..... L'association exprime ses sentiments par un cahier et désigne un mandataire lié par ce cahier[2]... »

Voilà donc qui est clair : le *corps d'état* un et indivisible remet à l'élu un cahier avec mandat impératif. Mais pour qu'elle puisse délivrer le cahier, la corporation doit dominer le corps de métier, sinon elle ne serait plus qu'un simple collège professionnel et « un collège professionnel ne peut pas donner un mandat défini, n'étant pas un corps[3] ».

Par argument *a fortiori* on parvient à la conclusion que l'association professionnelle libre ne peut donner ni cahier, ni mandat impératif. Ce serait attenter à l'indépendance même de ses membres que de leur imposer une série de résolutions ; ce serait, en outre, lier de façon absolue le ou les députés. Les principes mêmes qui ont présidé à sa formation s'y opposent. Si, dans telle ou telle circonscription économique ou sociale, des opinions diverses se font jour et qu'il y ait plusieurs députés à élire, il sera bien rare qu'un accord suffisant intervienne pour permettre la rédaction d'un cahier unique et pour que les divers candidats soient unanimes à s'y soumettre. Si la majorité est appelée à l'emporter sans contre-

[1] Rapport à la « Commission des Intérêts publics » (*l'Association catholique*, t. XXIX, p. 515.

[2] Programme dressé par la « Commission des Intérêts publics » *L'Association catholique*, t. XXXII, p. 254.

[3] De la Tour-du-Pin-Chambly, *l'Association catholique*, 15 déc. 1896, p. 535.

poids, la représentation des intérêts est par là même tronquée. Ce n'est pas tout que d'exposer quels sont ses intérêts, encore faut-il que les divers moyens d'y satisfaire se révèlent et qu'un libre choix puisse être fait entre eux. C'est cette latitude dans la proposition et la discussion au sein des corps représentatifs qui donnera aux députés l'autorité dont ils ont besoin pour mener leur tâche à bien, qui la rendra plus attrayante à leurs yeux et qui fera sans doute que la solution débattue longuement, et sous divers points de vue, sera vraiment utile.

Pourquoi limiter la pensée et l'action des élus? Faut-il qu'ils prennent leur place dans le gouvernement avec des idées préconçues et que même on leur aura dictées? Pareille situation n'est pas admissible en regard des intérêts spéciaux de leur circonscription. Ils sont censés les mieux connaître que personne et être mieux que tout autre à même de les sauvegarder[1]. Les électeurs ont donc toutes garanties. Mais il est surtout impossible d'accepter qu'un corps électoral spécial puisse tracer une ligne de conduite à ses représentants dans les mille questions qui relèvent d'autres branches ou de l'intérêt général. Il n'a pas qualité pour cela. C'est à l'élu dont l'esprit est assez développé pour cette tâche de se déterminer après mûr examen.

Autrefois, il est vrai, les cahiers contenaient des vœux sur des questions étrangères aux intérêts immédiats du groupe ; mais ces groupes étaient, en dernière analyse, les ordres, c'est-à-dire des groupements hétérogènes et dont les intérêts n'étaient point délimités strictement par la profession, la fonction, la position dans la société. De pareilles préoccupations générales risqueraient de n'être que de rares exceptions dans les cahiers restaurés avec un corps électoral organisé sur la base des intérêts. Au-dessus de la masse, il faut placer des délégués aux vues plus larges et que nul n'ait le droit d'emmurer.

[1] *Cf.* A. Prins, *la Démocratie et le régime représentatif*, p. 96.

La seule garantie contre l'envahissement des intérêts spéciaux, sous tous les régimes électoraux et en faveur de la défense de l'intérêt général, est dans l'ampleur des horizons, l'indépendance d'action d'hommes qui, en dehors de leurs connaissances particulières ont, en outre, une culture d'ensemble et sont ainsi aptes, moyennant du travail, à s'occuper des divers intérêts particuliers ou généraux qui sont dans la nation.

Il est évident que si l'on désigne n'importe comment les représentants, parce que l'on estime que la rédaction d'un cahier est chose plus délicate et sérieuse que le choix d'un mandataire, il ne reste plus qu'à demander à celui-ci les qualités distinctives d'un bon automate. Il sera simplement un courrier allant de sa circonscription au Parlement et du Parlement à sa circonscription. Telle était l'ancienne habitude; c'est à elle que songent à revenir deux écoles adverses en toutes autres matières. L'école catholique s'y rallie par amour du passé, par besoin de maintenir le principe d'autorité restauré au profit de la Monarchie et de l'Eglise; ce sera le peuple stipulant des conditions que ses directeurs lui auront suggérées. L'école socialiste révolutionnaire et notamment le parti allemaniste, obligée de passer sous les fourches caudines du régime représentatif, cherche un moyen de le tourner ou de l'amener à une approximation aussi serrée que possible de la législation directe; elle s'est emparée des cahiers et surtout du mandat impératif.

Mais on a vu qu'avec la représentation des intérêts, si la formation des corps électoraux du pays était un point essentiel, le choix de leurs représentants en était le complément nécessaire et participait de son importance même. A eux, en effet, appartient le domaine des idées et des principes, et ils ne s'y engagent qu'armés de l'expérience par eux recueillie dans les faits et les actes de leur fonction sociale. C'est là le respect du régime vraiment représentatif où le représenté et le représentant ne sont pas un seul mais deux bien distincts, le second étant plus que le premier, comme produit d'une sélection.

La troisième caractéristique de l'ancien système électoral est le mandat impératif ; il découle logiquement de la corporation et du cahier ; de la première il représente la volonté d'être moral ; au second il donne l'efficacité. Il est partie intégrante d'une trilogie, et si on a répudié les deux premiers termes de celle-ci, il disparaît du même coup. Et c'est le sort qui lui est réservé en présence de la représentation des intérêts.

Par contre, les partisans acharnés de la corporation et des cahiers réclament son établissement de par la loi. Par exemple, au cours de sa quatrième session ordinaire de 1887, le Conseil municipal de Lyon eut à repousser le vœu suivant : « Abrogation de l'article 13 de la Constitution de 1875, et la reconnaissance, par la loi, du mandat impératif et contractuel. »

Et, en attendant, on passe outre, agissant comme si le mandat impératif était sanctionné par la Constitution. En 1896, MM. Dejeante et Groussier, députés socialistes allemanistes de la Seine, furent obligés de démissionner devant l'attitude de leur parti, à la suite d'inexécution de certains engagements qu'ils avaient pris vis-à-vis de leurs électeurs[1].

Demander la liberté du député n'est certainement pas lui donner tous moyens de poursuivre la satisfaction de ses seuls intérêts. Déjà on a noté quelle étroite liaison il y a entre ses propres intérêts et ceux de ses électeurs dans un régime organisé avec la représentation des intérêts. « Le délégué d'un groupe, qu'il soit élu ou qu'il doive son mandat à l'ancienneté, au sort, à sa fonction, à ses capacités, à sa situation prédominante, etc., a non seulement les convictions mais les inté-

[1] Voici le texte de leur lettre au Président de la Chambre : « Monsieur le Président, j'apprends que le parti auquel j'avais remis, aux élections générales de 1893, ma démission en blanc, vient de vous la faire parvenir. Je suis en même temps avisé que vous ne croyez pas devoir l'accepter dans les conditions où elle vous est transmise.

« Fidèle aux engagements que j'ai pris, sûr de ma conscience et confiant dans le jugement de mes électeurs, j'entends faire honneur à ma signature et je vous remets ma démission de député.

« Veuillez agréer, etc. ».

rêts de son groupe, et il ne cesse d'être d'accord avec ses mandants qu'en se trahissant lui-même [1]. » Ces lignes de M. Prins empruntent une force considérable au fait que leur auteur est un partisan convaincu de la représentation des intérêts.

Même en dehors de tout mandat impératif et de la similitude d'intérêts, il y a un terrain d'accord nécessaire sur lequel se rencontrent l'élu et les électeurs. Il est bien évident, en effet, que l'indépendance ne sera concédée au député que sous la garantie des principes généraux acceptés à la fois par lui-même et par ses commettants. Le mandat qu'il recevra différera de celui de l'ancien régime en ce qu'il ne sera ni détaillé, ni impératif. Du reste, par là même, il cessera d'être véritablement un mandat, car un mandat est impératif, ou n'est pas.

Toute l'organisation électorale se résumerait en ceci : des groupes libres dans leur recrutement et leur activité, ces groupes ayant des intérêts qui sont leur centre de ralliement ; ils choisissent des hommes de valeur et responsables, non pas strictement vis-à-vis de leur corps électoral spécial, mais encore vis-à-vis d'eux-mêmes et de la nation tout entière.

[1] A. Prins, *la Démocratie et le régime représentatif*, p. 96.

CHAPITRE V

LA REPRÉSENTATION DES INTÉRÊTS ET LA NOTION D'ORGANISME

A. — La théorie de la vie nationale.

On se souvient, sans doute, qu'en effleurant le grave problème de la souveraineté, afin de saisir de quelles diverses façons il était résolu, on a rencontré, chez un des partisans les plus considérables de la représentation des intérêts, l'opinion formelle qu'il n'y avait même pas lieu de poser ce problème. Il s'agit de M. Ch. Benoist, pour qui la souveraineté n'est qu'un sophisme[1]. Produit de la « métaphysique démocratique », cette notion ne trouve nulle part sa réalité. Aucun des organes du pays ne renferme la souveraineté. M. Ch. Benoist en poursuit la démonstration au cours d'une causerie à la « Société d'économie sociale » de Paris. L'auditoire l'approuve presque unanimement[2].

Après avoir admis la légitimité du terme de « souveraineté » en droit international, M. Ch. Benoist le repousse dans le droit intérieur de chaque État. Devant la définition qu'il emprunte à Austin, et, en général, à l'École anglaise, il conçoit une peur terrible de ce souverain qui pourra exercer une contrainte irrésistible. Car la souveraineté « telle qu'ils l'enten-

[1] Ch. Benoist, *Sophismes politiques de ce temps*, p. 140 et suiv.

[2] Ch. Benoist, *la Réforme sociale*, 16 décembre 1895, p. 896 et suiv.

dent, jusqu'où ils la conduisent[1] », c'est « la force illimitée, irrésistible d'un souverain qui doit être obéi, qui doit être affranchi du contrôle de tout supérieur humain et qui, s'il est collectif, doit être un groupe de personnes fermé, cohérent et nettement déterminé par rapport à tout autre groupe[2] ». Et M. Benoist trouve cette formule exagérée, pouvant s'appliquer à toute forme de gouvernement; par conséquent la chose à laquelle elle s'applique n'est point caractérisée ; enfin la définition qu'elle donne laisse de côté une foule d'éléments comme l'opinion, la force de la tradition, la croyance, la coutume, etc. C'est donc une formule fausse ; bien plus, elle ne s'est jamais appliquée. L'École historique l'a compris et l'a mis en relief. « Elle a vu, elle a dû reconnaître que si c'est cela, et rien de moins, la souveraineté, il serait bien difficile de dire en qui elle réside et où elle a son siège, selon le terme consacré[3] ».

M. Ch. Benoist part de cette critique générale pour démontrer qu'elle est spécialement fondée en France et, passant en revue, depuis le Président de la République, tous les pouvoirs constitués, allant jusqu'au peuple lui-même, il conclut que nulle part ne réside la souveraineté telle que la conçoit l'École anglaise.

Le Président de la République souverain ? C'est une hérésie inconstitutionnelle !

Le Conseil des ministres n'est pas « affranchi du contrôle de tout supérieur humain », car il est responsable devant les deux Chambres.

Le Parlement, qui n'a pas la puissance de contraindre durant quatre ans, se trouve, au début et à la fin de ces quatre ans, en présence d'un supérieur humain, le corps électoral.

Reste le peuple, ou mieux le corps électoral ; mais il n'est

[1] Ch. Benoist, *la Réforme sociale*, 16 décembre 1895, p. 899.
[2] *Ibid.*, p. 899.
[3] *Ibid.*, p. 898.

pas strictement limité ; il est quelque chose de flottant, à cause surtout des questions d'âge et de sexe.

Et si l'on suppose que nul de ces organes n'a la souveraineté, mais que chacun en a un morceau, ce n'est plus la souveraineté ; il y a toujours une limitation, un contrôle réciproque. Où est-elle la toute-puissance ?

Une fois le morcellement commencé, il se poursuit ; les corps ont des fragments de souveraineté ; leurs membres posséderont chacun leur fragment du fragment du corps auquel il appartient.

Dans le peuple, c'est chaque électeur qui devient détenteur d'une fraction de souveraineté. On forme ainsi le « suffrage universel atomique ou moléculaire » qui ne peut être que « le suffrage universel anarchique[1] ».

En effet, si personne n'est souverain, si, par conséquent, personne ne peut prétendre à donner une impulsion au pays, c'est l'indécision, c'est l'anarchie. Il faut que le souverain soit un seul ou bien tous, que le prince ou le peuple, ou peut-être encore quelques-uns dictent leur volonté. Ce sont là les idées qui sont familières dans le droit public ; ce sont celles qu'on répand sous une forme accessible à toutes les intelligences dans la masse de la nation. Il semble qu'on n'en puisse rêver d'autre sans se rendre aussitôt coupable de la destruction de tout l'édifice constitutionnel.

Et cependant, c'est là qu'en arrive M. Ch. Benoist. Il détruit ; mais il remplace. Plus de notion de souveraineté, mais la notion de *vie nationale*. Ici M. Ch. Benoist est pleinement de son temps. Il subit, peut-être malgré lui, mais sans contredit, l'influence positiviste. Il y a tout lieu de croire, néanmoins, qu'il s'est fort bien rendu compte du phénomène qui agissait sur ses idées, puisqu'il a su le guider et ne point verser dans l'exagération.

En effet, dans le domaine social et du droit public interne,

[1] Ch. Benoist, *la Réforme sociale*, 16 décembre 1895, p. 906.

les doctrines positivistes ont conduit certains savants à la notion absolue d'organisme et à la *sociologie biologique*. Pour Roberty, Herbart, G. Lewes, Adolphe Coste, Henri Marion, etc., et pour M. Izoulet[1], l'État est identique à un être vivant dont les individus sont les cellules, et les diverses divisions, les divers rouages, les fractions de l'organisme fonctionnant comme les nerfs, les muscles, les veines, les artères, tous les organes dans le corps de l'animal ou de l'homme. Comme conséquence, ils sont amenés à transposer les lois biologiques dans le domaine sociologique. Telle est la *sociologie biologique*, véritable histoire naturelle de la société, fruit des exagérations des disciples d'Auguste Comte dans l'application de sa méthode[2].

Ils ont transformé un simple système de comparaison en un procédé rigide et impeccable. M. Ch. Benoist abandonne celui-ci pour s'en tenir à celui-là. Il ne veut pas adopter des théories extrêmes. Aussi, après avoir défini et décrit ce qu'il entend par la *vie nationale*, il s'explique, afin qu'aucune équivoque ne subsiste sur ses idées en présence des mots qu'il a été obligé d'employer. Voici d'abord la définition : « Elle se compose, la vie nationale, de toutes nos vies, dont les plus simples sont déjà composées ; l'être collectif est fait non seulement de la multitude des individus, mais d'une foule d'êtres collectifs de divers degrés, dans les divers ordres. Et non seulement la vie nationale est plus que la somme des vies individuelles, lesquelles sont loin d'en contenir tous les éléments, mais chaque vie individuelle s'embranche en quelque manière et se soude à des

[1] Voir aussi Fouillée, *la Science sociale contemporaine*, et Herbert Spencer, *Principes de sociologie*.

[2] M. Vareilles-Sommières fait très judicieusement remarquer que « la nature ne nous offre aucun exemple du mélange qu'ils nous proposent, et l'observation leur dictait cette conclusion scientifique : qu'un organisme qui réunit les caractères des annelés et des vertébrés, des éponges et des mammifères, des myxomycètes et de l'homme, n'est pas un organisme véritable. » (*Les Principes fondamentaux du droit*, p. 187.)

vies collectives qui la protègent, l'alimentent et l'accroissent prodigieusement.

« A telles enseignes que l'individu est, dans la nation, comme une cellule, voisine de milliers de cellules semblables, qu'unit avec elles et entre elles tout le tissu des lois, des mœurs, des relations sociales ; qui prêtent de la vie à ce corps, pour partie formé d'elles, et qui en retirent de la vie, des milliers de fois plus qu'elles ne lui en ont donné. La politique, vue d'un peu haut, est donc la science de la vie des sociétés et l'art de diriger la vie sociale pour le plus grand bien de la société et de chacun de ses membres, l'art de porter à leur plus grande puissance et de tenir en un juste équilibre la vie de l'individu et celle de l'ensemble[1] ».

Et voici maintenant la mise au point : « Mais cette image de « vie » et d' « organisme » appelle une réserve que de fréquents abus de langage rendent, à notre sens, indispensable. Ce n'est qu'une image, et lorsque, au lieu de « fonctions » et d' « organes », on parle, à propos de la société, de la nation et de l'État, de « machine » et de « rouages », ce n'est qu'une image encore. Et lorsque, combinant et confondant les deux séries, on annonce solennellement, de quelque tribune ou de quelque fauteuil, — ainsi que le faisait naguère un homme politique promu à une position éminente, — que l'on s'efforcera d'assurer le fonctionnement normal « des rouages de notre organisme », ce n'est encore qu'une image ou plutôt ce ne sont que des images... brouillées[2]. »

Il semble bien que la conception de M. Ch. Benoist s'éloigne sensiblement de celle des sociologues biologistes pour se rapprocher plutôt de celle de Bluntschli, Gerber et Gierke, dans laquelle l'État est bien aussi un organisme vivant, tantôt spontané et doué seulement d'instinct, et tantôt conscient ; il y a

[1] Ch. Benoist, *la Crise de l'État moderne, de l'organisation du suffrage universel*, p. 162. — *Cf.* Ch. Benoist, *la Vie nationale, la Politique*, Indroduction générale.

[2] Ch. Benoist, *la Crise de l'État moderne, etc.*, p. 163.

une volonté générale catégorique, mais qui se loge en parcelle dans les individus. M. Ch. Benoist, lui, n'admettrait pas que cela pût être pris pour de la souveraineté. Cette volonté générale indivisible, qui est comme un esprit, une âme nationale, subsiste concurremment avec les volontés individuelles. Il y a union harmonique de forces d'individualité et de sociabilité. Cette union harmonique et ces forces actives combinées donnent bien les éléments de la vie qui, s'étendant des individus aux groupes et des groupes à la nation, forment la vie nationale. On pourrait comparer ces divers degrés à des roues dentées tournant, par engrenage, les unes par les autres, chacune faisant en même temps un travail propre, si bien qu'elles vivent pour elles-mêmes et font vivre, en vivant, les roues du degré supérieur. Mais leur travail particulier ne saurait être en sens contraire de celui des autres roues. Tel est, par exemple, le fonctionnement ou le travail d'un compteur à plusieurs cadrans.

Parler de vie à propos de l'individu est chose peu hardie ; en outre, personne ne s'avisera de limiter l'idée de vie à la pure partie matérielle et plus particulièrement corporelle ; on sent que l'individu vit par sa pensée aussi bien que par son travail manuel ; à ce double titre, il participe à la vie de tous, à la vie nationale.

Aujourd'hui qu'il y a possibilité pour les citoyens de se grouper, quoique sous des conditions multiples et souvent tracassières, on se rend parfaitement compte que les groupements ne sont point faits uniquement pour donner des fêtes et des banquets ; ils ont, dans des domaines divers, une réelle activité. Il est toujours dit, soit tacitement, soit expressément, dans leurs statuts, qu'ils agiront auprès des pouvoirs publics ; ils « marchent », ils « représentent »... Ils ont une véritable vie. Et en dehors même du groupement nettement, officiellement constitué, il y a le groupement naturel, de par les faits mêmes ; c'est l'industrie, c'est le commerce, c'est l'armée, c'est le clergé, etc., etc. Et ces grandes catégories se remuent, travaillent, progressent. Elles sont encore des éléments de la vie nationale.

Individus et groupes, tels sont donc les facteurs de cette vie et avec eux tout ce qui les concerne, leurs intérêts. Chercher la quintessence de la vie nationale en groupant dans les organes du gouvernement l'élite des individus, représentants des groupes, et en leur demandant de choisir et d'élaborer les idées directrices, ce n'est pas autre chose que donner pour base au suffrage universel les intérêts. Et l'on peut alors dire, à juste titre, avec Prins : « C'est dans les assemblées délibérantes que se concentre et se résume la vie nationale sous ses faces multiples[1]. » On a réalisé la coordination des éléments que M. Ch. Benoist aime à retrouver dans la notion de vie nationale, parce que justement ils sont plus aptes que tous les autres à être harmonisés et à servir de fondements à ce suffrage universel organique, organisé, qu'il s'agit de substituer au suffrage universel anarchique.

B. — L'autorité légale.

La vie nationale est un fait; M. Ch. Benoist l'a constaté et mis en évidence. Mais ce n'est pas là expliquer quel sera le principe dirigeant, celui qui donnera la vraie cohésion en liant les forces harmoniques d'individus et de groupes.

Auparavant on le cherchait dans la volonté nationale souveraine, que cette volonté fût celle d'un seul, de plusieurs ou de tous. Mais M. Ch. Benoist a renoncé à la notion de souveraineté. Par quoi la remplace-t-il, afin qu'il y ait un nœud de la vie nationale ? « L'idée de souveraineté qu'on extirpe, dit-il, peut-on la remplacer par quelque autre idée plus moderne et plus juste ? A quoi je réponds : Oui... Et c'est tout simplement par l'idée de vie nationale ; non point évidemment par l'idée

[1] Prins, *la Démocratie et le régime représentatif*, p. 15.

de vie toute seule, parce que l'idée de vie toute seule nous conduirait, elle aussi, à l'anarchie. Si on laissait débordantes et débridées toutes les vies individuelles ou collectives, la vie sociale, la vie nationale et toutes nos vies privées, en concurrence et en conflit, évidemment, nous aboutirions, par un chemin inverse, mais nous aboutirions tout de même à l'anarchie. Il nous faut donc à l'idée de vie joindre et souder l'idée d'autorité légale[1]. »

Peut-être M. Ch. Benoist n'invente-t-il rien. En effet, Rousseau demandait déjà à la loi d'assurer à la fois « la liberté politique » et « l'autorité du gouvernement », et il estimait que « la République est à la veille de sa ruine sitôt que quelqu'un peut penser qu'il est beau de ne pas obéir aux lois[2] ».

L'autorité que M. Ch. Benoist entend conférer à la loi n'est guère praticable que si la loi satisfait, au moins dans une certaine mesure, à l'intérêt général d'abord, puis à l'intérêt particulier du groupe aux besoins duquel elle se réfère plus spécialement. « Le droit surgit sous l'impulsion de la vie, et si la nation ne l'a pas suffisamment élaboré dans ses propres entrailles, il serait impuissant à se maintenir malgré les déclarations les plus pompeuses et les efforts du législateur[3]. »

Cette garantie de conformité avec le double courant des intérêts généraux et particuliers, les efforts des législateurs la donneront à la loi, si ces hommes sont précisément les plus versés dans la connaissance des intérêts particuliers de tel ou tel groupe et, d'autre part, d'esprit assez ouvert, de culture assez développée pour discerner et respecter l'intérêt général. C'est une élite qu'il faut dégager de l'ensemble de la nation, tâche qui doit être accomplie par des gens réunis par leurs

[1] Ch. Benoit, *la Réforme sociale*, 16 décembre 1895, p. 907. Il semble que M. Ch. Benoist pourrait adopter comme formule ces paroles de Plutarque : « La loi est la reine de tous mortels et immortels. » (Au traité *Qu'il est requis qu'un prince soit savant.)*

[2] J.-J. Rousseau, *Discours sur l'Économie politique.*

[3] Ch. Beudant, *le Droit individuel et l'État.*

intérêts communs et choisissant parmi eux les plus capables. Sans doute alors la loi répondant à des besoins dûment constatés et dans la limite où la satisfaction de ces besoins n'entrave point celle des autres, apparaîtra non seulement comme opportune, mais encore comme juste et féconde. Ses prescriptions ne sont plus détestées pour leur partie négative et prohibitive; on saisira la raison d'être de celle-ci, parce qu'elle ne sera plus considérée comme l'essentiel, mais bien comme l'accessoire nécessaire, utile de la partie positive et créatrice. La loi ainsi supportée, comprise et appréciée, aura l'autorité.

Dès lors, elle devient l'instrument de « l'ordre essentiel » des sociétés entrevu par les physiocrates ; elle aide à le maintenir, puis en naît à son tour dans son évolution constante. L'homme ne fait pas les lois « déclaratoires de l'ordre essentiel ». Il se borne à les « porter au milieu de la société[1] ». Le génie du législateur consiste justement à découvrir l'ordre essentiel et les formes législatives qu'il impose, si bien que celles-ci s'adaptent avec exactitude et facilité aux divers intérêts; elles n'ont point à créer des intérêts, ni à constituer, d'après eux, des groupes franchement unitaires qui, ne vivant que du principe de l'indivisibilité et de la communauté nécessaire de certains intérêts, ont par conséquent pour origine non plus la volonté nationale des individus, mais la loi et la force que la loi peut mettre en mouvement.

L'ordre essentiel, en face duquel se place le législateur, réclame de lui des mesures déjà prêtes à être acceptées par le peuple. C'est le droit qui, pour Savigny, « est produit partout par des forces intérieures et silencieuses[2] ». Pour d'autres dispositions législatives nouvelles, leur excellence n'est point encore démontrée à la nation ; il est nécessaire qu'elle en fasse auparavant l'essai, et cela risque de ne point aller sans quelques murmures. Par la suite, sous le bénéfice des expériences

[1] *Cf.* Joseph de Maistre et de Bonald.

[2] Savigny, *Système de droit romain actuel*, trad. franc., liv. I, chap. II, § 9.

faites, l'opinion publique se modifiera. Ici le rôle de l'élite dirigeante est de préparer le peuple à ces innovations qui, au fond, correspondent à ses tendances du moment. Ce qui serait impolitique, ce serait d'édicter des lois heurtant carrément l'esprit du pays, et des hommes qui commettraient cette faute ne seraient pas dignes de demeurer législateurs. Mais forcer un peu la main au peuple pour lui faire accepter des mesures que demain il admirera, c'est la seconde face du devoir des représentants, dans l'accomplissement duquel les intermédiaires, dont ils auront dû faire choix, les aideront puissamment. Il y a là poursuite d'un idéal et champ ouvert à la véritable activité des gouvernants. L'autorité légale ne sera plus reconnue d'instinct, mais moyennant un effort qui, vaincu, restera pour elle comme un facteur de majesté. A propos de la loi en général, M. de Laveleye écrivait des lignes qui s'appliquent certainement à la catégorie de celles qu'il faut tout d'abord imposer au peuple avant qu'il les aime, mais qu'il aime presque aussitôt, car elles répondent à ses aspirations secrètes et inconscientes : « Celui qui fait la loi doit tenir compte de la nature des choses, *mais en vue d'un idéal à atteindre ;* la loi n'en dérive pas naturellement, spontanément[1]. »

En somme, quelle que soit la facilité avec laquelle la loi est reçue par la nation, elle doit être, suivant M. Ch. Benoist, assez indiscutable comme excellence, c'est-à-dire répondre assez bien aux courants particuliers et généraux du moment, pour dominer les individus et les groupes, les régir sans lutte et sans peine, être à leurs yeux toute l'autorité. Elle constitue dès lors la trame et le fondement de l'harmonie dans la vie nationale en ce qu'elle règle au mieux les rapports entre les individus, entre les divers groupes de genres divers, entre les individus et l'Etat, enfin entre les groupes et l'Etat.

[1] De Laveleye, *Du gouvernement dans la Démocratie.*

CHAPITRE VI

ESQUISSE D'UN SYSTÈME ENGLOBANT LA REPRÉSENTATION DES INTÉRÊTS ET LES DEUX THÉORIES DE LA VIE NATIONALE ET DE LA DÉLÉGATION PAR LA CONSTITUTION

Les adversaires de M. Ch. Benoist et notamment M. de Kérallain[1] se sont emparés d'une boutade qu'un de ses amis lui lança après avoir entendu l'exposé de la théorie nouvelle : « Vie nationale, ce n'est qu'un mot! » A leur tour ils demandent : « Où la saisissez-vous, cette vie nationale? » Leur incrédulité tient à ce qu'ils n'ont vu que les apparences ; s'ils avaient sondé les pensées mêmes de M. Ch. Benoist, ils n'auraient pas imaginé qu'il voulût identifier cette vie nationale à celle d'un être vivant réel, et ils n'auraient pas cherché strictement les bras, les jambes, l'estomac, le cerveau, etc., du pays.

Mais ce qu'ils ne peuvent nier, c'est que la nation soit en proie à des activités individuelles ou collectives qui tendent à se coordonner suivant un instinct social et conduisent ainsi à la formation d'un certain système, en vertu duquel elles fonctionnent et dont la loi, la loi par conséquent douée d'une véritable autorité, est la membrure. Cette série d'activités va se poursuivant, se morcelant ou se fondant, se développant et s'exaspérant même, ou, au contraire, se ralentissant et s'affaiblissant avec le cours des années. Le principe de vie subsiste, les

[1] De Kérallain, *la Réforme sociale*, 16 avril 1896 et 16 juin 1896.

éléments actifs se modifient et se renouvellent, comme la membrure législative qui les soutient et les maintient. Cette puissance évolutive fonctionne perpétuellement dans le temps; mais dans l'espace, sur un champ plus ou moins étendu. Quand elle est appliquée à la science pure, on peut dire qu'elle est universelle; mais, au point de vue économique et social, dans le domaine des arts et de la science prise dans ses manifestations plus spéciales, elle suit le morcellement que le cours des âges et les circonstances ont provoqué; elle est donc ou communale, ou provinciale, ou nationale.

Ainsi renfermée dans les limites de l'Etat, par exemple, puisqu'elle dure sans interruption, c'est qu'elle a été à la base des formes antérieures de cet Etat, comme elle demeurera à la base de ses formes postérieures. Elle participe à toute son histoire; elle est l'origine et la résultante de toutes les activités intellectuelles, industrielles, agricoles, morales, religieuses, guerrières de la nation. Elle est véritablement la chose publique, la *respublica* qui est d'hier, d'aujourd'hui et de demain, qui vit. Et elle trouve ses organes dans les corps et dans les individus qui précisément ont pour mission de gérer la chose publique. La vie nationale se synthétise et se personnifie en eux.

Mais s'ils sont ici organes directeurs de la vie nationale, on les a déjà rencontrés comme organes de l'Etat, et cela dans la théorie de la *Délégation par la Constitution*.

Serait-ce donc qu'il y a une étroite union entre la vie nationale et l'Etat? L'Etat ne serait pas autre chose que la personne morale dont la vie nationale est toute la vie. Celle-ci, a-t-on vu, est évolutive, historique, traditionnelle et formée de mille composants qui sont les mœurs, les coutumes et les faits. Or, la notion d'Etat n'est plus basée sur d'autres éléments; s'ils entrent dans ce sentiment intime qui groupe les individus autour d'un même drapeau, ils sont aussi implicitement contenus dans les formes de gouvernements et dans tout le droit interne[1].

[1] *Cf.* de Laveleye, *Essai sur les formes de gouvernement*, p. 55.

L'Etat ainsi conçu, personne morale vivante, évoluant dans le temps, dans « le grand débat entre le passé qui retient et l'avenir qui transforme », mais étant toujours elle-même, ne serait-ce que par le fait de sa localisation dans l'espace, est le souverain, car de ses premiers caractères, résulte qu'il peut encore revêtir celui de la puissance illimitée et irrésistible. De sa continuité il tire la suprême majesté. Il peut donc bien être, ainsi que le veut M. de Kérallain, celui qui a le droit de prononcer en dernier ressort. Seulement il a le devoir correspondant de s'entourer de toutes les garanties pour que sa décision toute-puissante ne soit ni injuste, ni brutale.

De nos jours, les décisions de l'État sont formulées dans les lois. Certes, il faut admettre, avec M. de Kérallain, que l'idée de juridiction a été antérieure à celle de législation[1]. Mais tout relevait de la justice dans un temps où la conception de l'État organisé n'existait pas encore, où, par suite, on ne songeait pas à une continuité de son action. La décision était prise pour l'instant présent seul ; elle ne visait qu'un seul cas. Mais, du jour où est apparu l'État organisé, il a voulu que ses résolutions eussent, sinon comme lui, la perpétuité, du moins une durée ; il leur a donné simultanément de l'envergure dans l'espace et dans le temps. Alors la loi a été antérieure au jugement, parce que celui-ci a eu pour but d'appliquer dans chaque cas particulier les dispositions générales de celle-là. Le pouvoir souverain de l'État se manifeste donc par la loi.

Celle-ci a toute autorité parce qu'elle est bonne ; et, pour qu'elle soit bonne, l'État confie sa confection au meilleur organe législateur possible ; il demande à l'élection de lui désigner les plus capables d'entre les citoyens[2].

Le pouvoir législatif est donc un organe, le plus parfait

[1] De Kerallain, *la Réforme sociale*, 16 avril 1896, p. 619.

[2] « Il faut que le régime adopté remette les affaires aux mains des plus capables de les bien conduire. Il faut que la loi n'ait pas pour objet l'avantage de la minorité, ni de la majorité, mais de la communauté tout entière. » Taine, *les Origines de la France contemporaine : la Révolution*, t. I, p. 187.

possible de la souveraineté de l'État; la loi qu'il édicte est l'expression de cette souveraineté, si bien que, en dernière analyse, l'autorité légale et la souveraineté de l'État se confondent. Ainsi l'État, personne morale dont la vie est la vie nationale même, étant souverain, pratique sa souveraineté par les organes représentatifs et la manifeste par l'autorité de la loi, conçue en harmonie avec l'ordre essentiel. Les termes de la théorie de la *Délégation par la Constitution*, ceux de la théorie de la *vie nationale* et de *l'autorité légale*, constituent les éléments d'une seule conception juridique de la représentation politique. Et dans l'application de cette théorie, il faudra bien que la représentation des intérêts ait sa place. Successivement, elle s'est révélée comme très propice à faire de la théorie de la *Délégation par la Constitution*, des notions de vie nationale et d'autorité légale, des éléments s'approchant de la perfection, et vraiment pratiques, du droit public interne et en particulier du droit électoral. C'est par elle, en effet, que se manifestera toute la vie nationale, puisqu'elle met en jeu les véritables facteurs de celle-ci. C'est encore par elle que la loi sera puissante, car celle-ci lui demandera la révélation des intérêts de chacun et de tous. C'est elle enfin qui assurera le choix des plus capables et, sincère expression de la vie nationale, revêtira de plus de majesté, en même temps qu'elle lui donnera plus de réalité, l'être moral dont la vie nationale est la vie, c'est-à-dire l'État.

CHAPITRE VII

LES OBJECTIONS AU PRINCIPE DE LA REPRÉSENTATION DES INTÉRÊTS

L'idée d'une représentation des intérêts n'a pas semblé si déraisonnable qu'on pût la laisser se produire sans l'étudier. On s'est même donné la peine de la combattre, tout au moins de la discuter.

C'est surtout dans son application qu'on s'est ingénié à trouver des obstacles. Cependant, déjà dans ses fondements théoriques, on en a voulu découvrir ; de ces derniers obstacles seuls on s'occupera pour l'instant.

M. A. Leroy-Beaulieu reprend son refrain : « Mais, ce qui existe est très bien ! Que voulez-vous de plus ? Votre idée de la représentation des intérêts, mais nous la pratiquons déjà et de la façon la plus raisonable ! » Et il donne aussitôt un argument fort spécieux. Déjà les intérêts des catégories professionnelles se trouvent très souvent représentés parce qu'ils dominent entièrement certaines régions. A Marseille, c'est le commerce. « Je viens de Lyon, de Saint-Étienne, ce sont des villes où l'intérêt professionnel l'emporte d'une manière tellement évidente, que personne n'osera se présenter dans ces villes s'il ne commence par accepter de servir l'intérêt professionnel[1]...... »

Il ne s'agit ici que d'une seule représentation, celle de la

[1] A. Leroy-Beaulieu, *la Réforme sociale*, 1er juin 1896, p. 886.

branche économique, des intérêts prédominants. A Lyon, représenter la soierie n'est pas représenter tous les intérêts. Il en est d'autres moins spéciaux à la localité, peut-être moins considérables, mais qu'il est impossible de négliger si l'on veut avoir une vraie représentation des intérêts.

Et même dans ce domaine limité qu'entrevoit M. A. Leroy-Beaulieu, deux conditions nécessaires manquent pour que la représentation des intérêts soit appliquée dans des conditions rationnelles. En premier lieu, l'élection n'est pas faite par le corps des intéressés seuls, qui peuvent mieux que tous les autres se rendre compte de la valeur, non seulement générale mais encore spéciale, du ou des candidats. C'est ainsi que Lyon vote par arrondissement et, dans certains d'entre eux, les gens de la soierie se trouvent mêlés à beaucoup d'autres gens étrangers à la soierie ; ceux-ci même, excepté cependant à la Croix-Rousse, écrasent ceux-là par le nombre. En second lieu, les élus ne sont pas forcément des gens de la soierie. On peut même dire que, dans la députation lyonnaise, ceux qui le sont forment une infime exception. On y trouve des banquiers, des médecins, des professeurs, des avocats ; des gens de la soierie point, ou presque point.

Il est bien évident que les représentants de Lyon se sont enquis de la grosse industrie locale ; ils ont travaillé afin de se mettre au courant, mais, en réalité, ils ne sont pas de la partie, ils lui restent étrangers, et il leur est impossible de suivre le mouvement de cette industrie avec autant de facilité, de continuité et de tact que des professionnels. C'est leurs efforts seuls que M. A. Leroy-Beaulieu a considérés, et il s'en contente. Qu'il demande l'avis des fabricants de soierie et des « canuts » lyonnais, et il verra quelle action incessante ils sont obligés d'exercer par eux-mêmes auprès du Parlement, auprès des députés, qui ne sont plus ainsi que leurs commissionnaires.

En somme, il ne suffit pas que telle ou telle industrie, tel ou tel commerce, etc., soit l'apanage d'une région pour en conclure à une application intégrale de la représentation des intérêts dans cette région, soit que l'on cherche les groupes à représenter, soit que l'on considère les élus de la région. Une certaine organisation est nécessaire à la représentation des intérêts et celle que possède actuellement le suffrage universel n'y correspond pas et ne saurait la remplacer.

Elle ne peut laisser place qu'à une forme pour ainsi dire monstrueuse de la représentation des intérêts, monstrueuse en ce qu'elle ne profite qu'à un groupe et dans des proportions qui la rendent écrasante pour tout ce qui n'est pas ce groupe. En Amérique, on a pu voir certaines grandes compagnies ou de véritables syndicats d'accaparement, les *Trusts*, sous la pression de leur puissance matérielle, faire à leur guise les élections d'une région entière. Ce danger est-il cependant une condamnation de la réforme ? Non, certes. Bien au contraire, il milite fortement en sa faveur. Il faut bien remarquer, en effet, qu'il résulte d'une organisation d'un groupe spécial d'intérêts qui existe sans rencontrer autour d'elle d'autres organisations analogues. Elle a, dès lors, ses coudées franches, son influence exagérée n'est pas combattue et ne peut l'être par des individus isolés. Si, au contraire, tous les groupes du pays sont organisés en vue de la représentation des intérêts, ils seront de taille à lutter, et l'envahissement de la Compagnie, de la Société, du Syndicat, sera aussi réfréné. Si bien qu'on peut dire aux adversaires même de la représentation des intérêts, qu'en l'appliquant de façon générale, ils maintiennent l'équilibre nécessaire, préviennent les accaparements de la représentation locale et même régionale en un mot, qu'il leur faut subir un mal pour en écarter un plus grand.

M. A. Leroy-Beaulieu, au lieu de se réjouir de la main-mise sur la députation de telle région par l'industrie prépondérante, devrait, au contraire, s'en effrayer à la pensée de ce qui a pu se produire dans de semblables conditions en Amérique où, il est vrai, les mœurs électorales s'y prêtaient beaucoup mieux qu'en France. Cela ne veut pas dire, au reste, que la France ne soit pas aussi exposée, à un moment donné, à de pareilles entreprises ; l'évolution économique peut l'y amener d'un jour à l'autre. Qu'on se rappelle et les bouilleurs de cru du Midi, et les raffineurs du Nord.

Il eût été trop facile de se débarrasser de la représentation des intérêts en donnant en hochet à ses partisans les apparences trompeuses que relève M. A. Leroy-Beaulieu ; aussi des esprits moins satisfaits ont-ils voulu aller plus avant dans la critique.

M. Esmein, qui tient essentiellement à la souveraineté du peuple et particulièrement de chaque individu du peuple, estime qu'en classant les citoyens par intérêts, il se produirait une différenciation trop nette entre les détenteurs de fractions de souveraineté[1]. Dès lors, ces fractions étant employées, non plus par des citoyens seulement et rien que des citoyens-unités, mais par des citoyens-agriculteurs, citoyens-industriels, etc., prendraient des caractères divers dans leur exercice ; le fractionnement de la souveraineté nationale dénaturerait celle-ci, car « les fractions ne restent telles qu'autant qu'elles possèdent les qualités de l'entier[2] ». Il faut avouer que, sous l'opposition des mots, la formule n'est guère nette. Mais, en l'analysant, on y trouve une conception de la souveraineté nationale qui touche à la haute métaphysique. Qu'est-ce donc que ce peuple qui est souverain en dehors de ses occupations, de sa profession, de ses intérêts divers ? Quelle autre volonté peut-il bien avoir que celle tendant au bien général de l'État, c'est-à-dire à quelque chose de plus, il est vrai, que la somme des intérêts particuliers, mais enfin à quelque chose qui les renferme tous ? Et alors la volonté du

1 « Les divers collèges électoraux ne doivent être que des fractions du corps électoral entier. Ils doivent, par conséquent, être composés d'électeurs de même qualité, choisis tous au même titre, en d'autres termes, simplement de citoyens. C'est ainsi seulement que le sectionnement peut fractionner la souveraineté nationale dans son exercice, sans la dénaturer. Les fractions ne restant telles qu'autant qu'elles possèdent toutes les qualités de l'entier. » (*Éléments de droit constitutionnel*, p. 182 et 183).

2 Esmein, *Éléments de droit constitutionnel*, p. 183.

peuple et sa souveraineté participent de sa vie et de ses intérêts et peuvent fort bien, dans leurs fractions, contenir en outre du quelque chose de général qui sera commun à toutes les fractions mises aux mains de toutes les unités électorales, quelque chose de spécial à des groupes de ces unités. Jamais on n'obtiendra d'un boulanger, d'un cultivateur, d'un militaire, etc., qu'il se contente d'être souverain comme citoyen dépouillé de son four, de sa bèche ou de son épée. Il a dans le sang quelque chose de son métier qui ne s'exclut jamais. Ne peut-on, à chaque pas dans la société, reconnaître presque immédiatement, à la conversation, aux idées, à l'allure, au physique même, de quelle profession relève tel ou tel?... L'objection de M. Esmein repose sur la conception du *mandat réel*. Elle tombe dès qu'on ne morcelle plus la souveraineté entre les membres du corps électoral, à plus forte raison, lorsqu'avec la théorie de la *Délégation par la Constitution*, on considère que la souveraineté est aux mains de quelqu'un de plus élevé, de plus plein de majesté que le peuple, l'État, être moral. A la souveraineté fractionnée du mandat réel s'oppose la souveraineté collective; c'est elle que l'on retrouve dans les autres conceptions de la représentation politique; comme le remarque M. A. Besson, elle « est uniquement basée sur des arguments historiques[1] ». Or, il est bon de se rappeler ici que la représentation des intérêts trouve sa meilleure justification et sa raison d'être dans la réalité d'une vie nationale qui, certes, est bien un fait d'essence historique.

M. Esmein repousse cependant encore la représentation des intérêts au nom du *mandat fictif général*, bien qu'elle existe en Espagne conjointement avec ce dernier. « ...C'est abuser d'une fiction légale qui, légitime lorsqu'elle sert à exalter la vérité, devient insoutenable lorsqu'elle contredit le principe dont elle sort : ici le principe de la souveraineté nationale[2]. »

[1] A. Besson, *Essai sur la représentation proportionnelle* (thèse. Dijon. p. 23).
[2] Esmein, *Éléments de droit constitutionnel*, p. 184.

On a déjà vu que la souveraineté nationale peut fort bien s'entendre avec la représentation des intérêts, même si on la suppose aux mains du peuple, qui n'est pas uniquement un amas d'unités sans caractères. Quant à l'argument tiré de l'extension de la fiction, il est vraiment déconcertant. La fiction est aussi bizarre lorsqu'en vertu d'elle la nation confie à des sections électorales administratives le droit d'élire, en son nom et pour elle, un certain nombre de députés, que lorsqu'elle confie ce même droit à des groupes basés sur les intérêts. Et même avec cette fiction, il y aura, dans le second cas, quelque chose de moins fictif, arbitraire, que dans le premier. C'est le sectionnement du corps électoral.

Enfin, M. Esmein voit dans ce sectionnement lui-même une reconstitution des classes, chose essentiellement contraire à la souveraineté nationale qui nivelle, qui rend tous les citoyens égaux. « La souveraineté nationale, c'est en droit la négation de tout système de classes[1]. »

Qu'il soit permis de spécifier immédiatement ce que M. Esmein semble entendre ici par classes. Ce sont, sauf erreur, des groupes différents, et différents surtout parce qu'il est établi à leur profit, ou même au profit seulement de certains d'entre eux, des privilèges entre lesquels on ne saurait établir de compensation. Or, dans la représentation des intérêts, qu'aura-t-on? Des privilèges? — Mais non; simplement la répartition de justice égale pour tous les groupes, en ce que chacun d'eux pourra faire valoir ses revendications et agir pour son propre développement, mais sans jamais avoir le droit de sacrifier à ses intérêts, soit l'intérêt général, soit celui d'un autre groupe. Il y aura harmonie au sein de l'émulation et non lutte dans la rivalité. Quant à la constitution même de ces groupes, elle ne ferait guère que consacrer, d'une façon un peu plus ordonnée, légale et officielle, ce qui existe en fait. Dire, écrire dans la loi électorale qu'il y a une section élec-

[1] Esmein, *Éléments de droit constitutionnel*, p. 183.

torale des agriculteurs n'ajoutera pas grand'chose à ce qui existe. On parle journellement de l'Agriculture, avec un grand A, du Commerce avec un grand C, etc. ; on n'aura donc pas plus que maintenant des classes. On aura des groupes, des sections électorales dont un rayon territorial ne sera pas seul la base.

Il faudrait surtout se rendre compte que ces unions, qu'on les appelle classes, groupes ou autrement, passent actuellement de la forme vague et latente à une existence effective bien nette. Il se crée, remarque M. La Cour-Grandmaison[1], des Chambres de commerce, des Sociétés d'agriculteurs de France, Syndicats, etc.

Leur rôle devient prépondérant : parfois certains de ces organismes participent à des élections au second degré. Les Conseils supérieurs se multiplient; les lois sont, en grande partie, préparées par les Associations professionnelles surtout celles qui sont composées de patrons. Lyon offre un exemple frappant des initiatives qu'osent prendre les Chambres de commerce ; elle recueille à cette heure les bénéfices de l'envoi d'une mission en Chine.

Voilà ce qui prend force et vie chaque jour. Voilà aussi toute la trame de la représentation des intérêts. Celle-ci n'aura donc pas besoin d'une mesure législative pour venir au jour. Sur ces auxiliaires de réforme, M. A. Leroy-Beaulieu ne veut pas compter[2]. Il préfère qu'avant tout on réforme les idées. Mais, la réforme dans ce domaine est faite ou bien près de l'être. La loi peut intervenir pour la constater et lui donner l'organisation dernière, surtout pour lui donner droit de cité dans le droit électoral. Craindre que du même coup les Chambres ne soient amoindries, c'est ne pas se rendre compte qu'au mécanisme actuel peut en être substitué un autre dans lequel, certes, on ne songera pas à conserver des organes inutiles, mais

[1] La Cour-Grandmaison, *la Réforme sociale*, 1er juin 1896, p. 893 et 894.
[2] A. Leroy-Beaulieu, *la Réforme sociale*, 1er juin 1896, p. 891.

où il y aura sans doute toujours place pour les Chambres et peut-être pour d'autres organes encore de l'État. C'est ce que l'on examinera plus loin, lorsqu'on abordera l'application pratique de la notion nouvelle.

On arrive enfin à la plus grosse série d'objections, celles qui reposent sur la menace de l'envahissement, de la prédominance des intérêts particuliers. On critique déjà, dans le système actuel, l'égoïsme du député. Va-t-on y ajouter l'égoïsme du groupe électoral? Le danger dont l'existence est signalée dans le Parlement va-t-il en franchir les portes et s'étendre dans le pays?

D'abord, dans le Parlement. C'est M. Paul Lafitte qui fait entendre hautement le cri d'alarme: « Un intérêt particulier, quelque considérable qu'il soit, l'intérêt d'un département, d'une région, d'une classe sociale, n'est pas un principe de gouvernement. Ceux qu'un même intérêt a réunis aujourd'hui, un intérêt contraire les séparera demain. Plus de suite, plus de cohésion, plus de direction, plus de discipline. La politique des intérêts n'est qu'un château de cartes[1].» Que répondre à cette analyse si pénétrante d'un régime parlementaire dont la représentation des intérêts serait toute la base? Peut-on supposer qu'au-dessus de ces intérêts particuliers de groupes, dont parle M. P. Lafitte, il en existe d'autres généraux sur lesquels s'appuiera l'action gouvernementale, qui seront ceux, dont la prépondérance, variable suivant les majorités, fera changer les gouvernements? Et, de façon générale, faut-il penser que l'éclipse de l'intérêt général est la conséquence nécessaire de l'apparition et de la compétition des intérêts particuliers? Quelle que soit la réponse que comporte cette question de fond, il est un moyen pratique de combattre l'objection de M. P. Lafitte, c'est de la tourner. Il suffit pour cela de

[1] Paul Lafitte, *le Suffrage universel et le régime parlementaire*, p. 27 et 28. — *Cf.* Th. Ferneuil, la Crise de la souveraineté nationale et du suffrage universel, (*Revue politique et parlementaire*, 10 décembre 1896, p. 505 et 506).

laisser subsister dans le régime législatif et parlementaire un ou plusieurs organes servant à tracer la voie du gouvernement et de placer à côté d'eux des organes qui assureront la représentation des intérêts. Mais il va sans dire que tous ces organes seraient en rapports constants. On verra plus loin, dans l'organisation pratique de la représentation des intérêts, comment pourrait s'effectuer cette combinaison où les corps formés par représentation des intérêts seraient inspirateurs des autres corps du pouvoir législatif. Il suffit d'en noter ici l'idée qui permettrait d'éviter le danger sérieux, il ne faut pas se le dissimuler, que signale M. P. Lafitte.

Reste la question de fond, celle de l'antagonisme entre l'intérêt général et les intérêts particuliers de groupes. M. P. Lafitte, qui l'avait d'abord étudiée dans l'action parlementaire seule, l'a prise ensuite dans son ensemble ; il s'effraie d'une réforme dont le résultat est que « la politique des idées fait place à la politique des intérêts[1] ». Il ne conçoit pas que ceux-ci puissent être liés plus ou moins étroitement à l'intérêt général qu'il estime basé sur des idées, tandis que des intérêts particuliers ne sont point d'origine aussi noble. Ils n'ont pas cette sérénité qui fait la continuité ; ils n'ont pas la majesté qui donne à une nation « quelque prestige et quelque influence ». Certes, ils ne s'élèvent pas à l'envolée de la « Déclaration des Droits de l'Homme et du Citoyen ». Mais encore ces intérêts divers ne sont-ils pas toujours aussi mesquins que le prétend M. P. Lafitte. Il les accuse d'amener à « abandonner les traditions[2] ». Pourtant, à ne considérer déjà que ces intérêts locaux, régionaux, provinciaux qu'englobe la représentation des intérêts, il semble bien qu'il y ait là un premier degré de la tradition nationale, des éléments certains de cette tradition.

Au reste, M. P. Lafitte croit-il qu'il y ait vraiment de nos jours une politique des idées? Toute la politique repose sur le

[1] Paul Lafitte, *le Suffrage universel et le régime parlementaire*, p. 22.
[2] *Ibid.*, p. 21.

suffrage universel et l'élection. Dans cette dernière opération l'électeur se préoccupe beaucoup plus de la personne du candidat que de son programme; en quoi du reste il est dans le vrai, s'il veut, en considérant le candidat, non point rechercher s'il lui sera plus ou moins utile personnellement, mais si oui ou non il est de capacité supérieure. C'est là un rôle qu'il est sans doute possible de faire accepter par les électeurs. Il faut inculquer au peuple le sentiment non plus qu'il est souverain infaillible et omnipotent, mais qu'il est fait pour choisir les meilleurs parmi ses membres. Ceux-ci, par leur réunion, constitueront un organe le plus parfait possible de la souveraineté de l'État. Cette tâche est plus modeste en apparence, elle soulève moins de flots d'éloquence; mais, en réalité, elle est d'une belle grandeur, elle laisse peser sur le corps électoral une énorme responsabilité. Le vice qui met en opposition les intérêts particuliers du groupe et l'intérêt général tient donc plutôt au régime électoral. M. Paul Leroy-Beaulieu le reconnaît: « Par suite de son origine, qui est l'élection incessante, toujours disputée, indécise, l'Etat moderne ne conçoit presque jamais les intérêts sociaux sous leur forme synthétique; il ne les aperçoit que morcelés dans la situation d'antagonisme les uns avec les autres. Il n'a, pour ainsi dire, jamais en vue que des intérêts particuliers; l'intérêt absolument collectif lui échappe[1]. » Si ce vice tient au régime électoral, le régime électoral lui-même découle des idées de la Révolution. Qu'on relise ce passage du rapport de Chapelier sur le projet de loi qui fut voté les 14-17 juin 1791: « Il doit sans doute être permis à tous les citoyens de s'assembler, mais il ne doit pas être permis aux citoyens *de certaines professions* de s'assembler *pour leurs prétendus intérêts communs*. Il n'y a plus de corporation dans l'État, il n'y a plus que l'*intérêt particulier* de chaque individu et l'*intérêt général*. Il n'est permis à personne d'inspirer aux

[1] Paul Leroy-Beaulieu, *l'État moderne*, p. 70.

citoyens un intérêt intermédiaire, de les séparer de la chose publique par un esprit de corporation[1]. » Là est la clef de l'antagonisme des intérêts. On s'est persuadé qu'il devait exister; on n'a cherché que le point de divergence entre les intérêts. On n'a jamais voulu examiner s'ils pouvaient fusionner ou tout au moins s'harmoniser.

Jusqu'à présent, les expériences n'ont guère porté que sur des partis politiques, pour lesquels l'avènement au pouvoir était un but ou, ce but une fois atteint, un moyen de satisfaire des ambitions. « Maintenant, écrit John-Stuart Mill, c'est un fait universellement observé : les deux mauvaises dispositions dont il s'agit — par où nous préférons nos intérêts égoïstes à ceux qui nous sont communs avec d'autres, et nos intérêts immédiats et directs à ceux qui sont indirects et éloignés — sont des traits caractéristiques qu'engendre et développe tout particulièrement la possession du pouvoir. Dès qu'un homme ou une classe d'hommes se trouve posséder le pouvoir, l'intérêt individuel de l'homme ou l'intérêt séparé de la classe prend à ses yeux un degré d'importance tout nouveau[2]. » Mais, la représentation des intérêts donnant des garanties que les intérêts les plus immédiats des individus groupés par intérêts recevront satisfaction, après toutefois avoir été soumis à un contrôle, le pouvoir prendra moins de valeur ; on pourra songer à l'intérêt général puisque la satisfaction des intérêts particuliers des groupes sera plus aisément réalisée et n'absorbera plus toutes les facultés, ni tous les instincts[3].

Il est possible d'instituer parallèlement et avec des rapports étroits entre eux des organes du pouvoir législatif qui, ayant plus spécialement pour mission de s'occuper : les uns, des intérêts des groupes économiques, sociaux, les autres, des intérêts des groupes territoriaux, les derniers, enfin, des intérêts géné-

[1] Pic, *Traité élémentaire de législation industrielle*, t. I, p. 77.
[2] John-Stuart Mill, *le Gouvernement représentatif*, p. 163.
[3] A. Prins, *la Démocratie et le régime représentatif*, p. 212 et 213.

raux du pays, auront en outre pour tâche, et par un travail en commun, de concilier et d'harmoniser tous ces intérêts, de telle sorte que non seulement ils ne se nuisent pas les uns aux autres, mais encore, grâce aux satisfactions respectives qu'ils recevront, se soutiendront et se pousseront mutuellement en avant dans la voie du progrès. Pareille organisation serait, à coup sûr, une garantie donnée aux esprits effrayés d'un antagonisme qui semble être le résultat du système électoral actuel, plutôt qu'inhérent au régime représentatif.

L'intérêt général, l'intérêt collectif n'est point, en réalité, lettre morte pour ceux qui constituent le groupe, que celui-ci soit une simple association ou un État complet. M. Paul Lafitte lui-même en convient. « Je connais peu, dit-il, de paradoxe aussi répandu et aussi dangereux... Et cependant, observez un groupe quelconque d'individus réunis par une idée commune, par un lien moral, vous y découvrirez presque toujours un intérêt collectif qui a pris naissance en dehors des intérêts particuliers et quelquefois contre eux[1]. » Il suffit pour que cette conscience soit claire qu'on lui donne occasion de se développer.

Il est évident que les représentants des intérêts économiques, sociaux ou territoriaux ne verront jamais mieux ce qu'il y a de connexe entre les intérêts de leurs groupes respectifs et aussi entre les intérêts de leur groupe et celui de l'Etat, que lorsqu'ils travailleront ensemble à donner satisfaction à ces intérêts. « Il y a, prétend M. Henry Bordeaux, un terrain d'entente entre tous ces hommes que les sollicitudes individuelles font étrangers et ennemis : l'intérêt public. Quand ils le gèrent eux-mêmes, ils saisissent mieux la solidarité de leurs intérêts. En s'en occupant, ils apprennent à ne poursuivre leurs intérêts particuliers que comme une part de l'intérêt général[2] ». Ils sentent qu'ils ne peuvent être isolés qu'en

[1] Paul Lafitte, *le Suffrage universel et le régime parlementaire*, p. 14.
[2] Henry Bordeaux, *Sentiments et idées de ce temps*, p. 181 et 182.

aidant au développement des intérêts des autres, ils acquièrent des droits à ce que ces autres travaillent au développement de leurs intérêts et que de cette extension de tous les intérêts résultera la prospérité de l'intérêt général qui, à son tour, fera plus élevés et plus forts les intérêts divers qui s'agitent au sein de la nation[1].

N'est-ce point là l'*harmonie préétablie* des intérêts qu'entrevoyait Adam Smith, mais avec un seul tort, que partage Bastiat, de ne voir dans l'intérêt général que la somme des intérêts particuliers. Si cela était réellement, la politique interne serait bien aisée ; on n'aurait aucun sacrifice à demander aux intérêts particuliers. Ils se développeraient pour eux seuls, et il se trouverait qu'en fin de compte l'intérêt général en aurait été grandi. Mais là n'est point la vérité. Il y a dans l'intérêt général plus que dans la somme des intérêts particuliers. Il s'y trouve de plus, en tout cas, le renoncement qu'il exige des intérêts particuliers, afin qu'ils ne se gênent pas entre eux et ne le gênent pas lui-même. Puis il renferme encore toute l'orientation des divers intérêts particuliers et leur discipline. Pour Saint-Simon, le problème étudié de tous temps par les moralistes « consiste à mettre un homme dans une position telle que son intérêt personnel et l'intérêt général se trouvent constamment dans la même direction[2] ».

Cet intérêt général vers lequel toutes les forces de la nation, sans cesser de s'accroître et de se perfectionner elles-mêmes, doivent être tournées, est confié aux organes de l'Etat souverain constitués par les meilleurs d'entre les citoyens, grâce à l'adop-

[1] *Cf.* Izoulet, *la Cité moderne*, p. 428. « *Mes devoirs envers autrui* ne sont autre chose au fond que d'indirects *devoirs envers moi.* » — *Cf.* de Laveleye, *Essais sur les formes de gouvernement*, p. 118. « Le gouvernement démocratique veut seulement que le peuple soit assez éclairé pour discerner son véritable intérêt. Ce gouvernement repose donc sur l'égoïsme bien entendu dans le sens complet du mot. S'il devait compter sur l'esprit de sacrifice, il ne durerait pas un jour. »

[2] Saint-Simon, *Lettres d'un habitant de Genève*. Œuvres choisies, t. I, p. 12, note. *Cf.* Bentham.

tion des procédés électoraux propices, tels que la représentation proportionnelle, le vote plural basé sur l'âge, et à une éducation du peuple qui le ramène et le prépare à jouer dans la vie politique interne un rôle en rapport avec ses capacités et dans lequel il peut de jour en jour se perfectionner. L'élite ainsi dégagée portera l'intérêt général et le maintiendra au-dessus des intérêts individuels des citoyens et spéciaux des groupes[1].

Il est urgent qu'il soit en de telles mains ; étant plus que la somme des intérêts particuliers, il est chose délicate. « L'idée de l'intérêt général n'est pas aussi simple que quelques-uns se le figurent ; ce qui convient au plus grand nombre est un des éléments du problème, non le problème tout entier. L'immense majorité de nos concitoyens ne mettra jamais les pieds au Collège de France, ni au Musée du Louvre ; cependant l'intérêt général veut qu'il y ait un Musée du Louvre et un Collège de France... Il peut arriver que l'intérêt général soit dans l'avenir plus que dans le présent... L'intérêt général n'est pas ce qui convient à une majorité d'un jour ; c'est ce qui fait que la société se développe et accomplit ses destinées[2]. » On retrouve là l'idée de permanence déjà relevée dans la notion de l'Etat souverain. L'intérêt général est le guide de l'évolution, comme la loi, et par suite ils se confondent, la loi étant faite en vue de l'intérêt général, et puisant dans cette source son autorité.

Les individus et les groupes en ont conscience ; le sentiment de l'intérêt collectif naît en eux, ainsi que le constate M. Paul Lafitte[3].

« Le respect d'autrui, c'est-à-dire de mon associé, loin d'attenter à mon intérêt, le garantit au contraire ; loin de le limiter, l'étend ; loin de le resserrer, le dilate inespérément et l'épanouit[4]. » C'est dire en somme que l'intérêt de l'individu

[1] *Cf.* J. Novicow, l'Élite intellectuelle et l'Aristocratie *(Revue politique et parlementaire*, 10 mai 1896, p. 343).

[2] Paul Lafitte, *le Suffrage universel et le régime parlementaire*, p. 15 à 17.

[3] *Ibid.*, p. 14.

[4] Izoulet, *la Cité moderne*, p. 429.

ou du groupe, c'est-à-dire la soumission à l'instinct, mais à l'instinct renfermé dans les limites que lui tracent la morale et le droit, n'est point en antagonisme avec l'intérêt général, mais au contraire est en conformité parfaite avec lui. Il devient ainsi le plus énergique ressort de l'activité humaine et donne l'impulsion nécessaire pour l'accomplissement d'une œuvre féconde pour le particulier et le général à la fois.

Il s'établit un équilibre et il est certain qu'il s'établit d'autant plus facilement que le suffrage universel est mieux organisé, ne permet à aucun des intérêts particuliers d'écraser les autres sans raison plausible et l'oblige à rester en accord avec l'intérêt général identifié par M. Izoulet avec la justice[1]. Tout système qui tendra à répondre aux divers intérêts particuliers, supprimera une cause primordiale de litige entre eux et l'Etat : le mépris de ces mêmes intérêts. Appelés tous à se manifester et à recevoir telle satisfaction raisonnable qu'il sera possible de leur donner, ils seront prêts pour l'entente et la tolérance réciproque. Ainsi sera écarté, ou du moins atténué, l'élément de *nombre*, irritant par son implacable et souvent injuste simplicité.

Ce nombre, avec la majorité, est arbitraire et absolu; il est impropre à détenir seul le pouvoir, « parce que l'office du pouvoir est d'opérer une transaction entre les différents intérêts, et non pas seulement de reconnaître l'intérêt du plus grand nombre[2]. » Le nombre, réduit à un rôle secondaire, c'est la porte ouverte, non seulement à la représentation proportionnelle qui introduit l'ingérence de tous les partis dans le gouvernement, mais en outre à la représentation des intérêts qui ne compte plus les citoyens comme des entités abstraites, mais comme des individus ayant une activité particulière. La fonc-

[1] Izoulet, *la Cité moderne*, p. 429. « Alors que faire ? Que faire, dites-vous ? Tout simplement voir enfin et proclamer la vérité profonde, à savoir l'*identité de la justice et de l'intérêt.* »

[2] Dupont-White, le Suffrage universel (*le Correspondant*, 10 mars 1872, p. 861).

tion législative passe à des assemblées constituées, au moins pour certaines, sur de nouvelles bases et peut ainsi répondre au besoin pour lequel elle est faite, besoin de conciliation et d'équilibre de l'intérêt collectif « et de l'intérêt individuel qui coexistent dans toute société[1] ». Avec infiniment de raison M. Léon Duguit ajoute : « La représentation des intérêts qui reconnaît, entre l'individu et la nation, le groupe, aide à la conciliation et à l'équilibre. Le groupe, troisième terme, est intermédiaire ; il accoutume l'individu au sacrifice pour une communauté, et il permet, d'autre part, à l'État de donner déjà satisfaction à certains intérêts de l'individu, en s'occupant, dans un champ plus large et qui lui est plus accessible, du groupe auquel appartient l'individu. »

Enfin, le groupe par sa force d'association, répond à des aspirations de l'individu ; et, pour celles qu'il est hors de son pouvoir de satisfaire, il use de son influence plus grande que celle de l'individu isolé, afin de les recommander à la sollicitude de l'État. En face de l'État, le groupe est un organisme plus puissant que l'individu, il peut donc lui rendre de grands services et concourir ainsi indirectement au bien de l'intérêt général[2]. A envisager le groupe dans son véritable rôle, on comprend que M. H. Denis préfère au terme de « représentation des intérêts » celui de « représentation fonctionnelle et organique » qui rappelle le caractère organique de la société et montre la solidarité des intérêts particuliers et de l'intérêt général[3].

Tout est là : ne pas perdre de vue que l'intérèt général s'impose de lui-même et qu'une harmonie s'établit entre lui et les intérêts particuliers et entre les intérêts particuliers eux-mêmes, si l'on sait organiser le suffrage universel et le gouvernement représentatif, en tenant compte de l'existence simul-

[1] Léon Duguit, les Fonctions juridiques de l'État moderne (*Revue internationale de sociologie*, t. II, p. 197).

[2] *La Légitimité*, année 1894.

[3] H. Denis, *Revue sociale et politique*, année 1891, n° 5, p. 509.

tanée de tous ces intérêts. Sans doute, on aboutira dans cette voie à un pouvoir central plus complexe, moins concentré et unifié. C'est ce qu'admettait parfaitement Guizot, qui écrivait en 1849 : « Non, certainement, la société n'est point une fédération de professions, de classes, d'opinions, qui traitent ensemble, par leurs mandataires distincts, les affaires qui leur sont communes. Pas plus qu'elle n'est une masse uniforme d'éléments identiques qui n'auraient leurs représentants au centre de l'État que parce qu'ils ne sauraient s'y rendre tous eux-mêmes, et pour se réduire à un nombre qui puisse se réunir dans un même lieu et délibérer en commun. L'unité sociale veut qu'il n'y ait qu'un gouvernement. La diversité des éléments même veut que ce gouvernement ne soit pas un pouvoir unique[1]. »

[1] Guizot, *De la Démocratie en France*, p. 111.

CHAPITRE VIII

CONCLUSION AU POINT DE VUE THÉORIQUE

Les revendications portant sur la représentation des intérêts ne remontent pas à une époque très ancienne. On en peut retrouver des vestiges d'application au cours de l'histoire; mais ils ne se rattachent pas à un système mûrement raisonné, puis adopté; ils sont dus au hasard seul.

Quelques auteurs dont, par exemple, Sismondi, ont entrevu la réforme, mais, jusqu'à ces dernières années, elle n'avait point rencontré un apôtre aux vues nettes et à la conviction ardente. Il a fallu que les méthodes d'observation de l'École positiviste et, plus particulièrement, de l'École historique, dans le domaine économique et social, prissent tout leur empire pour amener des esprits, appartenant à des partis et à des écoles diverses, à constater certains faits, puis, les trouvant intéressants et féconds, à en déduire, avec une logique qui n'abandonnait rien à l'art, l'introduction nécessaire du principe de la représentation des intérêts. C'est ainsi que peu à peu s'est révélé le mouvement vers l'association, dont la loi de 1884 sur les syndicats professionnels est la preuve saisissable. Des organismes nouveaux, émanations de ces groupements qui se sont formés d'eux-mêmes, qui ont été antérieurs à la loi, qui ont tenu d'elle non pas la naissance, mais la constatation de leur existence, ont apparu. Tels sont les Conseils supérieurs, les Chambres de Commerce, la Société des Agriculteurs de France, les divers syndicats eux-mêmes, etc., qui tendent à réduire les Chambres au rôle de bureaux d'enregistrement[1].

L'organisation que l'on estimait nécessaire comme assises du régime électoral nouveau existait ainsi en germe ; elle appelait l'attention sur la réforme et devait aider à sa réalisation. C'était là un fait sérieux ; car il est bien certain que, sur les divisions électorales existantes, la représentation des intérêts ne pourrait être édifiée. Le suffrage universel y revêt une forme par trop simpliste. Le « Comité social belge », lors de sa réunion de 1891, votait donc la résolution suivante : « Grâce à la représentation des intérêts, le suffrage universel, pratiqué dans les unions professionnelles, rendrait des services qu'on attendrait vainement en le prenant comme base exclusive d'un système électoral[2] ».

On voit apparaître là le désir d'une première organisation de la masse électorale et d'une éducation du suffrage universel, d'où découle ensuite une organisation d'un degré supérieur, celle du corps dirigeant. On aboutit ainsi à « l'élite organisée » que M. Izoulet considère devoir être une clarté permanente, « un jour stable », un « astre fixe », et qui sera la tête future « de l'animal politique[3] ». Et on arrive à ce résultat sans effort. A prendre des hommes vivant de la même vie, ayant les mêmes occupations, le même but, les mêmes aspirations, les mêmes besoins et les mêmes intérêts, on se trouve en présence de gens qui ont une facilité extrême à prendre dans leur groupe un délégué qui les représente bien. Que le groupe soit composé de militaires ou d'agriculteurs, d'avocats ou d'artisans, l'accord se fera immédiatement.

Que devient dès lors la marche de la nation organisée suivant les principes de sa vie économique, sociale et territoriale,

[1] *Cf.* La Cour-Grandmaison, *la Réforme sociale*, 1er juin 1896.

[2] *L'Association catholique*, t. XXXI, p. 504 et 505.

[3] Izoulet, *la Cité moderne*, p. 122.

conduite par une élite qui en est l'expression brillante, résumée et comme condensée? Il semble que de cette organisation si logique et en même temps si souple doit se dégager un mouvement logique et souple à la fois. « Les collectivités ont... des traditions, des habitudes et une sorte d'esprit qui leur sont propres, qui les éclairent et les dirigent vers un but proposé ou les empêchent de s'en éloigner avec précipitation[1] ».

M. le comte Catta insiste sur le mouvement orienté et régulier dont la certitude se trouve dans le caractère qui vient d'être signalé des groupements. Quant à la souplesse, elle provient de la décentralisation qui, nécessaire aux yeux de tous en théorie, s'est heurtée jusqu'ici à de grosses difficultés pratiques. La représentation des intérêts la rend aisée ; ce sont deux réformes qui vont de pair. L'État, qui aura permis et même favorisé les groupements, sera tout porté à s'appuyer sur eux, à les engager à prendre quelque initiative. Aussi M. des Cilleuls[2] voit-il dans la représentation des intérêts un remède à la déviation de la tutelle administrative en France, déviation qui a amené cette tutelle à être vraiment la substitution de l'administration dans des actes où elle ne devrait que contrôler. « Au contraire, dit M. Hauriou, une fois la société organisée coopérativement, comme l'État doit partager avec elle l'administration et l'action collective, en même temps que la liberté d'association, il convient de réclamer dès maintenant deux réformes qui prépareront le partage : une décentralisation plus grande et la représentation des intérêts spéciaux dans les assemblées politiques[3]. »

Et, en effet, il y a dans la participation au gouvernement général deux ordres de représentation. Dans l'un, cette parti-

[1] Le comte Catta, le Régime représentatif en France (*Revue des institutions catholiques et du Droit*, mars 1890, p. 240).

[2] Des Cilleuls, *la Réforme sociale*, 1er juillet 1897, p. 66.

[3] Hauriou, la Limitation de l'État (*Revue politique et parlementaire* 10 mars 1896, p. 558).

cipation s'exerce par la faculté naturelle qu'ont les collectivités intéressées d'administrer librement, suivant leur compétence, les choses publiques sous le contrôle du gouvernement ; dans l'autre, par la fonction propre à ces mêmes collectivités, de se mêler à l'action du gouvernement pour lui servir de conseiller.

Notion dont on a pris conscience depuis fort peu de temps, la représentation des intérêts a excité bien des curiosités ; on a dégagé de sa nature même des caractères qui la rendent attrayante. Elle ne heurte point toutes les théories sur les fondements juridiques de la représentation politique ; elle peut vivre en bonne harmonie avec la notion de souveraineté ; elle est intimement unie à la vie et à la tradition nationales dans le domaine économique et social ; elle répond aux divisions territoriales qui se dégagent de l'histoire ; elle est du même genre que le mouvement vers les associations professionnelles ; elle est comme le couronnement de ce mouvement ; elle aide à la décentralisation dont tout le monde est actuellement épris.

Il n'en fallait pas tant pour séduire, dans les divers pays d'Europe, bien des hommes qui s'occupent de droit public interne. En Angleterre, c'est le comte Grey[1], c'est Lorimer[2] ; en Allemagne, c'est Ahrens[3], ce sont von Mohl[4], Krause[5], Liebe[6], de Levita[7] ; en France, c'est M. de Mun[8], c'est l'abbé Lemire[9], c'est Henry Maret[10], c'est M. Ch. Benoist ; en Belgique, c'est Prins, c'est Helleputte[11], etc.

[1] Grey, *Parliamentary Government*, Londres, 1864.

[2] Lorimer, *Constitutionalism of the Future*, Londres, 1867.

[3] Ahrens, *Cours de droit naturel*, Leipzig, 1875.

[4] Von Mohl, *Staatsrecht und Politik*, 1860.

[5] Krause, Enseignement à l'Université de Gœttinguen de 1781-1832.

[6] Liebe, *der Grundadel und die neuern Verfassungen*, 1844.

[7] De Levita, *die Volksvertretung in ihrer organischen Zusammensetzung*, 1853.

[8] De Mun, discours de Lille, 20 juin 1831 *(l'Association catholique*, 15 juillet 1891). — Discours de Reims (*l'Association catholique*, 15 juin 1891).

[9] Abbé Lemire, discours de Reims.

[10] Henry Maret, *le Radical*, août 1891.

[11] Helleputte, discours lors de la revision constitutionnelle belge *(l'Association catholique*, août 1892, p. 184 et 185).

Les écoles et les partis eux-mêmes s'engagent dans le débat. Si les socialistes acceptent la représentation des intérêts, ainsi que le déclarait M. Galiment à la réunion contradictoire des socialistes et des socialistes chrétiens tenue en 1891, à Versailles[1], on voit la « Ligue ouvrière antisocialiste » de Gand prendre une résolution dans le même sens en 1892. La représentation des intérêts apparaît encore dans le programme publié en 1892 par la « Fédération des Associations ouvrières chrétiennes » de la province de Liège. La « Société des Agriculteurs de France » la réclame à grands cris. Enfin, et surtout, elle est à la base des revendications de l'Ecole de « l'Association catholique », qui s'y est ralliée avec enthousiasme lors de ses assemblées provinciales de 1889, et de l'assemblée générale de leurs délégués, la même année[2].

Ce n'est là qu'une rapide revue des partisans de la représentation des intérêts. Mais elle suffit pour montrer qu'elle embrasse des hommes de tous les pays et de tous les partis. Sur le principe, en tout cas, ils marchent unis, et il y a toute sorte d'excellentes raisons pour se joindre à eux.

Les vraies objections, les inconvénients sérieux se rencontrent lorsqu'on aborde la pratique du système. Avec eux surgissent les divergences, parce que chacun s'efforce de trouver et croit avoir trouvé le meilleur moyen d'introduire la représentation des intérêts dans le droit électoral.

Les idées générales de l'auteur, l'état de l'opinion dans son pays, le degré d'évolution de la législation électorale, le soin qu'il a apporté à éviter tel inconvénient plutôt que tel autre, parce qu'il le jugeait seul sérieux, autant de facteurs qui ont fait que du principe unique sont sorties bien des propositions différentes d'application. Et c'est de cette application qu'il va

[1] *L'Association catholique*, t. XXXII, p. 702 et 703.
[2] *L'Association catholique*, t. XXIX, p. 224.

être question, maintenant que le principe a été étudié et adopté.

Peut-être ne trouvera-t-on aucune de ces propositions satisfaisantes, et faudra-t-il faire encore un effort, et le dernier, pour en concevoir, exposer et justifier une nouvelle.

DEUXIEME PARTIE

LA PRATIQUE

TITRE I. — Détermination des corps d'ordre administratif ou politique qu'il est nécessaire de conserver, supprimer, modifier ou instituer.

Les plus beaux raisonnements du monde ne sauraient militer en faveur d'un principe avec la puissance convaincante d'exemples pratiques. Sera-t-il possible de s'appuyer sur certains de ces exemples au profit du principe de la représentation des intérêts? La trace d'expériences éparses et souvent informes se relève dans le passé ou le présent. Les simples projets sont plus nombreux et plus précis ; de leur étude peut ressortir un enseignement. Aussi les examinera-t-on tous, qu'ils concernent l'une ou l'autre Chambre, les Assemblées départementales et communales, les Comités et Conseils consultatifs à tous les degrés. Il faudra faire un choix parmi les règles d'application proposées ; puis, ce choix opéré, s'occuper des détails de la pratique : sectionnement du corps électoral, électorat, éligibilité, vote plural, féminisme, etc. De toute cette étude on tentera de déduire une modification dans les organes administratifs et politiques, leur origine, leur composition, leurs attributions. Tel est encore le chemin à parcourir.

CHAPITRE PREMIER

APERÇU HISTORIQUE

A. — Étranger.

Si l'on envisage la répartition des habitants sur un territoire, on constate que deux grandes catégories d'intérêts dominent à peu près partout; ce sont ceux des villes d'une part et ceux des campagnes de l'autre.

L'Angleterre avait un représentation des bourgs et une des comtés, à laquelle correspondait une division de la population au point de vue social. Les villes étaient le séjour des artisans et de la bourgeoisie; les campagnes de la noblesse, des seigneurs guerriers et cultivateurs. Puis vint la division entre les seigneurs laïques et les seigneurs ecclésiastiques, et il y eut trois classes représentées : la noblesse, le clergé, la bourgeoisie. Enfin la science occupe un rang supérieur : elle conquit le droit de former une classe spéciale dont les intérêts furent confiés à des délégués des Universités. L'évolution est très nette en Angleterre et ses résultats apparaissent encore aujourd'hui : la Chambre des Lords représente l'aristocratie laïque et ecclésiastique, la Chambre des Communes la bourgeoisie, les artisans et les Universités. Cependant, cette évolution n'est pas particulière à la Grande-Bretagne. Le Grand-Duché de Bade l'a connue.

En Bavière encore, si la première Chambre est aristocratique, la seconde est populaire.

La Saxe possède, dans sa Chambre Haute, à côté des membres désignés par leur situation personnelle, des élus de corporations ou ordres privilégiés : Chapitres, Universités, Seigneuries, Collège des propriétaires de biens équestres et d'autres grands domaines ruraux, tout autant de corps basés sur la religion, la science ou la terre noble.

Les trois ordres de l'Europe du XVIe siècle, clergé, noblesse et tiers état des villes et des campagnes se retrouve au parlement wurtembergeois[1].

Mais ce sont là autant de formes surannées ; elles cadrent avec des classifications spéciales ; elles se fondent sur des privilèges disparus dans une foule de pays et sérieusement menacés dans les autres. Si, dans ces vieilles formes, il est tenu compte de groupements économiques, c'est comme par hasard et sans qu'on y prête attention. La distinction des bourgs et des comtés anglais ne résulte pas du désir d'assurer une représentation spéciale à l'industrie, au commerce et à l'agriculture.

La seconde forme de représentation des intérêts brise un cadre aussi étroit et mal adapté ; elle reconnaît plus d'intérêts distincts et de gens les possédant. Elle se fait vraiment économique ; si elle reste sociale, elle bannit les privilèges ; si elle est enfin territoriale, ce n'est point au profit de gros détenteurs du sol, mais bien de la population entière de circonscriptions formées par une existence historique commune et dans un milieu spécial.

Aussi les constitutions notées tout à l'heure ne peuvent-elles plus servir de modèles aux Constituantes modernes. Les classes, en droit public, ont disparu ; elles se sont pénétrées sous la poussée des influences économiques. S'il en existe encore, elles n'ont plus d'analogies avec les anciennes. Elles ont, en effet, surtout une origine économique.

1 Pour le texte des diverses Constitutions dont il est ici question, v. : Laferrière et Batbie, *les Constitutions d'Europe et d'Amérique*; et Dareste, *les Constitutions modernes*.

Faudra-t-il cependant désespérer de trouver quelque part une trace de la forme actuelle de la représentation des intérêts? Non pas. La véritable représentation des intérêts est en germe dans certaines constitutions. A peine apparaît-elle en Norvège, en Suède, en Finlande, dans les Pays-Bas, en Hongrie, Italie, Portugal, en Roumanie[1], pays où on relève seulement certains privilèges électoraux attachés à la fonction sociale, soit pour l'électorat, soit pour l'éligibilité. Par contre, elle s'accuse avec netteté en Autriche, en Espagne et dans les villes hanséatiques. L'industrie et le commerce y ont une représentation spéciale. C'est le seul trait caractéristique de la constitution autrichienne[2]. La constitution espagnole[3] est plus curieuse par la députation qu'elle accorde aux intérêts intellectuels et moraux et à laquelle pourvoient d'une part les archevêques, évêques de chapitres de chacune des provinces, et, d'autre part, les diverses Académies d'histoire, de sciences exactes physiques et naturelles, de beaux-arts, de médecine, de sciences morales et politiques et les Universités. Lubeck, Hambourg et Brême donnent également une représentation aux Universités[4].

Si des assemblées nationales on passe aux assemblées communales, on retrouve des fragments de représentation des intérêts.

Dans les collèges d'échevins de Belgique et de Hollande[5], les *Vorstände* autrichiens[6], les Conseils exécutifs de la Suisse[7], les *Tanacs* de Hongrie[8]. En Italie, les assesseurs[9] sont pris parmi les diverses professions. En Allemagne, existe le

[1] Pour le texte de ces Constitutions, v. : Laferrière et Bathie, *les Constitutions d'Europe et d'Amérique*; et Dareste, *les Constitutions modernes*.

[2] Ch. Benoist, *la Crise de l'État moderne*, p. 213.

[3] *Ibid.*, p. 222.

[4] *Ibid.*, p. 227 à 229.

[5] P. Deschanel, *la Décentralisation*, p. 12.

[6] *Ibid.*, p. 14.

[7] *Ibid.*, p. 14.

[8] *Ibid.*, p. 14.

[9] *Ibid.*, p. 13.

Magistrat[1] auquel le Conseil municipal peut élire des gens qui ne sortent pas de son sein et qui sont des citoyens à connaissances spéciales.

En somme, nulle organisation générale de la représentation des intérêts, des restes d'une division par classes qui n'a plus de base réelle ou durable aujourd'hui ; s'il est des catégories nouvelles favorisées d'une députation spéciale, il en est d'autres qui en sont privées sans raison. Ce sont surtout des corps particuliers, déjà constitués par une sélection, qui sont appelés à fournir des représentants. Les législateurs ont plutôt en vue le choix des capacités qu'une large représentation des intérêts.

B. — France.

A l'évolution qui se produisit en Angleterre, correspondit un mouvement parallèle en France. Les Assemblées, les Conseils furent d'abord formés de gens qui devaient à leur naissance ou à une situation spéciale dans le pays d'être appelés à un pareil honneur. Mais, dès les XIIe et XIIIe siècles, à côté de la noblesse et du clergé, la population prend peu à peu conscience de son droit à élever la voix dans les affaires publiques. Afin de gagner des forces, elle constitue des groupements.

L'histoire des Communes est la page la plus glorieuse des chroniques de l'époque ; et dans le sein de ces Communes la tendance vers le groupement professionnel s'accentue. « Toutes les institutions sont inspirées par le principe de l'association[2]. » Le désir de posséder quelque influence dans les assemblées nationales, désir très légitime, gagna ces groupes nouveaux, si bien que vers le milieu du XIVe siècle, à la faveur du développement des mœurs publiques, siéger aux Etats ne fut plus un droit pour personne, et les députés sortirent tous de l'élec-

[1] P. Deschanel, *la Décentralisation*, p. 13.

[2] P. de Pascal, le Suffrage universel et la représentation professionnelle (*l'Association catholique*, janvier 1882, p. 29).

tion. L'influence des Corps de métiers se fit vivement sentir dans celle-ci, non seulement dans les limites de la commune, mais encore dans celles de la province et même de l'Etat.

Dans les Etats généraux et dans les Etats provinciaux, la façon dont les délégués étaient élus et les cahiers rédigés assurait une assez grande influence à des groupements à base économique. Ainsi, par exemple, les délégués du tiers pour une même sénéchaussée venaient de la ville ou de la campagne et apportaient leurs cahiers spéciaux qui étaient ensuite fondu en un seul. De même, dans les villes, entre les corporations. Toutefois, par-dessus cette représentation des intérêts, subsistait celle des ordres, celle qui, dans tout l'ancien régime, fut vraiment nette dans les assemblées de la province et de la nation[1].

La vraie représentation des intérêts apparaissait dans les Communes. Elle était surtout professionnelle et son existence d'alors est un argument en faveur d'une représentation professionnelle dans les limites de la Commune moderne. Les corps élus des diverses villes d'autrefois n'étaient pas composés de même d'une ville à l'autre. Le mode d'élection n'était pas non plus uniforme : il était surtout établi par les coutumes locales. Mais le caractère représentatif était toujours fortement constitué. L'organisme corporatif était le principe fondamental de l'organisme communal. Ceux qui dirigeaient les affaires publiques étaient les délégués non pas d'un certain nombre d'individus, mais de groupes, de collectivités, de forces sociales. « Sous l'ancien régime, écrit M. de Broglie..., dans les villes dont la population excédait 2000 âmes, les électeurs étaient élus dans le sein des diverses corporations d'où le corps des notables devait être tiré[2]. »

Aux XIIIe et XIVe siècles, la ville de Montpellier est administrée par un consulat formé à la suite d'une série d'opérations de choix et de tirages au sort. Il y avait sept échelles de métiers

[1] *Cf.* Gasquet, *Institutions de la France*, p. 201.

[2] De Broglie, *Vues sur le gouvernement de la France*, p. 34.

dont les chefs se réunissaient pour nommer cinq prud'hommes par échelle. Parmi ces trente-cinq élus, le sort en désignait sept qui s'adjoignaient les douze consuls sortants à l'effet de choisir soixante citoyens capables de remplir les fonctions consulaires. Un cinquième de cette liste était pris par tirage au sort pour former le corps municipal. Depuis 1252, les douze sièges consulaires furent répartis entre les divers métiers. Mais en 1453 le Conseil de ville cessa de sortir de l'élection pour être nommé par le roi[1].

Nîmes eut une organisation très semblable à celle de Montpellier[2]. A Marseille, cent chefs de métier étaient élus chaque année par leurs pairs et avaient la direction des affaires corporatives, la police des rues et des établissements publics. Six d'entre eux étaient délégués hebdomadairement pour administrer les affaires de la ville. Quant au pouvoir législatif, il était dévolu à un corps composé des trois syndics et des trois clavaires de la ville, plus soixante-onze citoyens pris parmi les bourgeois et les commerçants notables[3].

Les villes du Nord et de l'Est, comme Abbeville[4], Saint-Omer[5], Troyes[6], Strasbourg[7] formaient leurs collèges électoraux des corps de métiers. Si certains de ceux-ci avaient une réelle prépondérance économique, ils la conservaient dans l'administration municipale.

Lors du renouvellement annuel du collège des échevins de la ville de Paris, une place sur douze revenait aux marchands ; six corps de métiers : drapiers, épiciers-apothicaires, merciers,

[1] Germain, *Histoire de la commune de Montpellier*, t. I, p. 162.

[2] De la Farelle, *Étude sur le Consulat et les institutions municipales de Nîmes*, p. 14 à 31.

[3] Méry et Guindon, *Histoire analytique et chronologique des actes et délibérations du Corps et du Conseil de la Municipalité de Marseille, depuis le xe siècle jusqu'à nos jours*.

[4] Martin-Saint-Léon, *Histoire des Corporations de métiers*, p. 289.

[5] Giry, *Histoire de Saint-Omer*, p. 158.

[6] Martin-Saint-Léon, *Histoire des Corporations de métiers*, p. 281.

[7] *Ibid.*, p. 281.

pelletiers, bonnetiers, orfèvres, veillaient à ce qu'il ne fût pas dérogé à cet usage. En 1700, ils réclamaient même l'entrée de deux de leurs membres au Conseil supérieur du commerce qui venait d'être créé[1].

Enfin, à Lyon, les métiers affranchirent la ville de l'autorité de l'archevêque et, en 1320, on trouve à sa tête le guardiateur qui est un délégué royal et un Conseil de 12 membres issu de l'élection dans les corps de métier[2]. Cependant la prédominance de l'aristocratie marchande amène, en 1402, une révolte des artisans, qui d'ailleurs échoua. Un nouveau statut fut édicté, en vertu duquel, le 21 décembre, le corps de ville, composé du prévôt des marchands et de 12 échevins, se réunissait et nommait dans chacun des 72 métiers deux maîtres qui en devenaient les magistrats. A leur tour et le lendemain, ces 144 chefs de communautés, maîtres-gardes, se réunissaient pour élire 6 nouveaux échevins, le renouvellement du Conseil de ville se faisant par moitié, sans rééligibilité immédiate.

Une modification saillante fut apportée en 1595; alors s'ouvre la période prévôtale. Il y avait 1 prévôt et 4 échevins. Nouvelle réforme saillante en vertu des lettres patentes du 31 août 1764[3]. La municipalité lyonnaise comprenait 1 prévôt des marchands, 4 échevins, 1 procureur, 1 secrétaire-greffier, 1 receveur et 1 trésorier. Pour la délibération, il leur était adjoint 12 conseillers (art. 1). Dans des cas déterminés, le corps de ville se transformait en une assemblée de notables avec, en plus, 2 magistrats de la Cour des Monnaies et sénéchaussée et 17 personnes élues : 1 dans le chapitre, 1 dans le reste du clergé, 1 dans la noblesse, 1 dans les trésoreries de France, 1 dans le siège de l'élection, 1 dans la communauté des notaires, 1 dans l'ordre des avocats, 1 parmi les procureurs, 5 parmi les commerçants et 4 dans les arts et métiers (art. 14).

[1] Martin-Saint-Léon, *Histoire des Corporations de métiers*, p. 324 et 326.
[2] *Ibid.*, p. 269 et 270.
[3] *Archives municipales de la Ville de Lyon*, Inventaire Chappe, t. X, p. 33.

En prenant une à une et de période en période les diverses organisations communales des villes de France sous l'ancien régime, on trouverait encore bien des exemples d'une représentation surtout professionnelle, mais où se glissent certains éléments de la représentation des intérêts. M. Hubert-Valleroux, auquel on ne peut que renvoyer sans cesse en pareille matière, reste surpris, après avoir approfondi les constitutions des villes du moyen âge « de la place que tiennent les corps de marchands et d'artisans dans leur organisation politique[1] ».

Malgré l'amoindrissement de leur rôle, ils tiennent encore une large place dans les élections aux Etats généraux de 1789. Dans les grandes villes, les habitants se réunissent par corporations d'arts et métiers, d'arts libéraux, de négociants, d'armateurs pour choisir des députés qui rédigeaient leurs cahiers.

A leur tour, ces premiers délégués en choisissaient d'autres dans leur sein. Ces délégués de second degré se joignaient à ceux des villes peu importantes et des communes rurales. Tous ensemble procédaient, au chef-lieu, à l'élection de délégués de troisième degré qui étaient les députés aux Etats généraux. En même temps, on rédigeait le cahier[2].

Ce n'est ni sous les constitutions de la Révolution, ni sous celles de l'Empire qu'il faut songer à retrouver trace de la représentation des intérêts. Pendant toute cette période, les associations, qui seules peuvent servir de base à une pareille représentation, étaient exclues, soit en vertu de principes ultra-individualistes et, par une bizarre contradiction, au nom de la suprématie de l'Etat, soit par besoin de ne créer aucune force compacte qui pût attenter à l'omnipotence du gouvernement impérial. Cependant Napoléon devait donner en 1814 l'Acte additionnel aux constitutions de l'Empire, en vertu duquel, « par une heureuse innovation, l'industrie et la propriété

[1] Hubert-Valleroux, *les Corporations d'arts et métiers*, p. 9.

[2] *Cf.* comte Catta, le Régime représentatif en France (*Revue catholique des Institutions et du Droit*, année 1890, 1re série, p. 453).

manufacturière et commerciale devaient avoir une représentation spéciale[1] ». Cette représentation était réservée à la Chambre. « Mais c'était encore le collège du département qui devait élire les représentants des intérêts commerciaux, sur une liste d'éligibilité dressée par les Chambres de commerce[2] ». 23 sièges sur 629 étaient ainsi affectés, ce qui représente une bien faible proportion. La France était divisée en arrondissements commerciaux, et l'élection se faisait à deux degrés[3]. Cette organisation présente une certaine analogie avec celle qui existe actuellement en Autriche.

Les Bourbons ne surent donner à la France qu'une représentation des intérêts basée sur un système censitaire[4]. Cette prépondérance vicieuse d'intérêts spéciaux et restreints, octroyée par la charte de 1814, fut maintenue par celle de 1830. Quelle opposition saisissante avec les vues de Saint-Simon qui, à la même époque, ne désirait rien tant qu'un corps législatif élu d'après les principes de la « capacité positive et du travail[5] », et voulait que tout projet de loi, élaboré en Conseil d'Etat, fût au sein du corps législatif soumis au nouvel examen d' « une Commission nommée par ce corps et formée d'hommes entendus sur la matière[6] » !

A peine relève-t-on une trace de représentation professionnelle sous le second Empire, encore s'agit-il d'un cas tout spécial et unique. Les délégués ouvriers à l'Exposition de Londres en 1862 furent élus au suffrage universel dans chaque corps de métier.

[1] H. Pascaud, *le Suffrage universel chez les principaux peuples civilisés*, p. 175.

[2] *Ibid.*

[3] Gras, les Chambres de Commerce (*Annales de l'Ecole libre des sciences politiques*, année 1895, p. 728).

[4] *Cf.* comte Catta, le Régime représentatif en France (*Revue catholique des Institutions et du Droit*, année 1890, 1re série, p. 302 et 303).

[5] *Religion Saint-Simonienne. A tous !* p. 18 ; également : G. Weil, *Saint-Simon et son œuvre*, p. 160, 162, 188 et 189.

[6] *Religion Saint-Simonienne. A tous !* p. 18.

La tradition suivie depuis par l'Ecole de l'Association catholique, fut inaugurée en 1873 par la *Commission des Neuf* qui mentionnait au second paragraphe de l'article 2 du projet de résolution qu'elle songeait à soumettre à l'Assemblée nationale « l'organisation du suffrage universel » parmi les bases des lois constitutionnelles. Le centre droit et une fraction de la droite voyaient là un engagement d'obtenir la représentation des intérêts concurremment avec celle du nombre[1]. Ces beaux projets tombèrent avec la tentative de restauration monarchique. Ils ne semblent pas avoir séduit les législateurs de la troisième République. Il n'est cependant pas douteux qu'en 1875 et 1884 les Chambres ont voulu représenter au Sénat des groupes sociaux[2]. Seulement elles ont estimé qu'il n'y en avait qu'un qui fût suffisamment intégré par son long passé : la commune administrative. Dans l'application de cette idée elles se trompèrent; elles ne donnèrent pas l'élection des sénateurs aux groupes sociaux qu'elles voulaient faire représenter. Les électeurs sénatoriaux sont les députés, les conseillers généraux, les conseillers d'arrondissement qui représentent les personnes, les départements, les arrondissements et cantons. Les délégués des communes n'étant plus seuls, voient diminuer leur importance, à ce titre. S'il s'agissait de faire représenter les communes, il n'y aurait point de représentants des autres divisions administratives. Les délégués des communes y perdent en autorité.

Au reste une distinction essentielle est négligée, celle qui porte sur la nature urbaine ou rurale de la commune. Enfin, il n'est nullement tenu compte de la population de cette dernière. Par conséquent, en 1875 et en 1884 le législateur a fait fausse route ; il n'a pas eu assez de hardiesse pour tenter une représentation de tous les intérêts, mais s'en est tenu à la représentation de certains seulement.

[1] Chesnelong, *la Campagne monarchique de 1873*, p. 247.

[2] *Cf.* Léon Duguit, l'Élection des sénateurs (*Revue politique et parlementaire*, n° du 10 septembre 1895, p. 465 et 466).

L'évolution historique de la notion de représentation des intérêts a fort heureusement un présent plus glorieux que son passé, soit en France, soit ailleurs. D'ailleurs elle s'est dégagée nettement, ensuite elle a captivé beaucoup d'esprits ; des projets d'organisation dont elle serait l'âme ont vu le jour. Ces projets, on les rencontrera au fur et à mesure que l'on avancera dans la recherche d'une application à la France de la représentation des intérêts.

CHAPITRE II

LA REPRÉSENTATION DES INTÉRÊTS DANS LES CORPS CANTONAUX

Le moment est venu d'aborder résolument l'essai d'une application, dans le régime électoral français, de la représentation des intérêts. Deux façons de procéder se présentent aussitôt. L'une, par demi-mesure, timide, conserve les circonscriptions, les assemblées et les corps administratifs actuels pour plier aux exigences de cette organisation la représentation des intérêts. L'autre, hardie, vraiment novatrice, conçoit la représentation des intérêts sous la forme la plus parfaite possible et lui asservit l'organisation électorale, législative et exécutive ; elle garde des groupements et des corps existants ce qui ne la gêne pas et, pour le reste, elle modifie, remplace ou supprime purement et simplement.

A cette seconde façon d'opérer se rattache intimement la question de la décentralisation. Elle a fait l'objet de bien des études ; elle conduit à quelques concessions infimes du pouvoir central. Mais tant qu'on ne voudra pas marcher hardiment de l'avant, c'est-à-dire renoncer à une structure officielle sans souplesse, il n'y aura pas de vraie décentralisation.

Dans le sein de l'État, il existe des collectivités qui peuvent avoir une action à la fois utile et bien délimitée. Ces collectivités, pour M. Hauriou, constituent l'organisme national, autrement dit « la société positive », qui est « la société des intérêts et des sentiments naturels[1]. » Aussi, « une fois la société organisée coopérativement, comme l'État doit partager avec elle l'administration et l'action collective, en même temps que la liberté d'association, il convient de réclamer dès maintenant deux réformes qui prépareront le partage : une décentralisation plus grande et la représentation des intérêts spéciaux dans les assemblées politiques[2] ». Et, en effet, reconnaître, donner corps aux intérêts spéciaux en dehors de l'intérêt général, c'est vouloir permettre le développement de ces intérêts dans leur sphère, leur accorder l'action et en même temps ne point les gêner dans l'exercice de celle-ci. Un simple contrôle suffit. Alors « la vraie décentralisation, ce serait de ressusciter en France la vie locale, la vie régionale ; ce serait d'organiser un certain nombre de grands centres universitaires, militaires, judiciaires, économiques, qui seraient capables de faire contrepoids à Paris ; ce serait enfin d'instituer des assemblées régionales, comme Prévost-Paradol le demandait, il y a trente ans, où se réuniraient les conseillers généraux de plusieurs départements[3]. »

A. — Le canton substitué à la commune.

L'augmentation d'indépendance, le *self-government* partiel, que la décentralisation créerait en France, profiteraient-ils aux divisions administratives actuelles? Ou bien, au contraire, de nouvelles seraient-elles appelées à en bénéficier et, dans ce cas, quelles seraient-elles? Voilà la question qu'il s'agit de résoudre en commençant par le bas de l'échelle administrative.

Les avis, en ce qui concerne le maintien de la commune,

[1] Hauriou, la Limitation de l'État *(Revue politique et parlementaire*, 10 mars 1896, p. 558).

[2] *Ibid.*

[3] J.-P. Lafitte, la Rentrée des Chambres *(Revue politique et littéraire*, 16 octobre 1897).

sont très partagés. Si quelques-uns, comme MM. Charles Maurras[1], Clavé[2], Séverin de la Chapelle[3], de Broglie[4], etc., ne pensent pas qu'elle puisse être supprimée, ni remplacée, d'autres, au contraire, en font bon marché, tels MM. Léon Donnat[5], Emile Faguet[6], P. Deschanel[7].

Le *criterium*, qui doit permettre de prendre parti, ne sera jamais autre que l'existence ou l'absence d'un ensemble d'intérêts apparus au cours de l'histoire, soit à la suite des événements, soit spontanément. Ces intérêts sont ou secondaires ou primordiaux. Jamais ils ne peuvent être négligés. « .....La communauté ne peut pas tout se permettre, et, tout d'abord, elle doit respecter, dans un pays libre, certains groupements historiques ou naturels[8]. » Des agglomérations se sont formées, dont les origines ont été diverses. Tantôt elles étaient dues à la multiplication et à l'extension d'une famille souche, tantôt aux conditions d'exploitation du sol, tantôt enfin, et c'est là la caractéristique du moyen âge, par un besoin essentiel de protection. Leur noyau a été un foyer, la terre, le château ou l'établissement religieux. Des intérêts purement communaux se sont dégagés qui, la plupart du temps, ont ensuite changé de nature jusqu'à ne plus garder le moindre trait qui pût rappeler l'origine du groupement. Mais tous ont été marqués plus ou moins du signe du particularisme et d'association tout à la fois qui les distingue des intérêts généraux.

Ils sont demeurés l'apanage d'associations particulières

[1] Charles Maurras, *Décentralisation*, brochure.

[2] Clavé, la Réforme administrative en France (*Journal des Économistes*, août 1871).

[3] Séverin de la Chapelle, *Nouvel organisme de la Souveraineté nationale en France*, p. 95.

[4] De Broglie, *Vues sur le gouvernement de la France*, p 13 et 14.

[5] Léon Donnat, *la Politique expérimentale*, p. 403.

[6] Emile Faguet, Décentralisateurs et Fédéralistes (*Revue du Palais*, mai 1895).

[7] P. Deschanel, *la Décentralisation*.

[8] A Desjardins, *De la liberté politique dans l'État moderne*, p. 11.

englobées par l'ensemble du pays, et, là, ils ont gardé une physionomie propre [1].

Mais est-ce bien à la commune telle qu'elle existe aujourd'hui qu'on peut reconnaître un pareil avantage? Il faudrait pour cela que ces organismes n'eussent subi aucune action arbitraire; que, sous prétexte de nécessités administratives, on n'eût point touché à leur constitution. En réalité (et ici encore, la Révolution n'est pas restée inactive), le législateur a coupé, morcelé, si bien que près des 4/5 des communes de France n'ont pas 1000 habitants; la moitié en a moins de 500: 8.521 n'en renferment que 300, et même 653 n'en comptent pas 100[2].

« N'est-il pas manifeste, s'écrie M. Léon Donnat, à qui ces chiffres sont empruntés, qu'on s'est fourvoyé en transformant en corps politiques de si chétives agglomérations [3]? » Sont-ce bien là des centres d'intérêts? Ces quelques gens peuvent-ils avoir une vie commune intense, s'efforcer vers quelque résultat sérieux? Lorsque M. Séverin de la Chapelle prétend voir en ces communes des personnes civiles ou morales qui ont « tout ce qui fait l'unité morale parmi les hommes : une origine, un centre, une langue, des souvenirs, une loi, des intérêts communs[4] », c'est qu'il les examine avec une loupe. Où voit-il un centre antique et solide? Ni l'église, ni la mairie ne sauraient lui suffire et pas davantage le plancher de danse. Les souvenirs? Un vieux pan de mur? La foire dernière? Ah! qu'ils sont mesquins! Et la langue, et la loi? Mais ce sont celles des communes voisines et même de tout un pays; ce ne sont

[1] De Broglie, *Vues sur le gouvernement de la France*, p. 13 et 14.

[2] « Il y a en France des communes si faibles qu'en s'imposant au *maximum* à perpétuité, elles ne parviendront jamais à amortir le capital nécessaire à la construction d'une maison d'école. » (J. Breynat, *les Cahiers de 1871*, p. 23.)

[3] Léon Donnat, *la Politique expérimentale*, p. 403. — E. Faguet, Décentralisateurs et Fédéralistes (*Revue du Palais*, mai 1898, p. 269).

[4] Séverin de la Chapelle, *Nouvel organisme de la souveraineté nationale en France*, p. 95.

point de ces choses de propriété locale qui puissent faire l'originalité d'un groupement communal.

C'est donc par manque d'envergure que pèche l'organisation communale française. La condensation des communes s'impose ; elle sera plus que le syndicat de communes créé par la loi de 1890 ; car à une fédération à peine liée par une administration d'ensemble mais fragile, elle substituera une unification permanente.

M. Emile Faguet trouve aimable de transformer en innovant le moins possible. Sentant toute l'insuffisance de la commune comme organe d'administration et de représentation des intérêts, M. E. Faguet regarde autour de lui et acquiert la persuasion que le canton est bien autrement qualifié pour une semblable fonction. Le canton est « la grande commune, le municipe[1] ». « Le syndicat des communes, c'est le canton à l'état de nébuleuse[2] », et le canton est « le véritable élément de centralisation », « la véritable cellule provinciale, c'est-à-dire nationale[3] ». A son chef-lieu se passent une foule d'événements importants de la vie urbaine ou rurale : les foires, les comices agricoles, la conscription militaire. La justice de paix y siège. On y a institué des Commissions pour les écoles, les chemins, l'assistance. C'est un centre d'où l'on peut rayonner facilement à la circonférence et atteindre celle-ci dans un laps de temps réduit. Il est assez peuplé pour qu'on trouve dans son sein les éléments d'une bonne administration ; il n'est pas assez étendu pour que tous ses habitants n'aient pas les mêmes intérêts.

Les intérêts ont grandi en proportion de l'étendue territoriale ; ils se sont en même temps élevés ; ils ont acquis la netteté désirable pour qu'il soit possible de leur faire jouer un rôle dans la vie politique et administrative. Les corps que l'on

[1] E. Faguet, Décentralisateurs et Fédéralistes (*Revue du Palais*, mai 1898, p. 271).
[2] *Ibid.*, p. 272.
[3] *Ibid.*, p. 272.

placera à la tête du canton seront assez considérables pour embrasser la représentation de tous les intérêts saillants. Toute ville, dotée d'une certaine population, 10.000 habitants, par exemple, sera à elle seule un canton, un canton urbain essentiellement, tandis qu'il y aura des cantons essentiellement ruraux et d'autres à la fois urbains et ruraux. Dans les uns, les intérêts dégagés seront surtout industriels, commerciaux et intellectuels ; dans les autres, ils seront surtout agricoles ; dans les troisièmes enfin, ils seront de toutes natures.

Voilà donc un territoire délimité et des intérêts s'y agitant. Il faut une administration à ce territoire et une représentation à ces intérêts. L'administration appartiendrait à un *Maire*, assisté d'un *Comité cantonal* et entouré de *Conseils cantonaux*, dont ils sera question un peu plus loin. La représentation des intérêts serait réalisée dans la *Chambre cantonale*, dont il s'agit maintenant d'étudier la composition.

B. — La Chambre cantonale.

Le propre des intérêts cantonaux est d'être relativement peu étendus ; par contre, ils sont multiples ; on peut presque dire que chaque corps de métier a le droit de mettre les siens suffisamment en avant pour qu'ils se présentent comme essentiels dans le canton. Cette diversité ne se relève guère que dans les cantons urbains ; dans les cantons ruraux, c'est l'agriculture d'une façon générale qui est la grosse affaire ; il n'y a pour ainsi dire qu'un intérêt unique.

Il peut se faire cependant qu'un, deux ou même plusieurs genres de culture l'emportent sur tous les autres et qu'à leur développement soient attachées des questions spéciales. Dans le Midi, la vigne ; dans le Nord, la betterave ; en Beauce, les céréales ; dans le Nivernais, les forêts se présentent avec ce caractère de prédominance d'une culture sur une autre. Il semble bien alors que ces genres spéciaux aient droit à une représentation spéciale. Il en serait de même pour la pêche, pour l'élevage, la laiterie ; en un mot, les industries fermières. Ainsi le plus souvent la Chambre cantonale des districts ruraux offrira l'aspect d'une Chambre à la formation de laquelle a présidé un principe de représentation des intérêts dans le domaine de l'agriculture.

Dès que l'on passe aux cantons semi-ruraux et semi-urbains ce principe s'impose davantage encore ; il conduit à assurer tout d'abord une influence tant aux campagnes qu'aux villes ; puis dans les premières des représentants aux cultures prédominantes ; enfin, dans les secondes, des représentants aux groupements industriels, commerciaux, sociaux, etc., qui sont d'une importance suffisante.

Et cette dernière opération aura lieu tout comme dans les cantons exclusivement urbains. Là ce n'est pas tant la représentation des intérêts elle-même que la forme de représentation à la fois plus primitive et plus complexe qu'est la représentation professionnelle dont il y a lieu de faire l'application. Autrefois déjà, bien que la formation des corps communaux dépendît des coutumes locales, sa vraie base était cependant partout un régime représentatif non pas tant des individus que des groupes ; ceux qui dirigeaient les affaires publiques étaient les délégués non pas d'un certain nombre d'individus, mais de groupes, de collectivités, de forces sociales[1]. « Jusqu'à la fin de l'ancien régime, dit Gasquet, les corps de métiers formèrent la masse du corps électoral et les cadres de l'éligibilité[2]. » Le désir d'assurer la représentation des intérêts et le choix des plus capables conduisait à des combinaisons multiples et souvent étranges. C'est ainsi qu'à Gaillac le premier consul devait être noble, le second bourgeois, le troisième marchand ou notaire, le quatrième artisan ou paysan[3]. L'uniformité, qui

[1] *Cf.* de Broglie, *Vues sur le gouvernement de la France*, p. 39.

[2] Gasquet, *Institutions politiques et sociales de l'ancienne France*, t. II, p. 180.

[3] *Ibid.*, p. 219.

devait subsister jusqu'à la Révolution, fut établie par l'édit de mai 1765 octroyant non seulement aux trois ordres, mais encore aux professions libérales, au commerce, aux artisans une part dans la constitution des organes municipaux[1].

Rien ne semble aujourd'hui s'opposer à ce que l'on reprenne dans la Chambre cantonale l'idée d'une représentation professionnelle en groupant, il est vrai, autant que possible certaines professions nettement similaires.

L'administration cantonale est toute proche de ces intérêts : elle les peut donc discerner et étudier malgré leurs dimensions moindres. On est, et il importe de ne pas l'oublier, dans un canton urbain. On commencera par tracer de grandes divisions du corps électoral. On ne peut d'abord que se rallier au premier vœu formulé par le *Congrès de décentralisation* tenu à Angers en 1892, et en vertu duquel les intérêts matériels et moraux doivent être équitablement représentés dans l'organisation des conseils municipaux[2].

M. de la Bâtie, à la représentation de l'intelligence, joint celle de la fortune[3].

C'est la porte ouverte à la catégorie des rentiers. Mais il ne conviendrait pas de créer avec M. Romanet de Caillaud, comme une sorte de reflet de la loi électorale pour la Chambre des députés de Prusse, un corps électoral comprenant trois catégories d'électeurs qui correspondraient à une égale division des contribuables de la commune, par ordre des plus imposés[4].

Ce serait donner toute l'influence aux questions de fortune : or, l'on s'est convaincu déjà que le régime censitaire n'est pas l'idéal pour la représentation des intérêts, sans compter qu'il n'est plus de notre époque.

Trois grandes divisions ont été déjà déterminées : industrie

[1] Gasquet, *Institutions politiques et sociales de l'ancienne France*, p. 229.

[2] *Réforme sociale*, 16 décembre 1892, p. 878.

[3] De la Bâtie, la Vie communale en France (*Réforme sociale*, 16 janvier 1890, p. 3).

[4] Romanet de Caillaud, *De l'autonomie municipale*.

et commerce, professions libérales, rentiers (V. Appendice I). La troisième sera toujours d'une nature plus hétérogène; il serait difficile de la subdiviser, alors même qu'elle comprendrait, à côté de rentiers, certaines personnes remplissant des fonctions dont le classement n'est pas possible avec les professions libérales ou l'industrie et le commerce. Il s'agit tout spécialement des fonctionnaires d'ordre purement administratif, tels que préfets, sous-préfets, ou bien relevant de l'administration des finances.

Quant aux autres fonctionnaires, leur place est toute indiquée dans certains groupes économiques ou de professions libérales. Les juges, conseillers, procureurs, etc., se réuniront aux avocats et aux avoués, les ingénieurs du gouvernement, de la province ou du canton aux ingénieurs privés, etc.

Souvent sont rentiers des gens qui, hier encore, exerçaient une profession ou une industrie. Personne ne sait mieux qu'eux ce qui leur convenait. Classer *ex abrupto* ces gens-là dans la classe des rentiers, c'est affaiblir d'autant les autres groupes des professions libérales et industrielles. Il ne sera donc pas mauvais de donner à ces rentiers le droit pendant quelques années encore de voter avec ces derniers groupes. Cette mesure aura encore le grand avantage de ne pas trop augmenter la classe des rentiers qui est d'une importance bien moindre que toute autre dans un système qui veut assurer une représentation presque professionnelle.

L'unité qui doit subsister dans le groupement des rentiers ne se retrouve plus dans celui des professions libérales. Là il est facile de distinguer cinq classes :

1re classe	*2e classe*
Ingénieurs,	Médecins,
Chimistes,	Pharmaciens,
Dessinateurs industriels,	Dentistes,
Architectes,	Vétérinaires,
Géomètres, etc.	Etc.

3e classe	*4e classe*	*5e classe*
Avocats,	Professeurs,	Journalistes,
Avoués,	Instituteurs,	Littérateurs,
Notaires,	Clergé,	Peintres,
Huissiers,	Etc.	Dessinateurs,
Syndics,		Graveurs,
Magistrats, etc.		Sculpteurs, etc.

Restent l'industrie et le commerce. Il y a presque toujours correspondance entre eux, celui-ci étant comme le prolongement de celle-là. C'est donc par groupes renfermant à la fois une industrie et le commerce qui en dépend, qu'il est possible de morceler le corps électoral économique. Il est vrai que dans un canton l'on rencontre des industries qui envoient au dehors leurs produits ou des commerces qui portent sur des objets venus du dehors, qui n'ont donc pas leur correspondant commerce ou industrie dans les limites de leur canton. Ce ne sera point une raison pour les traiter en quantités négligeables. Bien au contraire on les organisera, s'ils en valent la peine, en groupes électoraux particuliers, ou bien on les réunira à d'autres groupes avec lesquels ils présentent de sérieuses analogies. Par exemple, les banquiers, courtiers et agents de change.

Ces annexions porteront souvent sur des industries et des commerces correspondant entre eux; mais de trop minime envergure pour avoir droit à constituer à eux deux un groupe. On les rattachera donc à un groupe voisin. Le morcellement exagéré sera évité et cependant les intérêts de tous les membres de ces nouveaux groupes seront sauvegardés, parce qu'ils se tiennent de fort près et peuvent être pris en mains par un seul et même représentant. Sur ces règles générales on peut établir, pour le cas le plus large, la liste des groupes électoraux suivants[1] :

[1] On s'est inspiré de la division adoptée pour le classement des syndicats (*Bulletin de l'Office du Travail*, mai 1898, p. 363 et suiv.).

1. Produits alimentaires.
2. Industrie de l'imprimerie et du cartonnage.
3. Industrie du vêtement.
4. Industrie du bâtiment.
5. Industrie de l'ameublement et des articles de ménage.
6. Industrie des terres au feu.
7. Industrie du cuir.
8. Industrie du bois.
9. Industrie des objets de luxe et d'art et des articles de Paris.
10. Industrie des métaux.
11. Industrie des transports.
12. Industrie d'extraction.
13. Produits chimiques.
14. Pêche.

Il est à remarquer que, sauf peut-être dans les très grandes villes, ces groupes ne se présenteront pas tous à la fois et que leur donner en principe à chacun une représentation n'entraîne donc pas à former une Chambre cantonale trop nombreuse. S'il en est qui doivent ne pas exister dans tel ou tel canton, il en est d'autres qui s'y présenteront comme si peu importants que leur fusion s'imposera avec d'autres dont ils seront très rapprochés. Tel sera fréquemment le cas pour l'ameublement, les articles de ménage, les articles de Paris, les objets d'art et et de luxe.

D'autre part, cependant, il pourra se faire que, dans tel ou tel groupe, il faille faire une subdivision en raison de l'importance d'une industrie ou d'un commerce. Aucun exemple ne serait plus probant que celui de la soierie lyonnaise qui serait détachée du groupe des vêtements pour former un groupe à part. Dans un port, distinction serait faite entre les transports par eau et les transports par voie de terre. Très souvent encore on sera forcé de séparer les industries de chauffage et d'éclairage des industries de produits chimiques. Ces fractionnements divers auront parfois pour conséquence d'élever assez sensiblement le nombre des conseillers cantonaux dans les grandes villes, mais sans que cependant il y ait une réelle exagération.

Envisagée jusqu'ici au point de vue des intérêts et plus spécialement au point de vue professionnel, la représentation à la Chambre cantonale peut, dès le bas de la hiérarchie des corps élus, susciter une question sociale importante au premier chef. Etant donné la division entre employeurs et employés, patrons et ouvriers, faut-il leur donner des représentants différents ? La discussion de cette grave question demanderait de nombreux développements. On peut du moins en indiquer une solution. Dans l'état actuel de la société, il faut que les ouvriers et employés aient une représentation spéciale. Tel était bien l'avis de MM. Goblet d'Alviella, Buls et Arnould, quand, au cours de la discussion sur la réforme électorale à la Chambre belge, en 1883, ils déposaient un projet de loi instituant la représentation des intérêts au communal et au provincial sur la triple base du travail, du capital et de l'intelligence [1].

On pourrait de chaque groupe économique en faire deux, l'un composé de la réunion des patrons et des hauts employés, et l'autre de celle des ouvriers et employés subalternes. Chacun de ces groupes aurait droit à deux représentants. Par conséquent, à supposer, dans un canton urbain, la liste des groupes économiques complète, on aurait, à 2 conseillers par groupe, un total de 56. En fait, jamais cette liste ne comptera plus d'environ 16 groupes, car toutes les branches de l'industrie, du commerce et de l'agriculture ne sont jamais réunies en un même lieu. Le nombre approximatif des délégués s'élèvera à 32. A ce chiffre, il convient d'ajouter les deux représentants des gens de service qui formeront toujours un groupe assez fort et ne correspondant à aucun de ceux déjà énumérés. Il comprendra non seulement les domestiques proprement dits, mais encore les garçons de café, les saute-ruisseaux, concierges, etc. Resterait à établir une proportion entre le nombre des électeurs des groupes économiques et le nombre des électeurs des professions libérales d'une part, des rentiers de l'autre, afin d'avoir un premier facteur d'appréciation pour déterminer le nombre des représentants qui

[1] *Revue sociale et politique*, année 1891, n° 5, p. 473.

reviendrait aux uns et aux autres. Enfin les sièges des professions libérales seraient répartis, toujours suivant proportion, entre les cinq classes qui forment une subdivision de ce grand groupement. Il arriverait bien rarement que le Conseil cantonal, envisagé ainsi dans les conditions d'extension même les plus larges, dépassât soixante membres. C'est un chiffre qu'atteignent presque les Conseils municipaux actuels des grandes villes de France. Lyon, par exemple, compte cinquante-cinq conseillers.

Il y aurait cependant une correction qui s'imposerait dans ces calculs de proportionnalité et de répartition. Tout d'abord, parmi les groupes commerciaux et industriels il en est dont l'importance ne doit pas être évaluée par le nombre de leurs membres uniquement[1]. Puis, la même remarque est de rigueur, si l'on envisage tant la catégorie des rentiers que celle des professions libérales[2] vis-à-vis l'une de l'autre, ou en regard de celle de l'industrie et du commerce. A chiffre égal de membres, le groupe des ingénieurs, chimistes, architectes, etc., devra être plus fortement représenté que celui des médecins, pharmaciens, dentistes et même que celui des professeurs, ecclésiastiques, etc. Autre exemple : le groupe du bâtiment est plus important, toute question de *quantum* d'électeurs à part, que celui de l'imprimerie et du cartonnage. En d'autres termes l'importance de la fonction sociale ne doit pas se mesurer au nombre des gens qui remplissent cette fonction, mais à la place qu'elle tient dans la société. Et c'est

[1] « L'importance des intérêts n'est, en effet, nullement proportionnelle au nombre des électeurs. » (Beernaert, Chambre des représentants belge, séance du 7 juin 1893, Ses. ord. 1892-1893, *Annales parlementaires*, Ch. des Rep., p. 1603). Contra: *les Principes de la représentation nationale*, par F. P., p. 24.

[2] On ne peut établir d'égalité entre les professions pas plus qu'entre les individus. « Ainsi de ce que les professions libérales, par exemple, ne représentent que 6 pour 100 de la population, il ne s'ensuit pas qu'elles ne doivent entrer que pour 6 pour 100 dans la représentation nationale. » (Marquis de la Tour-du-Pin-Chambly, De l'organisation du suffrage universel, l'*Association catholique*, septembre 1896, p. 236.)

ainsi que, sans nier la nécessité des médecins, dentistes, etc., on est obligé d'estimer de nos jours à un plus haut prix les ingénieurs, chimistes, etc., que, d'autre part, on se priverait plus facilement de cartonnages que d'une habitation. Toujours suivant les mêmes idées, et d'une façon générale, il y a tout lieu de forcer la représentation commerciale et industrielle dans la Chambre cantonale. Une compensation au moins partielle pourra être accordée aux autres groupements dans les autres corps du gouvernement cantonal, c'est-à-dire dans les Conseils cantonaux.

Il se superposerait donc deux proportionnalités ; premièrement celle qui, en tenant compte du nombre des membres, classe en importance les divers groupements ; secondement, celle qui corrigerait le chiffre des sièges attribués à chaque groupement suivant son importance, en dehors de toute question de nombre de membres, mais d'après son importance intrinsèque. Ainsi tel groupe peut être trois fois moins important *in concreto* que tel autre, mais, d'un autre côté, être trois fois plus important dans la vie du pays et mériter ainsi une représentation aussi forte. Par contre, un autre groupe aussi important que lui, mais moins nombreux, aura une représentation moindre et ainsi de suite. Les combinaisons entre le nombre des membres et l'importance économique ou sociale seront multiples, mais aisément faites d'après des constatations consacrées une fois pour toutes par la loi.

En résumé, l'institution de la Chambre cantonale serait faite pour donner satisfaction aux divers intérêts de la circonscription. Elle assurerait aussi le développement des intérêts généraux, grâce à son mode de formation qui groupe des hommes à l'esprit ouvert sur des horizons variés, mais en même temps, sinon d'une science, du moins d'une intelligence presque toujours au-dessus de la moyenne.

Dès lors on pourra demander à la Chambre cantonale d'être un organe concourant à l'élection des représentants du canton unité territoriale, c'est-à-dire à l'élection des corps de degrés supérieurs, au départemental, au provincial ou au régional.

De ce que la représentation professionnelle a été admise ici, il ne s'ensuit pas qu'elle doive l'être dans les autres corps représentatifs du pays. Les raisons qui militaient en sa faveur quand il s'agissait de la Chambre cantonale, limitation de la circonscription, importance relative prise par les intérêts professionnels, se retournent contre elle lorsqu'il est question d'autres assemblées. Déjà tout le monde n'est pas convaincu de son efficacité dans le premier cas [2].

Il s'agit maintenant de l'abandonner pour revenir à la représentation des intérêts, chercher où il faut l'introduire et de quelle manière dans les divers degrés de la représentation du pays.

C. — Les Conseils cantonaux. — Le Comité cantonal.

L'administration de la commune est actuellement confiée au maire et à ses adjoints. Dans les grands centres, une répartition des services est opérée entre eux ; ces services prennent chacun une importance capitale, puisqu'ils s'adressent à une population nombreuse. Or, si le canton venait à être substitué à la commune toutes les municipalités correspondraient à des agglomérations aussi fortes que celles des principales villes actuelles. L'extension des services publics surviendrait donc et, par suite, la nécessité de les distinguer, de les faire gérer par des administrations distinctes. Le travail s'étant élargi obéirait aussitôt à sa loi de division.

Voilà donc un point acquis pour l'avenir. Mais à l'extension des services, à leur séparation, ne faudra-t-il pas ajouter une réorganisation ?

Il ne saurait être question d'augmenter dans la même pro-

[1] *Cf.* Arnaud, *la Revision belge*, p. 65.
[2] Vandervelde, *Revue sociale et politique*, année 1891, n° 5, p. 453.

portion le nombre des bureaux, c'est-à-dire des fonctionnaires ; si l'application de la représentation des intérêts devait produire un semblable résultat, elle renfermerait un vice suffisant pour la faire aussitôt écarter. Mais, à l'inverse, elle peut réduire le fonctionnarisme : mettant en jeu ce que connaissent bien les citoyens, ce qui leur tient à cœur, leurs intérêts, elle peut leur demander leur concours pour la vie publique sans qu'ils abandonnent complètement leur vie privée. En s'occupant de l'une, ils continuent à développer l'autre, et, de même, de cette dernière, ils tireront l'expérience voulue pour bien s'acquitter de leur tâche dans la première.

Cela ne veut pas dire que les bureaux disparaîtront. Ils seront seulement réduits au strict nécessaire et conserveront cet avantage d'assurer la continuité dans la marche du service lorsqu'il y aura changement dans la personne de l'adjoint titulaire. En outre, il est évident que bien des parties de l'administration ne peuvent être exercées utilement que par eux, qu'ils doivent soulager leur chef dans la besogne de chaque jour, et préparer le travail des corps élus qui pourront leur être spécialement réunis.

Comment, tout d'abord, désigner le chef de chaque service, l'adjoint titulaire?

Si la Chambre cantonale est élue en vertu d'une représentation presque professionnelle, il devient facile de circonscrire la catégorie des représentants parmi lesquels il pourra être désigné.

Par exemple l'adjoint à la Voirie et aux autres branches s'y rattachant, telles que les transports, l'éclairage, etc., sera pris dans le groupe des ingénieurs, dont on sera sûr de rencontrer quelque membre dans la Chambre cantonale. Sur ce point, aucune difficulté ; une simple règle découlant tout naturellement du principe de spécialisation des services et des individus, d'application rendue aisée par le mode même de formation du corps dont doivent sortir les titulaires des divers services.

L'adjoint cependant doit être secondé; il le reste en quelque mesure par bureaux, c'est-à-dire pour ce qui est de pure exécution des décisions de la Chambre cantonale. Mais ces décisions ont souvent une allure générale ; il y a toute une part d'initiative dans le détail qui revient au service intéressé. Les bureaux n'auront plus rien à faire dans ce domaine qui deviendra celui du groupe de citoyens de bonne volonté placé auprès de chaque adjoint. Ces groupes s'appelleront *Conseils cantonaux*.

Ils seront formés de citoyens non seulement de bonne volonté, mais encore d'expérience et de capacités spéciales pour le service auquel ils seront rattachés. Ils offriront par conséquent des garanties de gestion réfléchie des affaires publiques.

Ce seront là de véritables instruments de décentralisation, puisqu'en présence d'organes aussi complets la tutelle provinciale ou de l'Etat aura moins besoin de s'exercer. Les communautés cantonales puiseront leur vie non plus dans l'appui d'autres communautés qui risquent de les écraser, mais dans les concours de forces individuelles[1].

A Stockholm, Gothborg, Malmoë existent déjà des institutions analogues, des Commissions nommées par les Conseils municipaux et composées partie de membres du Conseil, partie de citoyens éligibles aux fonctions municipales. M. Paul Deschanel se montre fort séduit par cet exemple et par d'autres, qui s'en rapprochent, et qu'il trouve en Allemagne[2], en Italie[3], en Autriche[4], etc.

Il demande d'abord qu'on institue, « à côté de l'agent qui exécute, un Conseil qui non seulement décide et contrôle,

[1] « On ne rencontrera jamais, quoi qu'on fasse, de véritable puissance parmi les hommes, que dans le concours libre des volontés. » (A. de Tocqueville, *De la Démocratie en Amérique*, t. I, p. 156.)

[2] P. Deschanel, *la Décentralisation*, p. 13.

[3] *Ibid.*

[4] *Ibid.*, p. 14.

mais qui participe aux actes importants de la gestion quotidienne, comme chez nous jadis et comme à l'étranger[1] ». « Il suffirait, dit-il plus loin, d'étendre, de généraliser ce qui se fait déjà dans nos grandes villes et d'attribuer au maire et aux adjoints — en augmentant, au besoin, le nombre de ceux-ci — ce que la loi attribue au maire seul ; le maire deviendrait le simple président de la municipalité ; chaque adjoint serait chargé spécialement d'un service[2]. » Le service aurait des bureaux aussi réduits que possible et un Conseil constitué ainsi qu'il a été exposé sommairement plus haut[3].

M. Deschanel a encore raison quand il demande la multiplication des adjoints. Lyon, par exemple, ne compte que six divisions des affaires municipales ; il s'ensuit un mélange d'attributions des plus bizarres. Aux beaux-arts sont rattachés les syndicats professionnels, les sociétés de secours mutuels, les conseils de prud'hommes : à l'enseignement les affaires militaires, etc. Or, si les Conseils cantonaux ne doivent plus être des facteurs de représentation professionnelle, du moins sont-ils faits pour représenter des groupes d'intérêts identiques ou véritablement connexes. En partant de cette idée, on pourrait établir la classification suivante :

[1] P. Deschanel, *la Décentralisation*, p. 9.

[2] *Ibid.*, p. 16.

[3] « Le bureau a même observé qu'il y aurait peut-être à distinguer les Assemblées destinées à députer et celles destinées à administrer, que les Assemblées députantes ne pouvaient être trop nombreuses, ni les Assemblées administrantes trop réduites, que la distinction de ces deux objets des Assemblées paroissiales pourrait fournir l'idée d'une gradation d'Assemblées, et d'une sorte de formation de départements pour les différentes parties d'administration confiées à ces Assemblées, qu'il y avait même quelques-unes de ces parties d'administration qui ne comportaient pas d'être traitées absolument par les mêmes personnes que les autres, étant, par exemple, très défendu par les règlements aux Seigneurs de paroisse et Gentilshommes de prendre aucune influence sur la répartition des tailles, tandis qu'ils peuvent assurément influer très utilement sur les autres parties des administrations paroissiales. » *(Observations présentées au roi par les Bureaux de l'Assemblée de notables, sur les mémoires remis à l'Assemblée ouverte par le Roi, à Versailles,* le 23 février 1787.)

1° Conseil de l'Industrie et du Commerce : Douanes, Marchés, etc.
2° Conseil du Travail : Coopératives, Syndicats, Conseils de prud'hommes, Sociétés de secours mutuels, Assistance, etc.
3° Conseil des Finances : Octroi, Redevances, Subventions, etc.
4° Conseil du Contentieux et des Affaires relatives aux personnes : Procès, Dons et Legs, État civil, Affaires militaires, Inhumations, Statistiques, Élections, etc.
5° Conseil de l'Instruction publique et des Cultes.
6° Conseil de l'Hygiène : Alimentation, Salubrité, etc.
7° Conseil des Beaux-Arts : Théâtres, Établissements publics, Musées, Bibliothèques, Fêtes, etc., Architecture.
8° Conseil de la Voirie et des grands Services publics : Postes, Télégraphes, Gares, Promenades, Voies publiques, etc., Éclairage, Eaux, Transports, Sapeurs-pompiers, etc.

Dans les cantons où l'agriculture joue un rôle plus ou moins important, un Conseil spécial lui serait naturellement dévolu; il pourrait même y en avoir d'autres particulièrement affectés à des cultures très répandues, ainsi la vigne dans le Languedoc. Ces derniers Conseils répondraient au désir de M. Jaurès et tiendraient la place de l'organisation qu'il esquisse. « Il faut, écrit-il,..... s'appliquer à l'amélioration systématique du sol. A cet effet, les cultivateurs de chaque canton, propriétaires grands et petits, fermiers, salariés, devraient être invités à élire un Conseil de perfectionnement agricole. Et l'Etat, de son côté, devrait instituer un corps d'ingénieurs agronomes chargés d'étudier dans chaque département, dans chaque canton, les moyens d'enrichir la terre et de favoriser la culture [1]..... »

Chaque Conseil pourrait être complété par des hommes d'autres professions que celle de ses membres ordinaires. Par exemple, le Conseil de l'enseignement et des cultes comprendrait des médecins, des magistrats et même des artistes. Le Conseil de la Voirie et des grands services publics compterait dans son sein des ingénieurs de diverses

[1] Jaurès, Vues politiques (*Revue de Paris*, 1er avril, p. 568).

branches, des architectes, des entrepreneurs, des chimistes, etc.

Si ces adjonctions n'étaient pas suffisantes, les Conseils auraient toujours la faculté de se réunir à deux ou à plusieurs, afin de poursuivre en commun l'étude d'une mesure les intéressant également.

La nomination des membres spéciaux d'un Conseil cantonal serait impartie à ce qu'on pourrait appeler le *Comité cantonal*, c'est-à-dire à la réunion du Maire et de ses adjoints. Il sera toujours nécessaire, en effet, qu'il y ait entre le Maire et ses adjoints un contact incessant, afin que l'unité subsiste dans l'administration cantonale. Ils s'assembleront pour conférer sur les questions générales et même sur les questions plus particulières à chacun de leurs départements. Ils se mettront réciproquement au courant des activités respectives de leurs services et s'entendront pour les coordonner. Ils formeront ainsi le véritable pouvoir administratif et exécutif du canton.

Lors de la constitution des Conseils cantonaux, le Comité cantonal choisirait les membres spéciaux en s'adressant à des citoyens de bonne volonté et remplissant des conditions d'éligibilité fixes. Pour les autres membres des Conseils, ceux qui formeraient ce qu'on pourrait appeler le noyau du Conseil, il serait bon que le choix fût partagé entre le Comité cantonal et la Chambre cantonale. Celle-ci en élirait les deux tiers sur une liste dressée par le Comité qui, à son tour, désignerait le dernier tiers. La liste serait toujours formée des noms de citoyens de bonne volonté. Les fonctionnaires seraient admis à se présenter; mais on limiterait leur nombre dans les Conseils.

Une des prérogatives des membres des Conseils cantonaux serait de contribuer conjointement avec la Chambre à la nomination des délégués du canton à la Chambre provinciale, à laquelle, du reste, ils seraient éligibles.

Quel serait maintenant le rôle des Conseils dans l'administration du canton? Il serait double : éclairer les adjoints dans leur activité propre, éclairer d'autre part la Chambre cantonale dans ses délibérations, influer ainsi beaucoup sur ses résolutions.

Dans le premier cas, ils sont des Conseils délibérants, sous la présidence des adjoints qui exécutent ensuite leurs décisions, comme, dans d'autres proportions, celles de la Chambre cantonale. Si un conflit s'élève, on peut, ainsi que le propose M. P. Deschanel[1], porter la question devant la Chambre qui, dans ces matières d'administration, serait apte à se prononcer, les parties ayant été dûment entendues.

Dans la seconde situation, le Conseil cantonal est un corps consultatif à l'examen duquel doivent être soumises toutes les propositions issues soit de l'administration, soit de l'un de ses propres membres, soit des membres de la Chambre cantonale. Il examine le cas, vote, et son président, l'adjoint, fait connaître les observations et l'opinion du Conseil au cours du débat qui s'ouvre devant la Chambre cantonale. Celle-ci se trouve ainsi dispensée de se former en commissions. La seconde tâche des Conseils cantonaux se rapproche de celle que M. Greulich veut donner, dans des limites plus restreintes, aux *Chambres industrielles cantonales* dont il propose l'organisation en Suisse. Ces Chambres auraient l'examen de toutes les questions et de toutes les lois et ordonnances relatives à l'industrie et aux métiers[2].

Les Conseils cantonaux auraient l'immense avantage de mêler plus de citoyens à la vie commune et d'augmenter l'intensité de celle-ci tout en la canalisant. Ils lui donneraient un mouvement très large en préposant spécialement à l'étude de groupes de questions des hommes déterminés et choisis parmi les plus compétents.

L'ensemble des grands intérêts cantonaux garderait son

[1] P. Deschanel, *la Décentralisation*, p. 27.

[2] Congrès ouvrier d'Olten, 1890. *Quatrième et cinquième rapports annuels du Comité directeur de la fédération ouvrière suisse*, pour les années 1890 et 1891, p. 34 et suiv.

importance grâce aux Conseils et, d'autre part, les multiples intérêts des professions que la Chambre cantonale ne pourrait plus, à tort, mettre au tout premier rang, seraient envisagés avec toute la sollicitude qu'ils méritent dans un organe administratif restreint.

Plus intense, la vie cantonale serait aussi plus pondérée ; les Conseils cantonaux mûriraient les décisions qu'une centralisation locale accentuée donnerait au canton le droit de prendre ; comme réciproque, on serait amené à donner plus d'autonomie aux organes locaux dont l'action serait plus réglée et plus sûre.

CHAPITRE III

LA REPRÉSENTATION DES INTÉRÊTS DANS LES CORPS PROVINCIAUX.

A. — La Province substituée au département.

Si dans le domaine représentatif on étend les limites de la commune jusqu'à les confondre avec celles du canton, le département devient aussitôt une division trop restreinte. L'espace qui existe entre le centre et lui n'est plus en proportion de celui qui le sépare du canton. Mais à cette première raison, qui a sa valeur, s'en ajoute une seconde bien autrement importante pour pousser à l'institution des provinces. Des liens de mœurs, d'habitudes, de traditions et de souvenirs, des nécessités économiques ont existé et existent encore entre des régions entières de la France et il semble qu'il serait à la fois juste et utile de les respecter de nouveau le plus possible.

C'est donc encore dans l'autrefois qu'il faut chercher les bases d'une division nouvelle et qui donnera satisfaction à cette part des intérêts qui est celle des intérêts territoriaux. Il n'y a pas lieu de s'effrayer d'un léger retour en arrière, car « le progrès humain et social ne marche point en ligne droite; il décrit une courbe ouverte de forme spiraloïde[1] ».

Il va sans dire que les provinces nouvelles ne pourraient être des organismes assez puissants pour entraîner la marche

[1] De la Grasserie, *l'État fédératif*, p. 242

de la nation entière et tendre à ruiner son unité. Mais du moins pourraient-ils, à l'inverse, être doués d'une force suffisante pour résister aux envahissements de l'Etat et à l'écrasement des individus ou des groupes particuliers. Ils seraient les éléments d'une double représentation des intérêts territoriaux en ce qu'ils grouperaient ceux des cantons pour les étudier et les développer par les ressources de l'action commune : puis en ce qu'ils délégueraient auprès du pouvoir central des députés qui s'occuperaient de leurs besoins et de leurs aspirations et formeraient enfin, en tant que représentants des groupes territoriaux, une Chambre du Parlement national dont la formation et les pouvoirs seront définis plus loin.

La véritable nécessité d'une organisation régionale est évidente[1] en présence des provinces réelles que chaque ministère est obligé de créer dans son ressort. C'est ainsi que la France continentale renferme : 18 corps d'armée, 26 cours d'appel, 17 archevêchés, 16 universités, 16 inspections générales des ponts-et-chaussées, 12 circonscriptions agricoles pour les concours régionaux. C'est une moyenne de 17 à 18 subdivisions territoriales intermédiaires entre le département et l'État. Et encore les unions de syndicats agricoles, qui prennent souvent les noms des anciennes provinces, groupent chacune plusieurs départements. On trouve ainsi[2] :

Union	du Sud-Est.	embrassant	10	départements.
—	du Nord.	—	5	—
—	de Normandie.	—	5	—
—	de Bourgogne et Franche-Comté	—	4	—
—	du Centre	—	10	—
—	de Bretagne	—	5	—
—	d'Anjou, Maine et Vendée . . .	—	6	—
—	du Sud-Ouest.	—	9	—
—	des Alpes et Provence. . . .	—	7	—

[1] *Cf.* Léon Donnat, *la Politique expérimentale*, p. 410.

[2] *L'Association catholique*, mai 1897, p. 471.

Les arts et la littérature pratiquent à leur tour la décentralisation provinciale. Ils n'étudient plus, ne montrent plus le paysan en général, par exemple, mais des paysans de pays particuliers[1].

Voilà donc autant de germes d'une organisation provinciale[2]. Et cependant elle reste tout entière à modeler en vue d'un usage pratique. Mais qu'il soit bien entendu qu'il s'agit avant tout de délimiter les groupements devant servir à la représentation des intérêts territoriaux. Les purs intérêts économiques et sociaux dégagés de toute localisation n'entrent pas ici en ligne de compte.

Les intérêts territoriaux, on s'en souvient[3], ressortent de tout un ensemble de faits historiques, de particularités économiques, de conditions de climat qui en arrivent à constituer à une population un caractère propre, joint au caractère national qui lui est commun avec la totalité du pays. Le premier de ces caractères est comme une nuance à une couleur; il se différencie de lui, tout en restant de sa nature. C'est ainsi qu'un Breton n'est semblable ni à un Picard, ni à un Provençal; et cependant tous trois réunissent en eux les traits essentiels qui les font français. Peut-être y a-t-il dans les intérêts territoriaux des réminiscences des intérêts économiques et sociaux, ou mieux ceux-ci entrent-ils comme éléments dans ceux-là. Ce qui est certain cependant, c'est qu'ils ne sont pas une même chose.

La première question qui se pose est celle-ci : peut-on revenir exactement aux divisions provinciales de l'ancien régime? L'affirmative semble être l'opinion de toute l'Ecole de l'Association catholique, attachée avec une sombre énergie aux institutions du passé[4]. Pour avoir la note contraire, il suffit[5]

[1] Jules Lemaître, *les Contemporains*, 3e série, p. 146.

[2] Urbain Guérin, *la Réforme sociale*, n° du 16 décembre 1892, p. 888.

[3] V. : 1re partie, chap. I, A.

[4] Le Mouvement provincial *(l'Association catholique*, 1891, 1re sem., t. XXXI, p. 151 et suiv).

[5] *Cf.* J. Clavé, la Réforme administrative en France *(Journal des Économistes*, août 1871, p. 201).

de lire M. E. Faguet qui ne veut pas plus d'une *provincialisation* que d'une *régionalisation*, celle-ci formée d'après la division de la France en cinq régions : Ouest, Nord, Est, Midi, Centre. Ce système qui serait parfait pour un cours de géographie, est vraiment trop simpliste en matière électorale. Il serait difficile de distinguer pour chacune de ces régions des intérêts suffisamment spéciaux et différents de l'intérêt général pour justifier leur organisation à part.

Quant aux anciennes provinces, M. E. Faguet[1] leur dénie le mérite d'avoir réuni des agglomérations à intérêts vraiment semblables.

Il reproche à la Bourgogne d'avoir englobé la Bresse au détriment du Lyonnais, à Bordeaux d'avoir gouverné Rodez.

Ces raisons suffisent-elles pour légitimer une rupture absolue avec l'ancienne organisation provinciale? Elles sont plutôt faites pour éclairer sur les quelques réformes à introduire; mais elles ne détruisent pas ce fait indéniable, à savoir que les divisions territoriales de l'ancien régime étaient vraiment historiques et que rien depuis lors n'est venu les remplacer ou leur enlever de leur caractère vivant. Sans aller aussi loin que M. de la Grasserie qui ne veut « ni reprendre l'ancienne province, ni conserver le département actuel[2] », sans croire avec M. Léon Donnat qu' « une circonscription toute nouvelle naîtra spontanément pour répondre à des besoins nouveaux », circonscription qui « sera intermédiaire entre le département et l'État[3] », du moins peut-on admettre qu'il y a certaines corrections à faire subir aux limites provinciales anciennes. Ces corrections, quand les événements, quand des modifications dans le régime des diverses parties du territoire les rendent nécessaires, n'enlèvent rien au caractère historique des pro-

[1] E. Faguet, Décentralisateurs et Fédéralistes (*Revue du Palais*, mai 1898, p. 273 et 274).

[2] De la Grasserie, *l'État fédératif*, p. 177.

[3] Léon Donnat, *la Politique expérimentale*, p. 402.

vinces, mais au contraire le renforcent, car l'histoire est faite d'évolution.

Conserver les dénominations, conserver les provinces mêmes, tel est en gros le programme à suivre. L'idée qui aura guidé dans le tracé de cette esquisse sera celle de Mirabeau : « Je voudrais une division matérielle et de fait, propre aux localités, aux circonstances et non point une division mathématique presque idéale[1] ».

Et les départements ? Disparaîtraient-ils ? Certains admettent qu'ils pourraient subsister concurremment avec les provinces. Ils seraient alors purement administratifs et serviraient, en matière de finances entre autres, pour la répartition des impôts. Mais il est probable que leur utilité ne se ferait pas vraiment sentir et qu'ils subiraient bien vite les mêmes attaques que les arrondissements actuels.

Les corps représentatifs et administratifs de la province correspondraient sensiblement à ceux du canton, mais avec une différence notable, il est vrai, dans la composition de la Chambre provinciale qu'il s'agit maintenant de constituer.

B. — La Chambre provinciale.

M. Vandervelde estime qu'il serait difficile de créer une représentation locale des intérêts dans les provinces et dans les communes[2]. Peut-être ne serait-il pas mauvais de distinguer d'abord entre les diverses sortes d'intérêts, puis entre le cantonal et le provincial. Dans le canton, qui est lui-même le premier élément territorial constitué et qui s'occupe de ses intérêts territoriaux pour les faire représenter dans les corps provinciaux, il ne peut être question que d'intérêts économiques et sociaux et, dans un précédent paragraphe, on s'est

[1] *Collection complète des travaux de M. Mirabeau l'aîné à l'Assemblée nationale :* séance du 3 novembre 1789, t. II, p. 362.

[2] Vandervelde, *Revue politique et sociale,* année 1891, n° 5, p. 453.

efforcé de montrer qu'il est bon de les faire représenter et dans quelles conditions[1]. Dans la province, les intérêts économiques et sociaux existent toujours, mais ils sont déjà plus généraux, avec des lignes moins nombreuses, mais embrassant plus de choses et de personnes. Ces intérêts ont droit à toute la sollicitude des pouvoirs publics, mais en eux n'est plus concentrée toute la vie de la circonscription territoriale. Au-dessous d'eux s'agitent mille autres intérêts qu'ils n'ont pas le droit de faire oublier ; concurremment avec eux se manifestent les intérêts des communautés qui sont les cantons, intérêts territoriaux, intérêts qui résultent des événements passés et aussi de ces divers éléments qui sont le climat, les habitudes, les mœurs, les occupations, où il entre des faits économiques et sociaux, mais aussi d'autres choses, si bien qu'un ensemble de citoyens pris sur un coin un peu vaste du territoire se présente avec des allures, des tendances propres. Par conséquent, les intérêts économiques et sociaux ne doivent pas absorber toute la représentation provinciale. Une part de cette représentation revient aux intérêts territoriaux, et c'est à la Chambre provinciale qu'on les pourrait confier.

Quant aux intérêts économiques et sociaux, ils seraient aux mains des Conseils placés auprès de l'administration provinciale et émanant des Conseils à peu près analogues adjoints à l'administration cantonale.

La composition et le rôle de ces divers Conseils doivent être étudiés à part, car c'est en eux, à tous les degrés de l'administration, qu'il semble nécessaire de concentrer la représentation des intérêts économiques et sociaux.

Cependant, au provincial, on a pu songer à mettre la représentation de ces intérêts à la base de la formation de la Chambre. Autrefois, dans les corps qui correspondaient à peu près à celle-ci, ils tenaient une certaine place à côté de la représentation des ordres : « Les corporations furent toujours

[1] V. *supra*, 2e partie, titre I, chap. II, B et C.

représentées par des délégués aux États provinciaux et aux États généraux[1]. »

Les députés des bonnes villes siégeaient auprès des ecclésiastiques, titulaires des évêchés et des abbayes, et des nobles ayant fief.

Hanté par ces souvenirs, le Congrès décentralisateur d'Angers (1892) émettait le vœu « qu'il soit constitué des Assemblées provinciales comprenant des corps et associations professionnelles[2]... ». L'École de l'Association catholique marche dans la même voie. Un de ses membres les plus autorisés, Mr le marquis de la Tour-du-Pin-Chambly, propose[3] qu'il se tienne annuellement des *États de la province* formés par la réunion des Chambres corporatives. Quant à l'organisme permanent, il serait constitué par les *Chambres corporatives provinciales* au nombre de quatre. La première comprendrait les délégués des corps constitués, des professions libérales, des établissements d'utilité publique, des sociétés libres d'enseignement, de bienfaisance, de toutes les associations consacrées au bien commun. Les trois autres Chambres réuniraient les députés des unions provinciales de syndicats professionnels, « suivant des proportions à déterminer selon l'importance des professions et des groupes respectifs, importance qui varie naturellement suivant la région[4] ».

Abandonnant ces formes par trop professionnelles, MM. Goblet d'Alviella, Buls et Arnould demandent au provincial, comme ils l'avaient déjà réclamé au communal, une représentation des intérêts, mais avec les seuls groupes qu'ils considèrent comme à peu près nets : le travail, le capital et l'intelligence[5].

1 P. de Pascal, Étude historique sur le régime représentatif (*l'Association catholique*, t. XXXII, p. 381).

2 *La Réforme sociale*, 16 décembre 1892, p. 891.

3 De la Tour-du-Pin-Chambly, Institutions démocratiques (*l'Association catholique*, octobre 1895, p. 359).

4 *L'Association catholique*, 15 décembre 1896, p. 544.

5 *Revue sociale et politique*, année 1891, n° 5, p. 473.

Ces quelques exemples peuvent suffire pour prouver la tendance assez fréquente vers une représentation des intérêts professionnels ou économiques et sociaux au centre de la province. Cependant, il y a trente ans, Prévost-Paradol demandait l'institution d'Assemblées régionales où seraient réunis les Conseillers généraux de plusieurs départements ; c'était là une véritable représentation d'intérêts territoriaux. On y tend de nouveau ici même, mais il ne s'agit plus que des délégués des cantons. Ce seraient eux qui formeraient la Chambre provinciale. Chaque canton en enverrait deux ou trois chargés de le représenter en tant que personne morale, de veiller à ce que toute mesure prise pour l'ensemble de la province ne le gêne pas dans son expansion, ne lèse pas ses droits les plus essentiels.

Les délégués seraient en nombre égal pour chaque canton, puisqu'ils représenteraient non pas la population, mais l'être moral qu'est le canton. Le chiffre pourrait être de deux ou trois au plus[1]. Leur réunion constituerait comme un petit parlement fédéral, analogue au Conseil des Etats suisse qui est composé de deux députés par canton. Pourraient être élus à la Chambre provinciale tout membre, soit de la Chambre cantonale, soit d'un Conseil cantonal et les adjoints cantonaux.

Quant à la nomination des représentants provinciaux, qui aurait lieu par moitié tous les quatre ans, elle pourrait être confiée à la Chambre cantonale, ne serait-ce que pour éviter de lasser le corps électoral par de trop fréquentes élections. Il ne serait même pas mauvais de réunir pour cette opération tous les hommes qui concourent à l'administration cantonale, c'est-à-dire de faire participer au choix des délégués cantonaux les adjoints et conseillers cantonaux de concert avec la Chambre. Cela donnerait encore mieux l'idée que la représentation à la Chambre provinciale est bien celle du canton personne morale.

[1] La Chambre provinciale compterait ainsi environ 250 membres.

La Chambre provinciale serait appelée à prendre, après mûre préparation dans les Conseils provinciaux, toutes les décisions intéressant la province.

Elle ferait donc acte de souveraineté, de même que pour les décisions relatives au canton fait acte de souveraineté la Chambre cantonale. Serait-ce qu'il y aurait concentriquement disposées des souverainetés cantonales, provinciales, enfin nationale ? L'admettre serait tomber en plein fédéralisme. Non, la souveraineté reste une et indivisible aux mains de l'Etat qui garde tous droits de contrôle sur les décisions des cantons et des provinces, se contentant, il est vrai, d'examiner si ces décisions ne sont pas contraires à l'intérêt général. Ainsi les corps cantonaux et provinciaux demeurent des organes vivants de la souveraineté de l'Etat. Les résolutions adoptées par les corps locaux sont, ou proposées effectivement à l'agrément du pouvoir central, ou ratifiées tacitement ; c'est dans la multiplication des cas de cette seconde catégorie que se développe la décentralisation, d'abord en ce que le corps électoral a pu prendre une résolution, puis en ce qu'elle n'est pas *ipso facto* soumise au contrôle de l'administration supérieure. Même parmi les décisions locales soustraites à une ratification expresse du pouvoir central, il ne serait peut-être pas mauvais que le représentant de ce pouvoir, le préfet de la province, ait la faculté, s'il le juge à propos, de déférer certaines d'entre elles à l'appréciation d'un corps supérieur qui serait le Conseil d'Etat[1]. On pourrait cependant l'obliger auparavant à présenter ses observations aux corps locaux en les invitant à délibérer à nouveau sur leurs résolutions. Ce ne serait que sur un nouveau vote dans le même sens, et son opinion personnelle restant la même, qu'il pourrait déférer les décisions prises à la sanction du pouvoir central.

L'agrément de l'Etat interviendrait donc toujours, soit expressément, soit tacitement ; l'Etat resterait souverain et lui

[1] V. *infra*, 2e partie, titre I, chap. VI.

seul exercerait la souveraineté. Décentraliser n'est point morceler la souveraineté ; ce n'est pas davantage écarter, dans certains cas de plus en plus nombreux, la vigilance de l'Etat, mais faire seulement que celle-ci ne soit ni trop pressante, ni trop lourde.

C. — Les Conseils provinciaux. — Le Comité provincial.

Comme le canton, la province est un centre d'intérêts économiques et sociaux, où se concentrent justement ceux des divers cantons, mais où peuvent en apparaître d'autres encore.

S'est-on jusqu'ici préoccupé de leur existence et de quelle façon ?

Qu'a-t-il été fait notamment pour l'agriculture et le commerce ?

Par le décret du 25 mars 1852, l'agriculture fut dotée des Chambres consultatives d'arrondissement qui existent encore aujourd'hui, contituées par le Préfet à raison d'un membre par canton (au minimum six membres). Elles sont de pures agences du pouvoir central qui leur a conféré uniquement des attributions consultatives. Leur origine et leur rôle les condamnent à n'être que des inutilités et, de fait, quand se sont-elles jamais réunies ?

L'initiative privée s'est émue de cette situation au point d'étendre sur tout le pays les ramifications de la *Société des Agriculteurs de France* dont l'autorité est aujourd'hui incontestée et va grandissant[1]. Toutefois le besoin d'une organisation régulière se fait sentir ; les vœux tendent à la constitution de Chambres d'agriculture départementales ou régionales, vœux se manifestant ordinairement sous la

[1] La Cour-Grandmaison, Observations sur le système électoral autrichien (*la Réforme sociale*, 1er juin 1896, p. 893 et 894).

forme de celui qu'émettaient le 23 novembre 1890, dans leur réunion de Lyon, les délégués des Syndicats agricoles de la région du Sud-Est : «..... Qu'il soit donné à l'agriculture, dans le plus bref délai possible, une représentation professionnelle égale à celle du commerce par la création des Chambres d'agriculture constitués et élues comme les Chambres de commerce [1]...... » Désirs modestes, car les Chambres de commerce sont encore bien peu de chose en tant qu'organes représentatifs des intérêts.

En tout cas, ce qu'il faut pour que l'action des Conseils d'agriculture soit efficace, c'est de ne pas permettre qu'ils soient envahis ni par des politiciens, ni par des fonctionnaires et que leur besogne leur soit dictée par les préfets et les sous-préfets. L'initiative des gens de la profession est seule puissante ; aucune preuve n'en est plus convaincante que l'action qu'ont déjà eue les syndicats agricoles ; ils forment une sorte de représentation. En tout cas, ils resteront toujours comme le milieu éducateur de délégués futurs aux Conseils d'agriculture.

Sous le bénéfice de ces observations, on ne s'arrêtera pas au projet Bouthier de Rochefort qui crée des Chambres d'agriculture par canton, leur donne pour membres de droit les conseillers généraux, les conseillers d'arrondissement, les députés et les sénateurs domiciliés dans le canton, et pour membres élus des délégués nommés par les Conseils municipaux. Le projet, déposé à nouveau par M. Méline au mois de juillet 1898, a l'immense avantage de faire constituer, à raison de deux délégués par canton, les Chambres d'agriculture d'arrondissement par le suffrage universel des agriculteurs, ouvriers agricoles et propriétaires. Les Chambres d'arrondissement sont autorisées, dans certains cas, à se réunir par

[1] *L'Association catholique*, t. XXX, p. 731. *Cf.* Syndicat agricole d'Anjou ; réunion générale de Cholet (1891) (*l'Association catholique*, t. XXXII, p. 703). *Cf.* Programme démocratique chrétien (*France libre* (Lyon), n° du 15 avril 1898).

département. M. de la Doucette conserve ces éléments ; mais pour lui le plus important sera la Chambre départementale d'agriculture. Là où est son erreur, c'est lorsqu'il écarte les professeurs d'agriculture, les instituteurs, les ouvriers agricoles.

Le dernier projet soumis au Parlement est à peu près aussi exclusif, car il demande aux propriétaires, usufruitiers, usagers, locataires, fermiers, colons partiaires ou métayers, régisseurs mêmes que leur titre corresponde à leur profession unique ou principale, pour qu'ils puissent faire partie du corps électoral. Quant aux ressources, les Chambres d'agriculture prévues resteraient dépendantes du bon vouloir des Conseils généraux.

Toutes ces entraves ne vont à rien moins qu'à mettre les Chambres d'agriculture projetées dans une situation aussi misérable que celle des Chambres consultatives organisées en 1852.

Peut-être ne serait-il pas mauvais de jeter un coup d'œil sur ce qui se passe au dehors et tout particulièrement de méditer l'article 1er et l'article 4 de l'avant-projet de loi présenté par un Belge, M. de Ghellink d'Elseghem, après délibération du Comité central des ligues agricoles belges :

« Article 1er. *Mission.* — Il est institué dans tout canton où l'utilité est constatée une Chambre d'agriculture, ayant pour mission de délibérer sur les intérêts communs des propriétaires, des locataires-fermiers et des ouvriers agricoles ; de prévenir et au besoin d'aplanir, par voie de conciliation, les différends qui peuvent naître en eux..... »

. . . .

« Article 4. *Section.* — Les Chambres d'agriculture se divisent en trois sections, savoir : celle de propriétaires, celle des locataires-fermiers et celle des ouvriers agricoles. Elles se réunissent séparément, ou deux, ou trois, suivant les intérêts engagés. »

L'histoire des corps locaux représentatifs du commerce est

plus ancienne que celle de la représentation de l'agriculture. Avant le XVIIIe siècle, il est vrai, ces corps sont infiniment rares. Marseille, cependant, en avait un. Les villes traversaient alors une période de *self-government*, et presque partout le pouvoir communal était aux mains des marchands et des corporations qui l'exerçaient avec une grande indépendance. Les intérêts commerciaux restèrent donc liés à tous les autres et n'éprouvèrent guère le besoin d'une représentation spéciale.

Un arrêté du 30 août 1701 crée des Chambres locales[1], et celle de Lyon, par exemple, fut organisée dès 1702. Les membres étaient, ou élus, ou nommés et devaient remplir certaines conditions. Les premières nominations furent généralement faites par le roi ; le recrutement eut lieu ensuite par cooptation. A Rouen, à Bordeaux, à Amiens, à Toulouse et à Montpellier, les membres de la Chambre du commerce devaient être des marchands ou d'anciens négociants. A Dunkerque, à Lyon et à Bayonne on les choisissait parmi les membres du corps échevinal ou consulaire, ou bien parmi les membres des corporations[2].

La représentation spéciale du commerce ne s'étendit pas plus loin, et ce fut en vain, qu'en 1789, les Chambres de commerce réclamèrent le droit d'envoyer des députés aux Etats-Généraux. On leur objecta que la représentation industrielle et commerciale était assurée par les délégués des corporations[3].

Un décret de la Constituante (1791) leur ôta même le droit d'exister. Mais elles étaient d'une si grande nécessité qu'on dut tolérer certaines d'entre elles qui persistèrent à se réunir et à

[1] L. Poinsard, les Chambres de commerce (*Annales de l'École libre des sciences politiques*, année 1887, p. 165).

[2] Gras, les Chambres de commerce (*Annales de l'École libre des sciences politiques*, année 1895, p. 553).

[3] Gras, les Chambres de commerce (*Annales de l'École libre des sciences politiques*, année 1895, p. 559).

agir[1]. Enfin, un décret du 3 nivôse an XI rétablit les Chambres de commerce[2]. *Des Chambres consultatives des manufactures, fabriques, arts et métiers* leur furent adjointes ; elles étaient constituées sur le même modèle, mais réduit. Leur vitalité fut à près nulle[3].

Le principe de l'élection aux Chambres de commerce date de la monarchie de Juillet ; cependant les bases furent tout d'abord infiniment étroites. En 1848, elles s'élargirent d'une façon brusque et absolue. Ce fut le suffrage universel ; tout commerçant patenté, établi depuis un an, fut électeur, à moins de faillite déclarée ou de condamnation pour infraction à la probité ou aux bonnes mœurs[4]. Par la suite, une obligation de cinq années d'établissement fut introduite dans la loi. Le second Empire restreignit le collège électoral à vingt-cinq négociants, chiffre qui cependant était un *minimum* ; la Chambre de commerce comptait un délégué de plus par 1000 habitants dans les villes d'une population supérieure à 15.000 âmes. L'action gouvernementale réapparaît très nette, puisque la liste des électeurs était dressée par le préfet.

La législation républicaine fut constituée par le décret du 22 janvier 1872[5]. Le ressort d'une Chambre de commerce est tantôt une fraction de département, tantôt un département entier, tantôt plusieurs départements réunis.

On y compte des membres de droit et des membres élus. Les premiers sont : le préfet ou le sous-préfet et des membres correspondants que la Chambre s'adjoint, mais qui doivent nécessairement être commerçants ou anciens commerçants.

Les seconds, les membres élus, ont recueilli la majorité des

[1] L. Poinsard, les Chambres de commerce (*Annales de l'École libre des sciences politiques*, année 1887, p. 166-168).

[2] *Ibid.*, p. 168.

[3] Gras, les Chambres de commerce (*Annales de l'École libre des sciences politiques*, année 1895, p. 561).

[4] *Ibid.*, p. 562. — *Ibid.*, année 1896, p. 93-95.

[5] *Ibid.*, année 1895, p. 565.

suffrages d'un corps électoral très restreint. En effet, le nombre des votants est limité au dixième des patentés, sans qu'il puisse être inférieur à 50, ni supérieur à 1000. Une statistique, arrêtée au 31 décembre 1891, donne des chiffres intéressants à noter :

Nombre des patentés compris dans les divers ressorts des Chambres de commerce, 1.368.033.

Nombre de patentés payant les dépenses des Chambres de commerce, 200.321.

Nombre des électeurs aux Chambres de commerce, 121.998.

Ces électeurs doivent être tous des négociants recommandables par leur probité, leur esprit d'ordre et d'économie, des directeurs des Compagnies de finances, de commerce, d'industrie, des agents de change, capitaines au long cours, maîtres en cabotage.

Quant aux attributions des Chambres de commerce, elles ont le caractère strictement consultatif ; tantôt il s'agit de répondre aux questionnaires du ministre, tantôt de prendre l'initiative d'observations à présenter au Gouvernement. La loi nouvelle du 19 avril 1898[1] n'a point étendu leurs pouvoirs, bien qu'elle multiplie les Chambres de commerce jusqu'à en exiger une au moins par département. Ses dispositions les plus saillantes sont celles qui érigent de plein droit toute Chambre de commerce en établissement d'utilité publique, développent (art. 15) l'initiative accordée par la loi de 1870 aux Chambres de commerce dans les travaux publics, enfin autorisent les Chambres de commerce à correspondre entre elles et à conclure des « ententes » dans les limites de leurs attributions (art. 18). Une circulaire ministérielle interprète dans un sens large ce mot « entente », admettant que, sous réserve de l'autorisation ministérielle, les Chambres de commerce se réunissent en conférence pour la défense des intérêts qui seraient communs.

[1] *Journal officiel.*

Les principes qui ont présidé à l'organisation des Chambres de commerce françaises s'appuient sur le système qui considère ces Compagnies comme des corps élus, rattachés à la machine publique et composés d'un petit nombre de commerçants nommés par leurs pairs[1]. Un autre système, au contraire, a pour base le principe de l'association librement formée de commerçants. « C'est un syndicat volontaire, alimenté par des cotisations, par opposition au syndicat forcé, alimenté par des impositions ». Il se retrouve en Angleterre, en Belgique, en Espagne, en Portugal, en Amérique, au Japon, etc.

Il importe de noter que parallèlement aux Chambres de commerce fonctionnent des Chambres consultatives des arts et manufactures que régit égalemet la loi du 19 avril 1898. Elles sont destinées sans doute à ne faire bientôt qu'un avec les Chambres de commerce.

Tels sont donc les éléments actuellement existants d'une représentation des intérêts de l'industrie et du commerce. En substance, on peut leur reprocher d'avoir des bases électives trop restreintes et une action qui n'est pas suffisamment efficace. C'est un pouvoir délibératif que ces Chambres locales doivent aspirer à conquérir.

Elles sont appelées à devenir la véritable représentation des intérêts économiques de la province. Mais, sans modification dans leur recrutement, elles restent en dehors de toute représentation des intérêts sociaux[2]. Elles ne comptent dans leur sein que des patrons élus par leurs pairs. Aussi, pour donner une représentation officielle aux ouvriers, a-t-on compté sur la création de Chambres de travail.

En 1895, le Conseil supérieur du travail vota à l'unanimité un projet dont l'économie présente certains points intéressants. Il y a lieu surtout de remarquer les articles 3, 4 et 5 qui déci-

[1] *Cf.* États allemands, Hollande, Autriche, Italie, Roumanie, Russie, Brésil.

[2] *Cf.* Delalande, De la représentation des droits et des intérêts (*l'Association catholique*, t. XXXI, p. 367).

dent d'abord que les Chambres de travail seront divisées par sections, chacune étant formée de membres de la même profession et comprenant, en nombre égal, des patrons et des ouvriers; puis que les ouvriers seront élus par les ouvriers et les patrons par les patrons ; enfin que les femmes seront électeurs. Ce projet n'aboutit pas[1]. L'idée qu'il contient n'est point définitivement écartée. L'accentuation du mouvement socialiste facilitera non seulement son retour, mais encore sa réalisation. Elle reste à l'ordre du jour de bien des Congrès. Résolument le programme démocratique chrétien l'a faite sienne[2]. Il est des nécessités impérieuses que l'on ne saurait méconnaître sans péril.

L'esquisse rapide qui précède embrasse tout ce qui peut être considéré dans la vie départementale comme représentation ou embryon de représentation des intérêts. D'une manière générale, ce sont les bureaux de préfecture qui condensent toute l'administration ; le Conseil général intervient, mais avec des attributions incomplètes et peu à peu il se transforme en organe politique. Son intervention dans les élections sénatoriales l'y entraîne, comme sont entraînés aussi les Conseils municipaux. Aux uns comme aux autres, ce rôle doit être enlevé pour les élections purement politiques, afin qu'ils restent bien ce qu'ils doivent être, des organes de gestion des affaires locales et qu'ainsi ils deviennent plus susceptibles de subir la transformation qu'apporte avec elle la représentation des intérêts.

Que deviendra alors l'administration provinciale ? Déjà on a vu que les intérêts territoriaux cantonaux trouvaient leur manifestation dans la Chambre provinciale. En outre, il y aura autour du préfet, délégué par le pouvoir central, des adjoints auxquels on pourrait conserver le titre de Secrétaires généraux

[1] Le 26 juillet 1897, le Parlement allemand a institué des « Chambres d'artisans » élues par les corporations et les associations professionnelles et autres qui s'occupent des intérêts du métier.

[2] *France libre* (Lyon), n° du 15 avril 1898.

et qui seraient chargés de services divers. Ils seraient élus, puis aidés dans leur tâche par les Conseils provinciaux. Ces Conseils seraient élus par les Conseils des services correspondants dans les divers cantons. Ainsi le Conseil provincial de l'agriculture se composerait des délégués des Conseils d'agriculture cantonaux, à raison d'un délégué pris dans chacun de ces Conseils cantonaux, dans la catégorie des membres que leur profession rattache directement au service dont est chargé le Conseil cantonal.

Cependant le Conseil provincial doit également contenir, pour un tiers au plus, de ces citoyens dont les occupations ont un rapport moins absolu avec le service dont il est chargé, mais qui peuvent être des auxiliaires précieux[1]. Le nouveau Conseil provincial sera appelé à les choisir lui-même, ces membres pour ainsi dire associés, sur la liste de tous ceux que renferment les Conseils cantonaux et suivant une proportion que la loi aura déterminée entre les divers genres de profession.

Tout Conseil provincial, comprenant ainsi cent trente membres au grand maximum, nommerait dans son sein le secrétaire général du service ; la continuité dans les affaires serait assurée par des bureaux à nombre de fonctionnaires très réduit. L'unité dans l'administration serait renforcée par la réunion des secrétaires généraux en *Comité provincial* sous la présidence du préfet.

La nécessité de ce Comité est indiscutable. Déjà existe la Commission départementale qui est un premier germe de représentation permanente, mais qui reste aussi incomplète dans sa compétence que l'ont été ses devanciers : *Commission intermédiaire* des pays d'Etat, *Bureau d'administration de 1787*, *Directoires départementaux* de la Révolution ; enfin, au

[1] Il faut, par exemple, des médecins dans le Conseil d'enseignement. Cette pénétration des divers Conseils entre eux a déjà été respectée dans la formation des Conseils cantonaux. (*Supra*, 2e partie, titre I, chap. II, C.)

dehors, la députation permanente organisée en Belgique en 1831[1].

L'organisation de l'administration provinciale se trouverait donc à peu près identique à celle de l'administration cantonale, mais elle substituerait la représentation territoriale à la représentation quasi-professionnelle et verrait ses organes élus non pas directement par le corps électoral, mais par un certain nombre de citoyens déjà investis de fonctions et choisissant parmi eux les délégués du canton à l'administration provinciale. Cette idée, qui correspond pour la Chambre provinciale au désir de bien marquer que la représentation est celle du canton en tant que personne morale, correspond pour les Conseils provinciaux au besoin de ne pas multiplier les élections, afin de ne pas lasser les citoyens et de ne pas préparer l'agitation inhérente à toute consultation électorale[2]. Elle représente aussi comme une mesure de reconnaissance envers les citoyens de bonne volonté qui composent les Conseils cantonaux, puisque d'une part elle leur confie la collaboration à la nomination de la Chambre provinciale et leur permet d'y être élus; d'autre part, elle leur donne tant l'électorat que l'éligibilité aux Conseils provinciaux. Les membres de ces derniers Conseils auront du reste des droits et des privilèges équivalents, lors de la formation des corps nationaux.

L'énumération des Conseils provinciaux correspondra à peu de chose près à celle des Conseils cantonaux :

1. Conseil d'agriculture, des eaux et forêts.
2. — de l'industrie et du commerce.
3. — du travail.
4. — des finances.
5. — du contentieux et de la police.
6. Conseil de l'enseignement et des cultes.
7. — d'hygiène et d'assistance.
8. — des beaux-arts.
9. — des travaux publics, transports.

[1] R. Hennequin, le Directoire départemental de 1789 (*Annales de l'École libre des sciences politiques*, année 1893, p. 652-655).

[2] *Cf.* Helleputte, Chambre des représentants belges, séance du 16 juin 1893, Ses. ord. 1892-1893 (*An. Parl.*, Ch. Rep., p. 1682).

Il ne semble pas que l'on puisse trouver leur nombre, et surtout celui de leurs membres, trop grand. Il faut, en effet, se souvenir qu'ils réduiront de beaucoup le personnel des fonctionnaires et que les conseillers tant provinciaux que cantonaux rempliront des fonctions gratuites ou à peu près. « D'ailleurs, peut-on dire avec M. Helleputte, n'est-il pas certain qu'il est bon d'intéresser le plus grand nombre possible de citoyens au gouvernement de la chose publique? Ceux-là sont les adversaires les plus redoutables d'un gouvernement qui n'y ont aucune part[1]. »

Ce qui importe, c'est d'ériger chaque province en ressort de gouvernement dont l'action s'étende à toutes les branches d'intérêts, de façon à dégager le pouvoir central de l'obligation de tout faire. Des agents qui exécutent et, auprès d'eux, des Conseils qui contrôlent et qui décident ou tout au moins préparent les décisions de la Chambre provinciale, n'est-ce pas là une organisation assez indépendante, simple et forte tout à la fois?

Le travail législatif provincial s'effectuera comme au cantonal. Les projets proviendront soit des membres de la Chambre provinciale, soit des Conseils provinciaux, soit des Secrétaires provinciaux et du Comité provincial ; mais chacun de ces projets sera mûrement étudié au sein du Conseil compétent qui, lors de la discussion devant la Chambre provinciale, déléguera un ou deux de ses membres afin de faire valoir ses observations.

On peut prétendre que les Conseils municipaux ou généraux actuels se forment en commissions qui se répartissent l'examen des diverses questions. Mais sans compter que ces Commissions ne sont point permanentes et subissent la réélection et des modifications fréquentes, elles ne sont pas toujours composées d'hommes vraiment qualifiés pour les études spéciales qui

[1] Discours lors de la revision de la Constitution belge (*l'Association catholique*, août 1892, p. 181).

leur incombent. Elles ne peuvent donc apporter que des vues incomplètes ou imparfaites et il est temps de les remplacer par des organes autonomes et étant formés en vue d'une mission déterminée avec des hommes aux capacités déterminées.

CHAPITRE IV

LA REPRÉSENTATION DES INTÉRÊTS DANS LES ASSEMBLÉES NATIONALES.

Dans un pays où existent deux Chambres, la représentation des intérêts peut être appliquée :

1° Dans l'une et l'autre Chambre, à la fois :

2° Dans la Chambre basse seulement ;

3° Dans la Chambre haute seulement.

Dans ce dernier cas, la représentation des intérêts modifie soit les seules conditions d'éligibilité, et, à vrai dire, elle n'est plus alors la véritable représentation des intérêts, soit les seules conditions de l'électorat, soit enfin les unes comme les autres.

Ce sont là autant d'alternatives à envisager, et le meilleur guide à prendre est, à coup sûr, l'ensemble des documents et des débats qui ont abouti à la revision de la Constitution belge en 1893. Là, le principe est discuté à fond ; il revêt la forme pratique de nombreux projets de loi ; ceux-ci sont sévèrement analysés, impitoyablement attaqués, et défendus avec conviction et talent. Si le résultat est un échec de la réforme proposée, c'est surtout à son caractère de nouveauté qu'elle le doit, à ses conséquences dans le sens de l'extension du droit de suffrage et du droit de représentation. On s'est refusé à voir en elle un heureux correctif de ce suffrage universel inopinément introduit dans la Constitution. On s'est buté à l'idée qu'elle en était un renforcement dans ce qu'il pouvait avoir de plus mauvais aux yeux des conservateurs belges : avènement à la vie politique des classes ouvrières, égalité de pouvoir des Chambres[1].

L'effort des partisans de la représentation des intérêts au Parlement belge porta surtout sur son introduction au Sénat. Si elle eut quelque chance de s'imposer, ce fut avec les projets où elle n'était plus que l'ombre d'elle-même, c'est-à-dire où il était question de catégories nouvelles d'éligibles déterminées par la situation ou la fonction sociale, mais non de groupements nouveaux des électeurs en vertu des affinités sociales ou économiques.

A. — Le Sénat. — La représentation des intérêts déterminant les conditions d'éligibilité.

Au moment où fut abordée la revision de la Constitution belge, l'électorat au Sénat était conféré par le paiement d'un certain cens ; l'éligibilité dépendait aussi du paiement de contributions, mais plus élevées[2].

Si on voulait appliquer la représentation des intérêts, il y avait deux moyens : ou bien on l'introduisait comme base d'opération dans le corps électoral ; ou bien on tentait de la réaliser en édictant certaines conditions nouvelles d'éligibilité.

C'est à la seconde méthode que la majorité, dans le désir de transiger, se rallia. Elle n'abandonnait pas le cens d'éligibilité, mais elle proposait de joindre à la catégorie des censitaires celle des capacitaires, en raison des diplômes obtenus ou des fonctions remplies.

M. Woeste déposa à la Chambre[3] une proposition dans ce sens :

[1] Arnaud, *la Revision belge*, 1890-1893, p. 170.
[2] *Ibid.*, p. 217, 220 et 221, notes.
[3] Ses. ord., 1892-1893 (*D. P.*, Ch. Rep., n° 55, p. 127).

« Pour être éligible au Sénat, il faut :

« 1° Être Belge par la naissance, l'option ou la grande naturalisation ;

« 2° Jouir de ses droits civils et politiques ;

« 3° Être domicilié en Belgique ;

« 4° Être âgé au moins de 40 ans ;

« 5° Payer en Belgique au moins 1500 francs d'impositions directes.

« Dans les provinces où la liste des citoyens payant 1500 francs d'impositions directes n'atteint pas la proportion de 1 sur 5000 âmes de population, elle est complétée par les plus imposés de la province, jusqu'à concurrence de cette proportion.

« Sont également éligibles, les citoyens qui, indépendamment des quatre premières conditions précitées, appartiennent aux catégories suivantes », et que voici en résumé :

Les ministres, les anciens hommes politiques, les anciens diplomates, les hommes ayant occupé de hautes fonctions judiciaires, les anciens hauts fonctionnaires d'ordre administratif, les anciens hauts gradés de l'armée, les hommes éminents des sciences, lettres et arts, ainsi que de l'agriculture, de l'industrie, du commerce et des finances.

On peut considérer cette proposition comme le type de celles produites devant les Chambres belges ; d'où vient qu'elle soit ici donnée à peu près *in extenso*.

M. Heynen abandonna sa rédaction[1] pour se rallier à celle de M. Woeste, bien qu'il en trouvât l'énumération insuffisante. Ce fut, du reste, sur la liste des capacitaires éligibles que portèrent surtout les différences entre les projets.

Cependant, celui de M. Huysmans[2], celui de M. Verbeke[3],

[1] Ses. ord. 1892-1893 (*D. P.*, Ch. Rep., n° 44).

[2] Chambre des Représentants belge, séance du 31 août 1893, ses. ord., 1892-1893 (*An. parl.*, Ch. Rep., p. 2213).

[3] Sénat belge, séance du 10 août 1893, ses. ord., 1892-1893 (*An. parl.*, S., p. 563).

celui de MM. Decamps et consorts[1], celui, enfin, de M. Vanderkindere[2] se rapprochent beaucoup de la proposition de Woeste.

Le projet de M. Van Put[3] multiplie les catégories d'éligibles sans condition de cens, tout en excluant certains corps : barreau, académies, tribunaux de commerce, etc., qu'il importe de soustraire au virus politique[4]. C'était là, au demeurant, une critique directe de la proposition Montefiore-Levi[5] qui, aux éligibles censitaires, ajoutait, pour être présentée au choix des Conseils provinciaux, une liste dressée suivant la proportion de 1 sur 1000, par : le Barreau, les Académies, les quatre Universités, le Conseil supérieur de l'agriculture, le Conseil supérieur de l'industrie, les Conseils de prud'hommes, les Tribunaux de commerce, le Conseil de l'industrie et du travail.

Si M. Van Put est tout prêt à rayer plusieurs des corporations portées sur cette liste, le rapporteur chargé d'examiner la proposition se rallie à son avis, et, en outre, voudrait voir disparaître certains Conseils, parce qu'ils sont à la nomination du Gouvernement. Il se trouve ainsi d'accord avec M. Cogels qui voit dans la nomination de sénateurs par des corps constitués, dont les membres sont choisis par l'exécutif, une vraie confusion de pouvoirs[6].

En tout cas, l'énumération de M. Montefiore-Levi est incomplète pour M. Legrand[7]. Il y remédie en élargissant les caté-

[1] Sénat belge, séance du 12 août 1893, ses. ord., 1892-1893 (*An. parl.*, S., p. 603).

[2] Chambre des Représentants belge; séance du 26 juillet 1893, ses. ord., 1892-1893 (*An. parl.*, Ch. Rep , p. 1982).

[3] Sénat belge, séance du 11 août 1893, ses. ord. 1892-1893 (*An. parl.*, S., p. 577 et 578).

[4] *Ibid.*, p. 576 et 577.

[5] Sénat belge, séance du 4 août 1893, ses. ord. 1892-1893 (*An. parl.*, S., p. 509).

[6] Sénat belge, séance du 11 août 1893, ses. ord., 1892-1893 (*An. parl.*, S., p. 582).

[7] Sénat belge, séance du 9 août 1893, ses. ord., 1892-1893 (*An. parl.*, S., p. 511 et 512).

gories appelées à dresser les listes d'éligibles. Elles ne sont plus que quatre, mais infiniment plus compréhensives ; chacune forme une liste de cent noms. Ce sont :

Les Académies des lettres, des sciences et des beaux-arts ; le Conseil supérieur de l'agriculture, de l'industrie et du commerce, le Conseil supérieur du travail, et les Conseils de prud'hommes.

M. Legrand donne ainsi satisfaction, d'une part, à M. Verbeke qui réclamait une représentation agricole ; d'autre part, à MM. Dupont[1] et Dufrane[2] qui estiment que les classes ouvrières doivent avoir quelque place dans un Sénat visant à représenter les intérêts.

Sur cette dernière idée, M. Féron insiste : il veut qu'aux éligibles censitaires soient adjoints, après huit années d'exercice, non seulement les anciens hommes politiques ou du haut enseignement, mais encore les présidents et vice-présidents, ainsi que les anciens présidents et vice-présidents des Conseils de prud'hommes et des Conseils de l'industrie et du travail, hommes qui ont fait leurs preuves[3].

Déjà les propositions Montefiore-Levi et Legrand avaient débordé le cadre des conditions d'éligibilité. Si elles créaient des catégories d'éligibles, ressortissant au moins à certains intérêts, elles laissaient la désignation de ces catégories, de ces listes à des gens ayant des intérêts spéciaux et correspondants. M. Dufrane accentue le mouvement dans cette voie[4]. Reprenant la division entre l'intelligence, le capital et le travail, qu'on avait fait intervenir dans les projets modificatifs des conditions de l'électorat, il s'en sert, à son tour, pour

[1] Sénat belge, séance du 19 mai 1892, ses. ord., 1891-1892 (*An. parl.*, S., p. 565).

[2] Chambre des Représentants belge, séance du 7 juillet 1893, ses. ord., 1892-1893 (*An. parl.*, Ch. Rep., p. 1853).

[3] Chambre des Représentants belge, séance du 26 juillet 1893, ses. ord., 1892-1893 (*An. parl.*, Ch. Rep., p. 1975 et 1983).

[4] Chambre des Représentants belge, séance du 20 juin 1893, ses. ord., 1892-1893 (*An. parl.*, Ch. Rep., p. 1692).

établir des listes d'éligibles en dehors de toute question de cens. Il garde un corps électoral identique à celui adopté pour la Chambre des Réprésentants, c'est-à-dire composé de tous les citoyens âgés de 25 ans, avec vote plural. Au choix de ce corps électoral, il présente un corps d'éligibles formé des candidats présentés :

1° Par 50 électeurs propriétaires, industriels, agriculteurs ou commerçants ;

2° Par 50 travailleurs manuels ;

3° Par 25 électeurs exerçant des professions libérales.

Un tiers des sénateurs sera pris sur chacune des listes.

Les avantages que M. Dufrane trouvait à sa proposition étaient de satisfaire au désir de ceux qui voulaient que la Chambre et le Sénat sortissent du même corps électoral, fonctionnant dans les mêmes conditions fondamentales, notamment avec le vote plural ; de rendre chaque sénateur l'élu, non d'un collège particulier fonctionnel, mais du corps électoral entier, puisque propriétaires, industriels, commerçants votent sur les candidats présentés par les travailleurs manuels ou les gens des professions libérales, et *vice versa*. Cette collaboration constante écartait enfin tout danger de rétablissement des ordres et des classes, et laissait bien au Sénat le rôle général et politique que la majorité lui demandait de conserver.

Le modèle des projets transactionnels est encore, sans doute, celui qui ne pénétra pas aux Chambres belges, mais que M. Félix de Breux exposa en 1892, dans le *Journal de Bruxelles*[1]. M. de Breux donne une part, de droit, aux fonctions administratives, une part au Roi, enfin une part à l'élection. Le cens subsiste pour la troisième catégorie dont le corps électoral est organisé suivant la diversité des intérêts et d'après les bases suivantes :

[1] *L'Association catholique*, février 1892, p. 188 et 189.

Membres élus :

a. Représentants du capital :

1° La terre : α. Grande propriété (élus payant 2000 francs d'impôt), 1 par province	9
β. Petite propriété (élus à 100 francs d'impôts) 1 par province	9
2° Industrie : α. Grande industrie (élus à 1000 francs d'impôt) 1 par province	9
β. Petite industrie (élus à 50 francs d'impôt), 1 par province	9
3° Commerce : α. Grand commerce (élus à 1000 francs d'impôt) 1 par province	9
β. Petit commerce (élus à 50 francs d'impôt), 1 par province	9
TOTAL	54

b. Représentants du travail (travailleurs salariés à la journée) :

1° La terre	18
2° L'industrie	18
3° Le commerce	9
TOTAL	45

Il est impossible de ne pas mettre en parallèle avec ce projet celui que Renan exposait dans sa *Réforme intellectuelle et morale de la France*[1]. Renan entre dans moins de détails que M. de Breux : il n'indique pas de si minutieuse façon les divisions et subdivisions. Mais ses titres de catégories sont semblables et il fait désigner les représentants à peu près suivant les mêmes procédés. Il introduit cependant, en plus, des membres à vie élus par les Conseils généraux et des membres élus par la première Chambre. Son Sénat compte 360 membres environ, dont 120 à 130 représentant les corps nationaux et les fonctions sociales (armée, marine, Chambres de commerce, magistrature, clergé, corps enseignant, chaque classe de l'Institut, les corporations industrielles, les grandes villes de plus de cent mille âmes).

L'application de systèmes où la représentation des intérêts

[1] Renan, *Réformes intellectuelle et morale de la France*, p. 89.

n'est assurée que par certaines conditions d'éligibilité est impossible dans un pays républicain, car elle entraîne fatalement à donner au Gouvernement la haute main dans le choix des notables; c'est qu'une invincible méfiance subsistera à l'encontre de la capacité des électeurs; ou bien, on trouvera plus simple, après le premier triage des gens aptes à entrer dans le corps représentatif des intérêts, de faire procéder, sans autre mise en émoi de la nation, au choix définitif des représentants par les pouvoirs publics.

Il ne saurait donc être question d'introduire de pareilles pratiques en France. Du reste, elles doivent être condamnées partout ailleurs.

En effet, si la royauté, le souverain, choisit tout ou partie des sénateurs, il intervient, pouvoir exécutif, dans la nomination du pouvoir législatif,et une pareille confusion est contraire à tous les principes constitutionnels modernes. La même objection se présente si le corps électoral choisit sur des listes d'éligibles appartenant à des corps constitués, ou si certains membres de ceux-ci sont sénateurs de droit, puisque ces corps constitués sont encore formés par le pouvoir exécutif.

Du reste, les catégories déterminées en vertu de ces notions plus que centralisatrices, le sont toujours arbitrairement. Leur liste pourrrait être aussi bien diminuée qu'allongée ; il n'y aurait même aucune limite à ces opérations. Toujours la représentation obtenue sur ces bases sera incomplète, soit que les éligibles ne répondent pas en réalité aux espérances que l'on fondait sur leur intelligence, leur savoir et leur expérience, soit parce que la représentation n'est plus confiée qu'aux hautes classes de la nation. Le Sénat garde alors une tournure aristocratique, ce qui ne veut pas dire sans conteste supérieure.

Il en résulte que son contact avec la nation entière et avec les divers groupes basés sur les intérêts n'est pas assez intime, surtout pas assez pratique ; les sénateurs ne vivent pas les intérêts, ils les conçoivent et les raisonnent seulement. Il leur est alors facile de commettre des non-sens quand il faut en venir à l'application des mesures décidées superbement en théorie.

C'est donc au sein même du corps électoral qu'il est indispensable d'aller chercher les représentants des intérêts. Délimiter ce champ de recherches en basant la représentation sur un corps électoral groupé par intérêts, chaque groupe choisissant dans son sein l'homme qu'il veut élire sans être autrement limité dans son choix par la nécessité d'un certain cens, de certains diplômes, de l'occupation d'une certaine fonction, c'est mêler aux conditions de l'électorat la représentation des intérêts. Voilà l'important. Et accessoirement, l'éligibilité tendra à la même représentation, puisque pour pouvoir poser sa candidature dans un groupe d'intérêts, il faudra appartenir au groupe et partager ses intérêts.

B. — Le Sénat *(Suite)*. — La représentation des intérêts déterminant les conditions de l'électorat.

1° Le Sénat, représentation des intérêts économiques et sociaux.

Assurer la représentation des intérêts par une modification dans les conditions d'éligibilité n'avait été, au cours des débats sur la revision de la Constitution belge (1890-1893), qu'un moyen-terme mis en avant par ceux que le principe avait séduits, mais qui avaient eu peur des difficultés pratiques. Ils n'aboutirent pas davantage que les partisans déterminés de la réforme.

Ceux-ci présentèrent des propositions en vue d'un remaniement du corps électoral sénatorial.

Déjà, indirectement, le projet Dufrane voulait s'y employer, puisqu'il faisait sortir son groupe d'éligibles d'une élection à laquelle procédait un corps électoral restreint, mais réparti suivant les professions et fonctions. Le corps électoral redevenait amorphe, cependant, sitôt qu'il s'agissait de procéder à l'élection définitive sur les listes précédemment confectionnées.

La complication même du procédé devait lui barrer la route. Et puis, il ne pouvait satisfaire la gauche radicale fermement attachée à son programme des 3 R : referendum, représentation proportionnelle, représentation des intérêts[1]. Ce parti voulait d'une élection à un seul degré pour le Sénat et par un corps électoral organisé sur la base des intérêts. Il se sentait encouragé dans sa campagne par la faveur dont on entourait, au Parlement belge, le principe même de la réforme, énoncé par M. Schollaert : « La représentation des intérêts repose, comme l'indique son appellation, sur la répartition des électeurs par groupes professionnels plutôt que par divisions territoriales. Elle évite l'égalité des votes et leur confusion ; elle veut que la valeur de chaque vote soit, autant que possible, proportionnée à l'importance de la fonction sociale de l'homme qui le dépose ; elle veut que chaque intérêt important soit représenté par un mandataire chargé spécialement de le faire[2]. »

Le gouvernement lui-même, qui repoussait nettement la représentation des intérêts en 1891[3] et qui était appuyé par la majorité de la Section centrale[4], revenait peu à peu de son impression première, donnait comme argument en faveur de la représentation proportionnelle si chère à M. Beernaert, chef

[1] « En échange de la concession nécessaire, inéluctable du suffrage universel, nous offrons au Gouvernement des garanties conservatrices d'une haute importance, qui ne sont offertes par les radicaux d'aucun pays et dont nous avons, au prix d'efforts dont on pourrait nous tenir compte, fait comprendre l'utilité à ceux de nos amis qui y étaient d'abord peu favorables : le referendum royal et populaire..., la représentation proportionnelle..., le maintien du Sénat et sa réorganisation sur la base de la représentation des intérêts, réclamée par tous les hommes éminents des partis conservateurs, et constituant semble-t-il, l'idéal même des catholiques intelligents aussi bien que des socialistes de la chaire. » *(La Réforme,* n° du 13 février 1893.)

[2] Rapport fait au nom de la Commission sur la revision des art. 1, 26, 36, etc., de la Constitution, ses. ord., 1892-1893 *(D. P.*, Ch. Rep., n° 115, p. 177).

[3] Ses. ord., 1890-1891 *(D. P.*, Ch. Rep., nos 18 et 19).

[4] Rapport de M. Smet de Naeyer, ses. ord., 1890-1891 *(Addition aux D. P.*, Ch. Rep., n° 1).

du cabinet, qu'elle réalisait une représentation des intérêts; enfin, en 1892, admettait l'éligibilité au Sénat pour toute une série de gens ayant occupé une certaine situation ou de hautes fonctions déterminées[1].

Parmi les représentants belges, d'autre part, les aveux d'engouement pour l'idée même sont nombreux[2]. Le plus caractéristique par sa netteté, et aussi par la personnalité de celui qui le prononça, est celui de M. Woeste à la séance de la Chambre des représentants du 27 avril 1892 :

« Moi-même, j'ai déclaré plusieurs fois que, si l'on pouvait arriver à organiser un système de représentation des intérêts combiné avec la population, on aurait constitué le meilleur système électoral[3]. » Cependant il n'y avait pas unanimité pour approuver le principe même. M. Melot, dans la séance de la Chambre des représentants du 21 juin 1893[4], s'élevait vivement contre la notion de représentation des intérêts et, le lendemain, M. Huysmans lui faisait écho[5].

Les arguments les plus divers furent dirigés contre la représentation des intérêts, dans les deux Chambres belges.

On s'appuya tout d'abord sur la Constitution elle-même, afin de poser comme une question préalable[6]. On reprit le

[1] Ses. ord., 1892-1893 (*D. P*, Ch.Rep., n°s 46 et 114).— Chambre des Représentants belge, séance du 7 juin 1893, ses. ord., 1892-1893 (*An. parl.*, Ch. Rep., p. 1603. Discours de M. Beernaert).

[2] Discours de M. Lammens, Sénat belge, séance du 17 mai 1892, ses. ord., 1891-1892 (*An. parl.*, S., p. 540).

Discours du duc d'Ursel, Sénat belge, séance du 18 mai 1892, ses. ord., 1891-1892 (*An. parl.*, S., p. 551).

Discours de M Vaucamps, Sénat belge, séance du 20 août 1893, ses. ord., 1892-1893 (*An. parl.*, S., p. 559).

[3] Ses. ord. 1891-1892 (*An. parl.*, Ch. Rep., p. 1090).

[4] Ses. ord., 1892-1893 (*An. parl.*, Ch. Rep., p. 1712).

[5] *Ibid.*, p. 1724.

[6] Discours de M. Hanssens, Chambre des Représentants belge, séance du 13 juin 1893, ses. ord., 1892-1893 (*An. parl.*, Ch. Rep., p. 1649). — De son

premier paragraphe de l'article 6, ainsi conçu : « Il n'y a dans l'Etat aucune distinction d'ordres. »

Or, M. Coremans[1] faisait très justement observer qu'il ne pouvait y avoir d'analogie entre les ordres visés par la prohibition de l'article 6 et les catégories électorales de citoyens qu'il s'agissait d'organiser. Ces dernières, en effet, n'établissaient rien de plus qu'une distinction qui existait déjà dans la nature des choses et ne pouvait pas être considérée comme plus inconstitutionnelle que les tribunaux de commerce créés par l'article 105 de la Constitution. Et, comme M. Coremans rappelait que le Gouvernement s'était fait un argument du même article 6 contre la représentation des intérêts[2], M. de Burlet, ministre de l'Intérieur, reconnut qu'il ne pouvait pas être question d'interpréter ainsi cet article[3].

Après l'objection constitutionnelle, en apparut une autre qui avait son origine dans le principe du droit public interne sur lequel est étayée toute la *théorie du mandat fictif général :* tout représentant est censé représenter le pays entier, bien qu'il n'ait été élu que dans une circonscription. Dès lors, prétendait M. Melot[4], il faut que toutes les circonscriptions demeurent identiques, sinon le député de l'une d'elles à physionomie toute spéciale ne pourra pas dire qu'il représente toutes les autres, celles-ci étant aussi de natures diverses et

côté, M. Beernaert redoutait que le classement admis par M. Féron rétablît les trois ordres :

La science correspondant au clergé;
Le capital — à la noblesse;
Le travail — au tiers-état.

Chambre des Représentants belge, séance du 10 juin 1893, ses. ord., 1892-1893 (*An. parl.*, Ch. Rep., p. 1695).

[1] Chambre des Représentants belge, séance du 16 février 1892, ses. ord., 1891-1892 (*An. parl.*, Ch. Rep., p 624 et 625).

[2] *Rapport du Gouvernement à la section centrale,* 30 mars 1891, p. 27.

[3] Discours à la Chambre des Représentants, séance du 25 février 1892, ses. ord. 1891-1892 (*An. parl.*, Ch. Rep., p. 713).

[4] Chambre des Représentants belge, séance du 21 juin 1893, ses. ord., 1892-1893 (*An. parl.*, Ch. Rep., p. 1722).

très tranchées. M. Féron avait répondu par avance, le 14 juin 1893[1], en faisant remarquer que, dans l'état actuel des choses, la transgression du principe du mandat fictif général était aussi bien pratiquée ; que telle province nettement agricole, le Luxembourg, par exemple, nommait cependant des représentants qui étaient considérés comme ceux des régions industrielles ou minières, comme ceux de la nation entière. Pourquoi dès lors ne pas substituer simplement aux circonscriptions territoriales des circonscriptions fonctionnelles, et continuer à appliquer la même théorie !

L'uniformité des circonscriptions électorales pour le Sénat fut toutefois maintenue dans le texte revisé de l'article 53 que la Chambre des représentants votait le 25 juillet suivant :

« Le Sénat se compose :

« 1° De membres élus à raison de la population de chaque province, conformément à l'article 47 ;

« 2° De membres élus par les Conseils provinciaux au nombre de 2 par province ayant au moins 500.000 habitants, de 3 par province ayant de 500.000 à 1 million d'habitants et de 4 par province ayant plus de 1 million d'habitants[2]. »

Mais, au Sénat, l'idée de représentation des intérêts fut reprise, non dans toute son ampleur, mais du moins avec le désir sincère de doter la Chambre haute de forces nouvelles, en y faisant pénétrer les plus hautes capacités du pays et des délégués des organismes sociaux les plus importants[3]. M. Goblet d'Alviella déposa donc, avec plusieurs de ses collègues, un amendement au texte que venait de leur envoyer la Chambre des Représentants ; à l'élection par les Conseils provinciaux en était jointe une autre dans les conditions suivantes :

[1] Chambre des Représentants belge, séance du 14 juin 1893, ses. ord., 1892-1893 (*An. parl.*, Ch. Rep., p. 1665).

[2] Chambre des Représentants belge, séance du 25 juillet 1893, ses. ord., 1892-1893 (*An parl.*, Ch. Rep., p. 1964).

[3] Sénat belge, séance du 10 août 1893, ses. ord., 1892-1893 (*An. parl.*, S., p. 560).

«.....3° de 12 membres respectivement élus par les collèges suivants :

« A. 2 par les membres de la Cour de cassation et les membres des Cours d'appel ;

« B. 2 par les autres magistrats auxquels la loi accorde l'inamovibilité ;

« C. 2 par les professeurs des Universités de l'Etat ;

« D. 2 par les professeurs des Universités libres actuellement existantes ;

« E. 2 par les membres titulaires de l'Académie royale de Belgique, de l'Académie royale de médecine et de l'Académie royale flamande ;

« F. 2 par les membres ouvriers des Conseils de l'industrie et du travail,les membres des Conseils de prud'hommes et les présidents des sociétés ouvrières de secours mutuels reconnues [1]. »

MM. de Croq[2] et Solvay[3], signataires de l'amendement, le soutinrent avec la dernière énergie, et le rapporteur, M. le chevalier Descamps, dut lui reconnaître un caractère élevé[4]. Mais il introduisait des éléments électoraux en plus de ceux qui étaient chargés de l'élection de la Chambre, et on s'empressa de lui opposer la critique qui, dès le début, avait été produite contre la réforme.

M. Frère-Orban traitait celle-ci de fantasmagorie. Pour lui, la Chambre, avec la représentation proportionnelle, devait représenter tous les intérêts sociaux d'une certaine façon ; avec la représentation des intérêts, le Sénat les représentait d'une autre. Il s'en suivait un antagonisme constant entre les deux

1 Sénat belge, séance du 10 août 1893, ses. ord., 1892-1893 (*An. parl.*, S., p. 560).

2 Sénat belge, séance du 4 août 1893, ses. ord., 1892-1893 (*An. parl.*, S., p. 518).

3 Sénat belge, séance du 9 août 1893, ses. ord., 1892-1893 (*An. parl.*, S., p. 543).

4 Sénat belge, séance du 11 août 1893, ses. ord., 1892-1893 (*An. parl.* S., p. 569).

Chambres[1]. M. Beernaert demandait alors que, si on se ralliait à la réforme proposée, elle fut appliquée au Parlement tout entier[2].

Toutefois, les partisans d'un même corps électoral pour les deux Chambres se rendaient compte qu'ils amenaient le Sénat à n'être qu'une doublure de la Chambre des Représentants. Ils concédaient alors une différence dans l'extension des pouvoirs de la Chambre haute, ou bien ils modifiaient les conditions d'éligibilité. Mais leurs efforts tendaient toujours à conserver au Sénat un rôle de conservation, à en faire uniquement un frein.

Pareille conception ne pouvait convenir aux libéraux. Le Sénat est plus qu'un modérateur puisqu'il jouit du droit d'initiative, et M. Féron faisait observer, le 14 juin 1893, que la diversité des rôles entre les deux Chambres provient de ce qu'elles doivent juger à des points de vue différents et avec des compétences différentes non par leur importance, mais par leur nature. Les fonctions des deux Chambres, en somme, se complètent par juxtaposition[3]. Or les deux points de vue sont

[1] Chambre des Représentants belge, séance du 23 mars 1803. ses. ord., 1892-1893 (*An. parl.*, Ch. Rep., p. 1035).

[2] Chambre des Représentants belge, séance du 7 juin 1893, ses. ord., 1892-1893 (*An. parl.*, Ch. Rep., p. 1603.) *Cf.* M. Wœste, Chambre des Représentants, séance du 8 juin 1893, ses. ord., 1892-1893 (*An. parl.*, Ch. Rep., p. 1611).

M. Hanssens, Chambre des Représentants, séance du 13 juin 1893, ses. ord., 1892-1893 (*An. parl.*, Ch. Rep., p. 1649).

M. de Mot, Chambre des Représentants, séance du 13 mars 1893, ses. ord., 1892-1893 (*An. parl.*, Ch. Rep , p. 928).

[3] *Cf.* De Sismondi, *Étude sur les constitutions des peuples libres*, p. 139. — « Des députés de toutes les corporations existantes sur le sol de l'Empire apporteraient au Sénat national une opinion déjà mûrie par les discussions, déjà élaborée, déjà soumise au choc d'opinions contraires, et préparée, par conséquent, à subir des modifications; mais il faut se souvenir que les provinces, les villes, les villages ne sont pas les seules corporations que reconnaisse la loi. De grands intérêts nationaux, qui ne sont point des intérêts de localité, ont été l'objet des études spéciales ou des travaux d'hommes réunis en associations légales. Pour le bien de la nation, pour le progrès de maturité de l'opinion publique, il serait désirable qu'on les entendit. » — *Cf.* A. Desjardin, *De la liberté politique dans l'État moderne*, p. 239.

le territorial et l'économique. « Les intérêts au Sénat, le territoire à la Chambre, c'est une division absolument rationnelle qui correspond à deux ordres de vérités et de réalités. » Mieux vaut s'y tenir que de se complaire dans une différenciation organisée par des moyens purement artificiels.

Du reste n'arriverait-on pas, de cette manière, à posséder un Parlement véritablement démocratique parce qu'il émanerait de tout ce qui existe, de façon plus ou moins nette, soit, mais enfin de ce qui existe indéniablement dans la nation[1]. M. Pantaleoni voit même là le seul moyen de sauver les démocraties modernes : il s'ensuivrait, en effet, pour lui, un pouvoir prédominant pour le Sénat. Il exprime cette idée dans une lettre à M. de Laveleye, partisan, lui aussi, d'une représentation des intérêts dans la Chambre Haute[2]. MM. Léon Duguit[3], Hauriou[4], H. Pascaud[5], Paul Lafitte[6] sont encore d'un avis semblable. Il n'est pas jusqu'à M. Anatole Leroy-Beaulieu, que l'on a vu d'autre part s'insurger contre une application de la représentation des intérêts, qui ne finisse par admettre, à la rigueur, la constitution d'après elle du Sénat seul[7].

Ainsi aucun de ces auteurs, cependant familiers avec les problèmes du droit public interne, ne s'arrête devant l'idée qu'une différence dans l'origine des deux Chambres puisse être néfaste et entraver la marche du pouvoir législatif. Bien

[1] Abbé Lemire, Chambre des députés, séance du 16 mars 1894 (*Journ. off.*, 1894. *Déb. Parl.*, Chambre Dép., p. 562).

[2] *Le Socialisme contemporain*, p. 120. — De Laveleye, *Essai sur les formes de gouvernement*, p. 152.

[3] Léon Duguit, l'Élection des sénateurs; à propos des propositions de MM. Maurice Faure et Guillemet (*Revue politique et parlementaire*, 10 septembre 1895, p. 463).

[4] Hauriou, la Limitation de l'État (*Revue politique et parlementaire*, 10 mars 1896, p. 559, note).

[5] H. Pascaud, *le Suffrage politique chez les principaux peuples civilisés*, p. 74 et 75.

[6] Paul Laffitte, *le Suffrage universel et le régime parlementaire*, p. 135.

[7] Anatole Leroy-Beaulieu, Observations sur le système électoral autrichien (*Réforme sociale*, 1er juin 1896, p. 885).

au contraire, ils estiment nécessaire la mise à l'épreuve de la loi sous deux jugements rendus à des points de vue divergeants. Il faut donc que les Chambres soient de formations diverses, représentent les multiples intérêts de la nation, et se trouvent ainsi collaborer, sans être subordonnées l'une à l'autre[1].

M. Th. Ferneuil pense, à juste titre, que la mollesse du Sénat français provient de ce qu'il n'est pas assez différencié de la Chambre et que, par son mode de recrutement, il n'est pas rendu assez indépendant vis-à-vis de celle-ci[2]. Et il n'hésite pas, laissant la Chambre des députés correspondre à l'élément de nombre, avec la correction du vote plural de même qu'en Belgique, à demander un Sénat organisé en vue de la représentation des intérêts[3].

Il importe cependant de ne rien pousser à l'extrême, de ne pas tout supprimer pour faire place à une idée nouvelle. M. Vandervelde, le célèbre socialiste belge, exagérait lorsqu'après avoir admis que l'une des Chambres seule constituât le « Parlement économique », il lui donnait une situation prépondérante, de plus en plus, jusqu'au jour où, devant l'augmentation de son prestige, le « Parlement politique » serait obligé de disparaître : il ne subsisterait plus qu'une représentation des intérêts, ce qui serait l'idéal[4].

En effet, les protagonistes de la réforme au cours de la revision de la Constitution belge n'eurent point des vues aussi outrées. Pour eux, il n'était pas question de ne laisser subsister qu'une Chambre. Mais ils voulaient que l'une des deux fût représentative des intérêts économiques et sociaux du pays. Ils se réclamaient des idées émises par de Greef dans son livre le *Transformisme social*[5], que les organes les plus élevés et

1 *Cf.* R. P. Antoine, l'Organisme social (*l'Associat. cathol.*, juillet 1896, p. 43).

2 Th. Ferneuil, la Crise de la souveraineté nationale et du suffrage universel (*Revue politique et parlementaire*, 10 décembre 1896, p. 507).

3 *Ibid.*, 10 juillet 1896.

4 Vandervelde, *Revue sociale et politique*, année 1891, n° 5, p. 452 et 453.

5 *Ibid.*, p. 329.

les plus énergiques sont les plus propres à introduire méthodiquement les modifications désirées par collectivité et que ces organes seront tôt ou tard ceux qui coordonneront l'activité économique.

C'est en s'inspirant de pareilles considérations que, dès 1892, MM. Féron, Janson, Le Poutre, Lemonnier, Lambiotte et Robert déposaient à la Chambre des Représentants une proposition de modification de l'article 53 de la Constitution[1].

Puis ils la développèrent afin de mettre la Chambre en mesure d'apprécier complètement leur pensée et de la suivre dans ses applications essentielles. Ils fournirent une nouvelle rédaction :

« *Article 53.* — Les membres du Sénat sont élus directement par les citoyens qui élisent les membres de la Chambre des représentants.

« Les électeurs sénatoriaux sont répartis en quatre groupes fondamentaux : la science, l'agriculture, l'industrie, le commerce. »

Le groupe de la science comprend les diplômés supérieurs des diverses branches, les ministres des cultes, les écrivains et artistes de renom, « et, en général, tous les citoyens adonnés aux sciences, aux lettres ou aux arts, dans des conditions jugées suffisantes par la loi... »

« Le groupe de l'agriculture comprend les propriétaires des immeubles affectés à la production agricole, les cultivateurs, propriétaires ou fermiers, les employés et les ouvriers agricoles.

« Le groupe de l'industrie comprend les propriétaires des immeubles affectés à la production industrielle, les exploitants, administrateurs et directeurs des mines, des carrières, des usines, des manufactures et des ateliers, les employés et les ouvriers industriels. »

[1] Chambre des représentants belge, séance du 26 juillet 1892, ses. extraord., 1892. (*An. parl.*, Ch. Rep., p. 65). — Chambre des Représentants belge, ses. ord., 1892-1893 (*D. P.*, Ch. Rep., n° 55).

Le groupe du commerce comprend « les maîtres, administrateurs, directeurs, employés et ouvriers des entreprises de commerce, d'échange ou de transport, et, en général, tous les citoyens que leur situation sociale ne rattache à aucun des groupes de la science, de l'agriculture ou de l'industrie... »

« Les fonctionnaires et employés publics appartiendront à celui des groupes fondamentaux auquel les rattachent leurs titres scientifiques ou la nature de leur emploi.

. . . .

« Les citoyens dont la situation se rattache à deux ou plusieurs groupes choisiront celui dans lequel ils exerceront leur droit électoral. La loi pourra réglementer cette option et déterminer les règles à suivre dans le cas où aucune option ne serait déclarée... »

. . . .

« *Article 54.* — ..... Vingt sénateurs sont élus par les électeurs appartenant au groupe de la science. Les autres sièges sénatoriaux sont attribués aux groupes de l'agriculture, de l'industrie et du commerce.

« La répartition principale des sièges entre les trois groupes sera faite proportionnellement à leur importance numérique relative dans la population totale du pays.....

. . . .

« Dans chacune des circonscriptions de l'agriculture, de l'industrie et du commerce, le corps électoral sera divisé en deux fractions, la première comprenant les propriétaires et le personnel dirigeant des exploitations, la seconde comprenant les employés inférieurs et les ouvriers. Chacune de ces deux fractions aura droit à un nombre égal de sièges. Si les sièges à conférer sont en nombre impair, il sera procédé à l'élection pour l'un d'eux par les deux fractions réunies.....[1] »

. . . .

[1] Chambre des Représentants belge, séance du 15 juin 1893, ses. ord., 1892-1893 (*An. parl.*, Ch. Rep., p. 1671 et 1672).

Venait ensuite une disposition transitoire pour la répartition des sièges entre les groupes :

Groupe de la science.	20 sièges.
— de l'agriculture.	44 —
— de l'industrie	44 —
— du commerce	44 —

La proposition Féron et consorts réunit autour d'elle tous les partisans de la représentation des intérêts à la Chambre des Représentants, et elle resta seule au moment du vote. Elle sortit honorablement de cette épreuve ; sur 136 votants, 98 se déclarèrent contre elle, 28 pour, et 10 s'abstinrent, mais expliquèrent qu'ils avaient été principalement arrêtés par la pensée que la réforme n'était pas pratique.

Cependant la Chambre qui aurait continué à « examiner les questions au point de vue de l'intérêt général contre la coalition possible des intérêts particuliers[2] » gardait une action faite pour dissiper les craintes de ceux qui voyaient déjà le Sénat en proie à des marchandages de groupes, à des luttes intestines perpétuelles, et, en fin de compte, victime de l'immobilité la plus absolue[3]. M. le comte van der Stegen de Schrieck se représentait, au lieu d' « intérêts harmonisés », des « coalitions d'intérêts ». Et, joignant ce désarroi à celui entrevu entre des Chambres issues de corps électoraux à bases différentes, il insistait sur l'impossibilité qu'aurait le Gouvernement de s'appuyer sur une majorité connue et stable[4].

[1] Chambre des Représentants belge, séance du 15 juin 1893, ses. ord., 1892-1893 *(An. parl.*, Ch. Rep., p. 1672).

[2] Rapport fait au nom de la Commission de revision des art. 53, 54, 56, 57 et 58 de la Constitution, ses. ord., 1892-1893 *(D. P.*, Ch. Rep., n° 114).

[3] *Cf.* M. Frère-Orban, Chambre des Représentants belge, séance du 23 mars 1893, ses. ord., 1892-1893 *(An. parl.*, Ch. Rep., p. 1036). — Et M. Hanssens, Chambre des Représentants belge, séance du 13 juin 1893, ses. ord., 1892-1893 *(An. parl.*, Ch. Rep., p. 1649).

[4] Sénat belge, séance du 9 août 1893, ses. ord., 1892-1893 *(An. parl.* S., p. 552). — *Cf.* Th. Ferneuil, la Crise de la souveraineté nationale et du suffrage universel *(Revue politique et parlementaire*, 10 décembre 1896, p. 505).

C'était reprendre un argument qu'au nom du Gouvernement M. de Burlet avait fait valoir à la tribune de la Chambre le 15 juin et qu'il fortifiait de l'exemple de M. de Bismarck qui avait bien conçu des *Chambres économiques*, mais leur avait attribué un rôle exclusivement consultatif[1].

En présence de ces accusations de morcellement et d'antagonisme d'intérêts, M. Féron rappelait ce que sont dès aujourd'hui les luttes et les passions politiques ; stériles par elles-mêmes, elles détournent encore du « côté économique et social des choses », et les grands intérêts matériels ou moraux ne sont pas représentés ; et pourtant ils sont bien les grands intérêts, les « intérêts primordiaux du pays ». On n'oserait dire qu'ils demeurent particuliers et doivent être englobés, confondus toujours dans l'intérêt général[2].

Il faut savoir les envisager à part, tout en n'oubliant pas qu'ils sont solidaires entre eux et solidaires aussi de l'intérêt général. En se gardant de cette faute, on évitera de faire abstraction totale de la politique. Le Sénat conservera toujours le vote sur toutes les lois, qu'elles soient spéciales aux grands intérêts ou qu'elles soient d'intérêt général[3].

Allant plus loin, les adversaires de la réforme étendaient l'état de lutte permanente du Parlement au pays lui-même. On avait reproché à la représentation des intérêts de ressusciter les ordres et les classes[4]. Fatalement les hostilités devaient

M. Th. Ferneuil n'admet de représentation des intérêts qu'au Sénat (*Revue politique et parlementaire*, 10 décembre 1896, p. 509 et suiv.)

[1] Ses. ord., 1892-1893 (*An. parl*, Ch. Rep., p. 1673). *Cf.* Th. Ferneuil, la Crise de la souveraineté nationale et du suffrage universel (*Revue politique et parlementaire*, 10 décembre 1896, p. 505) — Et Paul Lafitte, *le Suffrage universel et le régime parlementaire*, p. 30 et 31.

[2] Chambre des Représentants belge, séance du 29 mars 1893, ses. ord., 1892-1893 (*An. Parl.*, Ch. Rep., p. 1184).

[3] Chambre des Représentants belge, séance du 14 juin 1893, ses. ord., 1892-1893 (*An. parl.*, Ch. Rep., p. 1665 et suiv.).

[4] Baron de Selys-Longchamps, Sénat belge, séance du 17 mai 1892, ses. ord., 1891-1892 (*An. parl.*, S., p. 554). Et M. Beernaert, Chambre des Représentants belge, séance du 7 juin 1893, ses ord., 1892-1893 (*An. parl.*, Ch. Rep., p. 1603).

éclater entre eux, surtout parce que le régime nouveau ne pouvait pas être égalitaire[1]. Mais, on l'a déjà vu, grouper par intérêts économiques et sociaux n'est pas revenir à la formation d'ordres et de classes, puis on peut observer avec M. de Vanden Bemden que la compétition au pouvoir irait s'affaiblissant puisque, tous les intérêts étant représentés, ils ont au moins quelque garantie d'être respectés et satisfaits[2]. Dès lors, la politique devient moins haineuse, surtout qu'elle sera confiée à des hommes qui n'en feront plus guère leur carrière, à des hommes de pratique, à des spécialistes. Il y a donc dans la représentation des intérêts un avantage de pacification politique.

La proposition Féron et consorts renfermait un autre gage encore de pacification, gage de pacification sociale qui résidait dans la représentation distincte accordée aux ouvriers. L'ostracisme, en effet, irrite les classes populaires ; mieux vaut les écouter et les prendre comme collaboratrices. A l'œuvre, elles connaîtront les difficultés, réduiront leurs prétentions et se contenteront d'un partage du pouvoir, tandis qu'actuellement elles veulent détenir celui-ci tout entier et se préparent à la révolution par le vote, ou, si cela est trop long ainsi, par la violence.

Mais une fois tous les groupes économiques ou sociaux conviés à se faire représenter, ne va-t-il pas être difficile de déterminer dans quelle proportion ils le seront ? Comment peser les divers intérêts, se demande M. Beernaert, afin de leur donner une légitime part d'influence[3] ? La proposition Féron et consorts exagère, prétend-on, l'importance des intérêts matériels parcellaires[4] ; on peut presque

[1] M. Hanssens, Chambre des Représentants belge, séance du 13 juin 1893, ses. ord., 1892-1893 *(An. parl.*, Ch. Rep , p. 1649).

[2] Chambre des Représentants belge, séance du 4 avril 1893, ses. ord., 1892-1893 *(An. parl.*, Ch. Rep., p. 1099).

[3] Chambre des Représentants belge, séances des 26 avril 1892 et 7 juin 1893, ses. ord., 1892-1893 *(An. parl* , Ch. Rep , 1069 et 1603).

[4] *Cf.* M. Smet de Naeyer, rapporteur. Chambre des Représentants belge, séance du 4 mai 1892, ses. ord., 1892-1893 *(An. parl.*, Ch. Rep., p. 1147).

dire que les intérêts intellectuels et moraux sont négligés [1].

Qu'une réaction se soit produite, rien d'étonnant. Jusqu'alors l'élection avait gardé un caractère purement théorique parce qu'elle ne portait que sur les programmes politiques des partis. D'où bien des abstentions, bien des votes aussi dans lesquels l'électeur suivait aveuglément des Comités souvent médiocres. Le remède a été cherché dans une réhabilitation, non une exaltation, des intérêts matériels, et la part leur a été faite belle. Au reste, la querelle ne porte que sur une question de plus ou de moins; elle n'atteint pas le principe. Une fois d'accord sur la nécessité de représenter les grands intérêts, on pourra toujours s'entendre sur le quantum de représentation à attribuer à chacun. MM. Féron et consorts n'y contredisent point; ils reconnaissent tout les premiers, dans leur projet d'organisation provisoire, qu'il reste à la loi à établir les proportions après une sérieuse étude et même des expériences.

Soit ! reprennent les adversaires ; on abordera cette étude ; mais, pour la poursuivre, ce sera bien une autre affaire. Afin de déterminer l'importance des groupes économiques et sociaux, il faudra, en premier lieu, constituer ces groupes. Or, cela n'est pas possible. Sans eux, cependant, la réforme n'est qu'une utopie.

« La représentation des intérêts, disait M. Graux, conception irréalisable, sans doute, telle qu'elle sort des méditations de certains philosophes ou de certains théoriciens politiques, est idée pratique et juste quand elle tend à tenir compte, dans la constitution des pouvoirs publics, des intérêts existants, ayant un organisme dont les racines plongent dans notre histoire, dans nos mœurs et dans nos lois [2]. »

Cet état social nécessaire pour asseoir la réforme, M. d'Ursel

[1] M. Frère-Orban, Chambre des Représentants belge, séance du 23 mars 1893, ses. ord., 1892-1893 (*An. parl.*, Ch. Rep., p. 1036).

[2] Chambre des Représentants belge, séance du 29 avril 1892, ses. ord., 1891-1892 (*An. parl.*, Ch. Rep., p. 1122).

se refusait à le découvrir en Belgique[1], tandis que M. Anspach-Puissant s'insurgeait contre un embrigadement qu'il estimait factice et surtout incapable de suivre les fluctuations des intérêts multiples, divers, changeants et ondoyants[2]. Déjà en 1892, dans une lettre à l'*Indépendance Belge*[3], M. Henri Lambert avait écrit qu'entre les intérêts qu'on veut faire représenter il y a un perpétuel chevauchement, qu'il n'y a pas, en réalité, d'intérêts sociaux opposés, mais bien parallèles.

Il y a, certes, dans cette assertion une part de vérité, et les points de contact ne manquent pas entre les groupes d'intérêts ; mais il suffit pour qu'un de ces groupes se dégage qu'il ait avec les autres plus de points de divergence que de contact, qu'il retire de cette situation une physionomie propre et des aspirations spéciales. En dehors de cela, il rentre dans le grand tout national : il ne saurait être un Etat dans l'Etat. Quant à son dégagement net de l'ensemble, c'est souvent faute d'une législation propice qu'il ne se produit pas ou s'ébauche seulement. Déjà, avec l'organisation syndicale on a fait, sur certains points, un sérieux pas en avant. Elle est perfectible avec la législation qui la régit et celle qui régit la liberté d'association. L'aide de la loi, voilà ce qu'il faut pour l'apparition des groupements d'intérêts

Mais suffit-il d'édicter cette loi ?

Il lui est indispensable de correspondre à des embryons de faits. Ces symptômes de son opportunité existent dans la vie nationale. La loi sur les syndicats, en France, a été, de longue date, préparée par la persistance des groupements ouvriers et

[1] Sénat belge, séance du 8 août 1893. Ses. ord., 1892-1893 (*An. parl.*, S., p. 533). — *Cf.* M. de Mot, Rapport fait au nom de la Commission de revision des art. 53, 54, 56, 57 et 58 de la Constitution, ses. ord., 1892-1893 (*D. P.*, Ch. Rep., n° 114).

[2] Chambre des Représentants belge, séance du 7 mars 1893, ses. ord., 1892-1893 (*An. parl.*, Ch. Rep., p. 858).

[3] N° du 27 décembre 1892. Cette lettre fut publiée en brochure sous le titre : *Représentation des intérêts.*

patronaux malgré les mesures prohibitives de la Révolution et des régimes suivants.

Il ne s'agissait donc nullement, en Belgique, d'improviser des groupements ainsi que se l'imagineaient nécessaire MM. Beernaert[1], de Selys-Longchamps[2], Lammens[3], Smet de Naeyer[4], etc., mais de permettre la formation, l'intégration et le développement de ceux qui ne sont encore qu'à l'état latent.

On prétend, il est vrai, qu'il n'y a qu'à les y laisser, car, tel qu'il se pratique maintenant, le régime représentatif arrive à une véritable représentation des intérêts dans les corps élus. Ce que M. Anatole Leroy-Beaulieu avançait pour la France[5], MM. Anspach-Puissant[6], le baron de Béthune[7], van Put[8], de Mot[9] le reprennent pour le compte de la Belgique[10]. M. Frère-

[1] Chambre des Représentants belge, séance du 26 avril 1892, ses. ord., 1891-1892 (*An. parl.*, Ch. Rep., p. 1069).

[2] Sénat belge, séance du 17 mai 1892, ses. ord., 1891-1892 (*An. Parl.*, S., p. 544).

[3] « ... Je n'hésiterais pas à me rallier à un mode de recrutement qui ferait sortir la Chambre haute des divers groupes d'intérêts qui composent la nation..... Malheureusement, l'état d'émiettement où la Révolution française a réduit le monde du travail, même dans notre pays, subsiste toujours et nous force à considérer la représentation des intérêts comme une simple espérance d'avenir. » (Sénat belge, séance du 17 mai 1892, ses. ord., 1891-1892 (*An. parl.*, S., p. 540).

[4] Chambre des Représentants belge, séance du 4 mai 1892, ses. ord., 1891-1892 (*An. parl.*, Ch. Rep., p. 1147).

[5] Observations sur le système électoral autrichien (*Réforme sociale*, 1er juin 1896, p. 886).

[6] Chambre des Représentants belge. séance du 7 mars 1893, ses. ord. 1892-1893 (*An. parl.*, Ch. Rep , p. 859).

[7] Sénat belge, séance du 17 mai 1892, ses. ord., 1891-1892 (*An. parl.*, S., p. 543).

[8] Sénat belge, séance du 18 mai 1892, ses. ord., 1891-1892 (*An. parl.*, S., p. 552).

[9] Rapport fait au nom de la Commission de revision des art. 53, 54, 56, 57 et 58 de la Constitution, ses. ord., 1892-1893 (*D. P.*, Ch. Rep., n° 114).

[10] M. Coremans fait observer qu'il y a déjà au Sénat autant de Commissions que de départements ministériels, il demande simplement que l'on renforce ces Commissions en y introduisant des hommes bien choisis. Sénat belge, séance du 8 août 1893, ses. ord., 1892-1893 (*An. Parl.*, S., p. 528).

Orban va plus loin ; pour lui, en effet, une Chambre représentative ne peut qu'être représentative des intérêts, sous n'importe quel régime électoral.

« Si cette Chambre populaire est appelée à légiférer, mais elle statuera sur tous les intérêts sociaux, sur les intérêts matériels, moraux et intellectuels, économiques et politiques du pays !

« Elle sera donc la représentation de ces intérêts ou elle ne sera pas, et cette prétendue représentation réservée au Sénat ne sera qu'une combinaison puérile, à la supposer praticable, qui ne saurait arrêter l'action de la Chambre populaire. Ce n'est pas encore cela qui nous mettra à l'abri du nombre[1] ! »

En réalité, M. Frère-Orban détourne la question. Le rôle des Chambres a toujours été de voter des lois concernant le pays, et, par conséquent, touchant à tous les intérêts. C'est une constatation enfantine. Mais ce que M. Frère-Orban et tant d'autres prétendent nier, c'est que cette opération soit mal faite, parce que les députés ont été élus dans des conditions défavorables et que souvent ils ne sont pas qualifiés ainsi que cela serait désirable pour remplir leur mission.

Voter n'est pas tout : il faut voter en toute connaissance de cause. Ce que l'on désire, c'est qu'une fraction du Parlement au moins apporte les lumières voulues, qu'elle soit, dans ce but, nommée par des gens attachés tout particulièrement à certains intérêts, qui ne sont certes pas des intérêts particuliers, mais bien des intérêts sociaux ; en outre, les membres de cette partie du Parlement seront toujours des individus qualifiés spécialement pour défendre tel ou tel ensemble d'intérêts sociaux, sans rester inhabiles pour la gestion de tous les autres intérêts. Ils auront, dit M. Féron, qui admet la notion de mandat politique, comme dans la politique actuelle, un mandat pour partie impératif et pour partie de confiance.

[1] Chambre des Représentants belge, séance du 28 avril 1892, ses. ord., 1891-1892 (*An. parl.*, Ch. Rep., p. 1105).

Et qu'on ne vienne pas prétendre que les Parlements d'aujourd'hui sont composés d'aussi logique façon. Il y a peut-être peu d'intérêts qui ne soient pas représentés, au moins par un député; mais, en tout cas, combien ne le sont pas suivant leur importance et sont ainsi dans la même situation que s'ils n'étaient pas représentés ! On peut dire, dans tous les pays, avec M. Barbézieux : « Aujourd'hui notre Assemblée législative représente le nombre, c'est-à-dire rien [1] ! »

Les statistiques par profession des députés montrent clairement qu'il n'y a aucune correspondance entre les groupes basés sur les grands intérêts et le nombre de représentants pouvant être rattachés à ces mêmes groupes.

La Chambre française qui a disparu au printemps de 1898 donnait pour la provenance des députés [2] :

Carrières politiques	185
Fonctionnaires	152
Professions libérales	112
Commerce	43
Industrie	74
Agriculture	15
TOTAL	581

D'où la figure suivante :

Nombre des élus par profession :

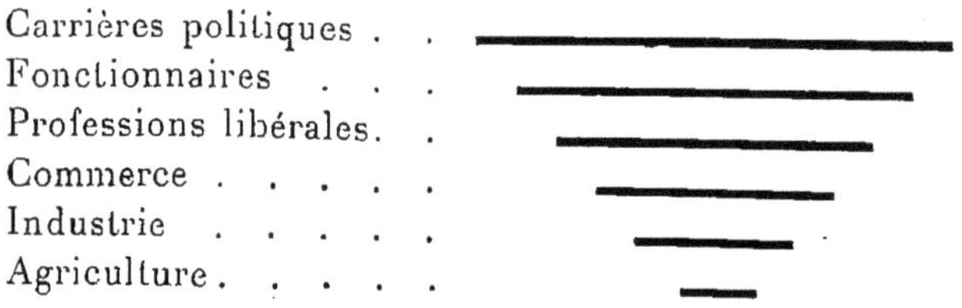

Carrières politiques . . ————————————
Fonctionnaires . . . ——————————
Professions libérales. . ————————
Commerce . . . . . ——————
Industrie . . . . . ————
Agriculture . . . . . ——

[1] Extrait d'un article paru dans *la Paix* et signalé par *le Matin* du 24 mai 1896.

[2] Pour la statistique plus détaillée, v.: Henri Avenel, *Comment vote la France :* et d'Eichtal, *la Souveraineté du peuple*, p. 209.

Or, si on établit une figure du même genre en considérant, non plus les élus, mais les électeurs, on obtient ceci :

Nombre d'électeurs par profession :

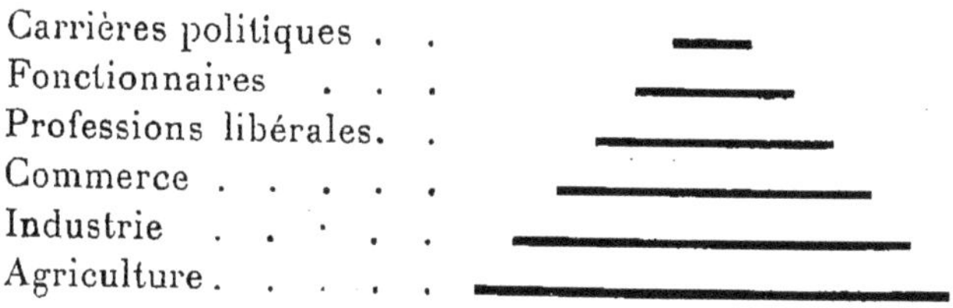

Carrières politiques . .
Fonctionnaires . . .
Professions libérales. .
Commerce . . . . .
Industrie . . . . .
Agriculture. . . . . .

Le dénombrement de 1892 donnait en effet les chiffres suivants[1] de :

Professions non classées ou inconnues. .		3.700.000
Carrières politiques		
Fonctionnaires		
Professions libérales . . .	1.100.000	3.200.000
Rentiers	2.100.000	
Commerce		5.200.000
Industrie		9.500.000
Agriculture		17.500.000

Ce défaut considérable de proportion n'a pas été le propre de la Chambre de 1893-1898. Il s'est rencontré partout et toujours, lorsque le pur système de la représentation du nombre a été en vigueur. Parlant de la composition de l'Assemblée législative de 1791, le baron de Staël, dans sa correspondance avec la Cour, écrit le 6 octobre :

« ... Sur 745 députés on y compte 400 avocats pris pour la plupart dans les derniers rangs du barreau », une vingtaine de prêtres constitutionnels, « autant de poètes et littérateurs de fort petite renommée, tout cela à peu près sans patrimoine...

[1] *Revue d'économie politique,* année 1894, p. 793.

Charles Benoist, *la Crise de l'État moderne,* p. 446 et 447, graphiques I et II.

presque tous formés dans les clubs et assemblées populaires[1]. » Et Taine ajoute, après avoir cité ces lignes :

« Pas un noble ou un prélat de l'ancien régime, pas un grand propriétaire, pas un chef de service, pas un homme éminent et spécial en fait de diplomatie, de finance, d'administration ou d'art militaire. On n'y trouve que trois officiers généraux et de dernier rang dont l'un est nommé depuis trois mois et les deux autres tout-à-fait inconnus[2]. »

Lorsqu'en 1848 l'Assemblée nationale voulut renoncer à se partager en bureaux formés par tirage au sort pour se diviser en sections correspondant à chaque branche des services publics, une section put réunir 270 membres, tandis qu'une autre arrivait à grand'peine à en grouper 25[3]. Cet inconvénient reparaît fréquemment à la Chambre des Communes d'Angleterre qui a coutume de se former en Commissions spéciales pour l'étude des projets de lois. Rien d'étonnant à cela, puisqu'il ressortait d'une statistique[4] dressée en 1894 par M. Hammil que :

450.000 actionnaires de chemins de fer avaient au Parlement	22	représentants
380.000 ouvriers.	0	—
Les propriétaires du sol	130	—
800.000 ouvriers agricoles.	1	—
Les constructeurs et armateurs de navires	25	—
Les corps de métiers construisant les navires	0	—
220.000 matelots.	1	—
Les propriétaires de mines (métaux et charbons).	21	—
655.000 mineurs.	7	—
Les gens de loi	148	—

[1] Taine, *les Origines de la France contemporaine : la Révolution*, t. II, p. 95.
[2] *Ibid.*
[3] Adolphe Garnier, *Morale sociale*, p. 273.
[4] C'est évidemment au côté économique plutôt qu'au côté social de cette statistique qu'il s'agit de s'attacher ici.

Les errements du passé demeurent ceux du présent. La nouvelle Chambre française, élue en 1898, présente dans la répartition de ses membres par profession les mêmes anomalies que la précédente. D'un relevé du *Figaro*, au lendemain même des élections, il ressort que :

75 députés sont avocats, 47 médecins, 28 anciens officiers des armées de terre et de mer, 20 professeurs, 3 instituteurs, 17 anciens magistrats, 7 anciens membres de la diplomatie, 11 anciens membres du Conseil d'État, 2 ecclésiastiques, 9 ingénieurs, 90 propriétaires, 38 industriels, 20 agriculteurs, 19 officiers ministériels, 5 pharmaciens, 30 journalistes, 18 négociants, 15 anciens fonctionnaires administratifs, 10 anciens employés de ministères, 5 employés ou représentants de commerce, 3 banquiers, 3 entrepreneurs de travaux publics, 1 inspecteur des finances, 1 architecte, 1 géomètre, 1 peintre, 1 auteur dramatique, 1 vétérinaire, 1 maître d'hôtel, 1 conducteur de diligence, 1 marchand fripier.

Il resterait à classer environ 81 députés. Mais les chiffres ci-dessus démontrent déjà que la composition professionnelle de la Chambre actuelle n'est guère mieux répartie que celle de la précédente.

Les exemples qui précèdent sont empruntés à la composition des Chambres basses. C'est sur elle que se reporte ordinairement toute la curiosité. Mais le Sénat, qui ne provient pas d'une meilleure organisation des circonscriptions territoriales au point de vue économique et social, offrirait certainement, en France et en Belgique notamment, des anomalies aussi surprenantes.

Après avoir étudié l'histoire de la représentation des intérêts, base des conditions d'électorat dans la revision de la Constitution belge (1890-1893), il reste à signaler quelques propositions à but analogue et qui sont d'origine soit belge, soit française.

Les premières sont contemporaines de la revision et furent discutées dans une série de séances tenues en 1891 par la Section de législation comparée de la *Société d'études sociales et politiques*, qui se réunit afin de passer au crible les multiples propositions de réforme qui surgissaient.

M. de Haulleville se rapprochait de MM. Féron et consorts, mais plus encore de MM. Helleputte, Loslever, etc., dont le projet s'appliquait aux deux Chambres et sera examiné plus loin. C'est au Sénat seul que M. Haulleville demandait de représenter les grands intérêts dont il établissait trois groupes : capital, travail, intelligence. Mais, pour lui, la prééminence devait restait aux classes supérieures et dirigeantes ; il leur accordait, par suite, 90 sénateurs (capital et intelligence), contre 54 au travail[1]. Il y avait là une distinction entre la partie matérielle et la partie intellectuelle et morale de la vie nationale. On s'occupait de la première, mais sans la laisser prédominer ; on évitait ainsi tout reproche de poursuivre une réforme trop terre à terre.

Tel n'était pas le résultat auquel — avec la même répartition des intérêts en trois groupes : capital, travail, intelligence — aboutissait M. H. Denis. Il fallait en chercher la raison dans les tendances socialistes de l'auteur.

M. H. Denis se préoccupait d'abord de la répartition de 200 sièges sénatoriaux entre les diverses branches de la vie matérielle du pays et il prenait comme base la répartition des richesses.

Peut-être serait-il bon que le principe même de cette répartition fût dégagé. Sous prétexte de voir des richesses matérielles et d'autres qui ne le sont pas, M. H. Denis a l'air de supposer que chacun possède les unes ou les autres, mais jamais toutes ensemble. Il paraît cependant nécessaire de remarquer que, dans le monde actuel, les unes procurent souvent les autres et, *vice versa*, qu'être doué de richesses spirituelles peut conduire au bien-être matériel et que, d'autre part, avec les ressources matérielles on se trouve à même de se procurer les développements de l'esprit et de l'intelligence.

[1] *Revue sociale et politique*, année 1891, n° 5, p. 514.

M. H. Denis établissait, avec sa méthode, le tableau ci-dessous :

	Propriétaires de plus de la moitié de leur culture et non cultivateurs.	Entrepreneurs et fermiers de plus de la moitié de leur culture	Ouvriers et employés	Total
Industrie, transport et services personnels.	»	43	43	86
Agriculture. . . .	30	30	30	90
Commerce. . . .	»	20	4	24
Totaux. . .	30	93	77	200

Puis venait la représentation de la vie *spirituelle*, à laquelle il convient d'attribuer moitié moins d'importance qu'à la vie économique et, par suite, 100 sénateurs seulement. Leur répartition aura lieu entre diverses subdivisions :

Vie Spirituelle

A. *Science :*

a. Tous les corps qui accumulent et transmettent simplement les sciences (enseignement supérieur, moyen, primaire).

b. Tous les corps qui contribuent essentiellement à élargir le savoir humain :

α. Sciences mathématiques, physiques et chimiques (sciences inorganiques) : académie des sciences, sociétés savantes, écoles spéciales, universités, observatoires, associations des ingénieurs, géologues, hydrographes, chimistes, pharmaciens, etc.

β. Sciences biologiques et psychologiques :

1° Considérées en général : Académie des sciences, sociétés de naturalistes, paléontologie, entomologie, etc., instituts agricoles, écoles vétérinaires ; universités.

2° Considérées à l'égard de l'homme : Académie de médecine ; universités ; sociétés médicales ; comités d'hygiène, sociétés d'anthropologie, etc.

γ. Science sociale : Académie, section des sciences morales et sociales ; universités ; sociétés d'économistes, de jurisconsultes ; avocats, notaires, sociologistes ; commissions de statistiques, etc.

B. Sentiment :

Culture du sentiment esthétique ou moral.

C. *Volonté et Action :*

Magistrature, administration, armée, etc.

Le Sénat ainsi constitué serait divisé, comme celui des États-Unis, en Comités se rattachant aux divers services, aux diverses fonctions de l'État[1].

Mais puisqu'il s'agit d'arriver à cette formation en Comités, qui est vraiment le point important, le point d'aboutissement du projet, pourquoi ne pas s'inspirer des titres des divers services et fonctions de l'État afin d'en faire ceux des groupes électoraux ? Le projet eût gagné en simplicité et en netteté — choses dont il manque par-dessus tout — parce qu'il aurait été embrassé tout entier entre des éléments correspondants de l'administration nationale et du corps électoral.

Certainement M. de la Grasserie fait œuvre plus logique et plus pratique, quand il confie à des Conseils professionnels départementaux l'élection d'une Chambre professionnelle nationale qui possède, à la fois, l'initiative des lois et, pareille en cela au Tribunat de l'Empire, la préparation, mais non le vote, de toutes les lois émanant de l'initiative parlementaire[2]. Le danger est, ici, de tomber dans la représentation professionnelle ; celle des intérêts est vraiment la seule praticable ; c'est à elle que se rallient, du reste, M. le marquis de la Tour-du-Pin-Chambly[3] et M. A. Desjardins[4], entre autres.

[1] *Revue sociale et politique,* année 1891, n° 5, p. 509 et suiv.

[2] De la Grasserie, De la représentation professionnelle *(Revue politique et parlementaire,* 10 août 1895, p. 277 et 278).

[3] De la Tour-du-Pin-Chambly, De l'organisation du suffrage univers el *(l'Association catholique,* septembre 1896, p. 237).

[4] A. Desjardins, *De la liberté politique dans l'État moderne,* p. 239. — François Veuillot, la Représentation professionnelle et le Sénat *(Revue de la jeunesse catholique,* juin 1895, p. 316).

De toutes les propositions jusqu'ici examinées, il n'en est pas qui, modifiant les conditions soit de l'éligibilité, soit de l'électorat, ait eu d'autre objectif que d'arriver à une représentation des grands intérêts économiques ou sociaux. Il est vrai que toutes aussi, après le fractionnement économique ou social du corps électoral, faisaient subir à ces premières fractions une subdivision nouvelle, qui était territoriale. Mais il n'était point question, en somme, de faire représenter des intérêts territoriaux. Cependant il en existe à part; ils ont été déjà définis[1].

Ils sont inhérents aux subdivisions territoriales telles que le canton et la province qui ont, en vertu de la tradition et de l'histoire, des coutumes et des mœurs, toute une part de vie propre. Bien mieux, avec la large décentralisation dont ces subdivisions jouiront fatalement, elles prennent davantage une existence à part, des allures caractérisées qui ne sauraient se manifester sans un cortège d'intérêts connexes. Ce sont précisément les *intérêts territoriaux.*

N'auraient-ils pas droit, eux aussi, à une représentation dans les organes nationaux ? Ils seraient gérés séparément dans leur presque totalité par l'ensemble de la Chambre provinciale, des Conseils et du Comité provincial. Mais ils seraient en corrélation entre eux et, de même, avec l'intérêt général. Pour que cette parenté ne soit pas une cause de conflits, il convient d'assurer l'harmonie entre tous ses membres ; c'est à quoi s'emploierait un corps central particulier, coexistant avec ceux qui seraient, d'une part, la représentation de l'intérêt général, d'autre part la représentation des intérêts économiques et sociaux.

Cette organisation revient à donner, au pays, comme Parlement :

1° Une *Chambre des députés,* élue suivant les principes actuellement en vigueur, et représentative de l'intérêt général;

[1] *Supra*, 1re partie, chap. I, A.

2° Un *Sénat*, élu par les organismes provinciaux, et représentatif des intérêts territoriaux ;

3° Des *Conseils supérieurs*, émanant des Conseils correspondants des provinces, et représentatifs des intérêts économiques et sociaux.

2° Le Sénat représentation des intérêts territoriaux.

Puisqu'il est nettement établi que les intérêts économiques et sociaux seront représentés dans les Conseils supérieurs, c'est à la représentation des intérêts territoriaux que le Sénat sera consacré.

Toute combinaison dans son sein de ces deux fonctions devient inutile; elle risquerait même d'être nuisible, en ce sens qu'ayant deux choses à faire à la fois les sénateurs ne s'acquitteront bien ni de l'une, ni d'autre. Leur zèle peut ne pas être suffisant. Les opinions de chacun d'eux, sur un même point qu'ils devront envisager sous l'angle territorial ou économique, ou encore social, peuvent se trouver brouillées ou en conflit, et la solution adoptée, qui sera sans doute une demi-mesure, ne vaudra rien.

Il est préférable, en somme, que les sénateurs jugent à un unique point de vue, mais connaissant déjà le jugement que des hommes compétents ont rendu en se plaçant à un autre point de vue. Et, quand une loi appréciée successivement par les représentants des intérêts économiques et sociaux, par ceux des intérêts territoriaux, par ceux enfin de l'intérêt général, aura été acceptée par tous, elle aura bien des chances d'être bonne, de répondre aux besoins du pays et du moment.

Il y a donc comme une confusion d'attributions à éviter, en poursuivant jusqu'au bout la distinction des intérêts et de leur représentation. De crainte de ne point éviter l'écueil, on devra, par suite, rejeter comme inapplicable l'organisation du Sénat proposée par M. de Laveleye. Dans la Chambre haute, dit-il,

« aux 150 membres élus par les Assemblées régionales, il faudrait adjoindre un même nombre de représentants des grands intérêts, des corps constitués, de certains services publics, de tous les centres organisés de la vie économique et intellectuelle du pays. Ainsi, par exemple, les Chambres de commerce, l'Université, le Barreau, l'Institut, le corps médical, les généraux au nom de l'armée, les officiers de vaisseaux au nom de la marine, la diplomatie, nommeraient un certain nombre de représentants[1] ».

On retrouve dans ces lignes l'idée maîtresse de quelques systèmes mis en avant pendant les débats sur la revision de la Constitution belge (1890-93). Les Conseils provinciaux devaient voter sur une liste spéciale d'éligibles ; en outre, certains corps avaient droit à une représentation[2].

Dans la *Revue politique et parlementaire* du 10 décembre 1896, M. Th. Ferneuil, qui n'admet, en tout cas, la représentation des intérêts que dans un Sénat à mode de recrutement différent de celui de la Chambre[3], expose un projet de tendances identiques à celles du projet de Laveleye et partant aussi irréalisable. Chaque département comprendrait deux collèges sénatoriaux ; du premier sortiraient les représentants des groupements territoriaux, c'est-à-dire des délégués des Conseils municipaux, des Conseils d'arrondissement et des Conseils généraux ; le second fournirait les représentants des groupes collectifs et professionnels qui éliraient les deux tiers des Sénateurs.

Les groupes collectifs investis de la mission d'élection seraient désignés par la loi et par un règlement d'administration publique, rendu en Conseil d'État pour chaque département[4].

[1] De Laveleye, *Essai sur les formes de Gouvernement*, p. 151 et 152.

[2] V. également : Prévost-Paradol, *la France nouvelle*, p. 108 et suiv.

[3] Th. Ferneuil, *la Crise de la souveraineté nationale et le suffrage universel*, p. 506.

[4] *Ibid.*, p. 509.

Une fois ces propositions hybrides écartées, on peut étudier l'organisation d'un Sénat qui ne représente que les intérêts territoriaux. Pareil organe de gouvernement n'est pas une absolue nouveauté : tous les États fédératifs en sont dotés. La Suisse, les États-Unis, le Mexique, la République argentine, la République dominicaine ont, à la Chambre haute, deux délégués par État ; le Vénézuela et le Brésil en ont trois ; enfin les délégués sont en nombre variable suivant les États au *Bundesrath* de l'Empire allemand[1].

A vrai dire, ce sont là autant de représentations de circonscriptions territoriales à vie propre, à intérêts généraux plus considérables et plus nettement tranchés que ceux des provinces les plus anciennes, et jouissant du *self-government* le plus large. Les donner en exemple peut donc ne pas être très concluant. Mais il est un autre cas, pris en France, remontant à une époque où le pays avait bien d'autres préoccupations que d'étudier le fédéralisme ou seulement la décentralisation administrative si mollement poursuivie, du reste, aujourd'hui encore. Que l'on se transporte en 1875. Le législateur voulut, cela n'est pas douteux, que le Sénat représentât des groupes sociaux[2]. A son avis, un seul était suffisamment intégré : la commune administrative. Le Sénat devenait, selon le mot célèbre de Gambetta, « le grand Conseil des communes de France ». Tel était le point de départ[3]. Pour M. Laugel, il est

[1] Pour toutes ces Constitutions, v. : Dareste, *les Constitutions modernes*.

[2] Rapport de M. Lefèvre-Pontalis (*Annales de l'Assemblée nationale*, t. XXXVI, Projets de loi, p. 168 et suiv.).

[3] *Cf.* Léon Duguit, l'Élection des sénateurs (*Revue politique et parlementaire*, 10 août et 10 septembre 1895). — Sans nier les intentions du législateur, M. Esmein soulève ici un grief d'inexactitude dans la construction juridique. La commune, détenant en tant que personne morale le droit électoral, doit l'exercer par son organe normal, le Conseil municipal, et son délégué ne doit être qu'un *procureur* lié par un mandat impératif. Or, telles ne sont pas les exigences de la loi constitutionnelle. M. Esmein en déduit que la loi du 24 février 1875 a voulu maintenir le suffrage universel, mais appliqué suivant un système différent de celui employé pour l'élcetion de la Chambre des

aussi « le trait le plus original » de la Constitution française. Pour lui encore, on est resté dans la bonne voie quand on a conservé, comme base des élections sénatoriales, les unités territoriales actuelles. Factices au début, elles auraient, au cours de près d'un siècle, gagné « une sorte de vie propre et indépendante[1] ». « Les républiques, écrit toujours M. Laugel, sont nées presque toujours dans des pays soumis au régime fédératif et, bien que la France ne puisse pas être regardée comme une confédération de départements, c'est par une heureuse inspiration qu'on a fait sortir le Sénat de nos unités territoriales actuelles; c'était en mettre les racines dans le sol même de la France, lui donner une force, une indépendance, une dignité qui ont trop souvent manqué à nos Chambres hautes[2] ». L'idée reste parfaite; mais vraiment elle faiblit dans son application, et M. Laugel exagère lorsqu'il voit dans les divisions administratives du présent le sol même du pays. Peut-on dire qu'elles y sont si intimement incorporées ? L'expression ne deviendrait-elle pas plus exacte, la réalisation de la pensée des législateurs de 1875 plus sérieuse, si, au lieu de communes et de départements, c'étaient des cantons et des provinces, suites historiques des anciens groupements territoriaux de la France, qui étaient représentés au Sénat[3] ? Telles sont bien les circonscriptions qui devraient, par un premier ensemble de délégués, en tout cas, former les collèges électoraux sénatoriaux.

Ces collèges ont actuellement une fausse origine en ce qu'ils

députés. (*Éléments de Droit constitutionnel*, p. 689 et 690.) — Est-il indispensable, pour obtenir la représentation d'un groupe, d'envisager ce groupe en tant que personne morale ? Ne peut-il être pris comme un ensemble d'individus rapprochés par certains liens historiques, économiques et sociaux ? L'idée de procureur et de mandat impératif s'atténue ; elle disparaît si on se rallie à la théorie de la délégation par la Constitution où un choix, sans mandat, est l'essence du vote.

[1] Laugel, *la France politique et sociale*, p. 315.

[2] *Ibid.*, p. 316.

[3] *Supra*, 2e partie, titre I, chap. II, A, et chap. III, A.

ne se rattachent pas à des circonscriptions territoriales dotées vraiment d'intérêts propres. Il est une seconde déviation du principe de 1875. Le législateur d'alors n'avait découvert qu'un groupe territorial assez solidement constitué pour pouvoir être représenté. C'était la commune. Or, voici qu'il donne mission de procéder à l'élection des sénateurs aux conseillers d'arrondissement et aux conseillers généraux, d'une part, qui représentent des arrondissements et des cantons ; aux députés, d'autre part, qui ne représentent que des personnes[1]. M. Ch. Benoist, malgré ses désirs de perfectionnement du pouvoir législatif, conserve, d'une part, au département, abstraction faite des communes, et, d'autre part, à la réunion des communes, le droit de nommer chacun un des trois délégués invariablement consentis à chaque département. Le premier député est élu par et parmi les membres du Conseil général, le second par et parmi les membres des Conseils municipaux. Quant au troisième siège, il appartiendrait aux « unions locales » d'ordre social. La seule difficulté, qui n'est pas mince, est de déterminer quelles seront ces unions locales. Les corps constitués (Universités, Chambres de commerce, Barreau...)? Les syndicats ? M. Ch. Benoist, qui demeure hésitant, s'en remet à la loi à venir, de même que le législateur au règlement d'administration publique[2].

Pour en revenir aux fausses attributions de l'électorat sénatorial, il se trouve en elles plus encore qu'une simple erreur de méthode, aux yeux de M. H. Pascaud[3] ; il y a un danger,

[1] *Cf.* Léon Duguit, l'Élection des sénateurs (*Revue politique et parlementaire*, 10 septembre 1895, p. 466-469).

[2] Ch. Benoist, *la Crise de l'État moderne*, p. 277 et suiv. A noter combien ce système se rapproche de ceux examinés au début de ce paragraphe et qui mêlent dans le Sénat la représentation territoriale à la représentation économique et sociale.

Ce fait est ici encore une cause de faiblesse pour le projet entier.

[3] H. Pascaud, *le Suffrage politique chez les principaux peuples civilisés*, p. 98. — *Cf.* M. le baron de Conink de Merkem, Sénat Belge, séance du 4 août 1893, ses. ord., 1892-1893 (*An. parl.*, S., p. 516).

en ce sens que le Sénat ne se trouverait point soustrait à la pure influence politique.

En résumé donc, le Sénat doit être représentant de groupements territoriaux historiques ; seuls les délégués de ces groupements (Conseils provinciaux) éliront les sénateurs ; enfin, cette organisation ne peut trouver place que dans une loi électorale basée sur la représentation des intérêts. Le système nouveau serait ainsi le développement d'un embryon déjà existant, mais revu et corrigé. Le Sénat incarnerait les intérêts précis, importants et durables de ces groupes en face de la Chambre des députés qui représenterait les intérêts passagers, flottants, des individus. Il reconquerrait, à ce prix, la part d'autorité dont il a besoin pour remplir sa fonction constitutionnelle.

L'idée de faire du Sénat le défenseur des intérêts territoriaux n'a pas été très répandue. Cependant on trouve — en général, sous la plume d'auteurs peu connus — quelques propositions qui ouvrent des aperçus sur les moyens d'application abordables. Aussi Prévost-Paradol, qu'il faut encore citer ici, domine-t-il de toute sa hauteur.

Dans une brochure intitulée : *les Cahiers de 1871 : Programme de décentralisation*, M. Breynat, docteur en droit et ancien sous-préfet, demande que l'on « confie l'élection de la Chambrehaute aux Assemblées provinciales qui seraient appelées à nommer un membre par 100.000 habitants ou fraction de plus de 60.000. Cette élection aurait lieu par circonscription provinciale[1] ». Mais elle ne porterait que sur une liste de notables dressée par les Conseils départementaux[2]. Il est juste de remarquer que ce système d'élections ne doit pas, selon M. Breynat, donner une représentation des intérêts territoriaux, mais bien une Assemblée de conservation sociale et renfermant une aristocratie de propriétaires, d'industriels, de commerçants, d'hommes remarquables par leurs talents et les

[1] Breynat, *les Cahiers de 1871 : Programme de décentralisation*, p. 10.
[2] *Ibid.*, p. 17.

services rendus. On aboutit donc, par un procédé faisant intervenir les grands groupes territoriaux, à une représentation plutôt économique et sociale. On ne retiendra que le procédé.

Qu'on en fasse de même pour le système préconisé par Prévost-Paradol[1], et dont deux points sont à retenir : en fait, Prévost-Paradol reconnaît la nécessité de la réunion des départements en régions ou provinces, à cause des affinités qui existent traditionnellement entre eux, et il donne à chacune de ces régions une assemblée délibérante qui est dite *Conseil régional*. Puis il confie à ces Conseils régionaux le soin de procéder à l'élection de la presque totalité du Sénat (250 membres contre 50 de droit).

Enfin, le procédé d'élection déjà dégagé chez M. Breynat et chez Prévost-Paradol, est employé très nettement par M. Ad. Front-de-Fontpertuis pour obtenir une représentation territoriale. Il dit, en effet : « La population étant la base de la représentation pour l'une des deux Chambres, on pourrait négliger cet élément pour l'autre et décider que tout département enverrait deux représentants au futur Sénat[2]... »

Sous réserve de substituer la province au département et, par suite, de porter pour chaque division territoriale le nombre de délégués à cinq ou six, c'est bien là la formule de réforme qu'il convient d'appliquer ; le Sénat sera, à proprement parler, la *Chambre des provinces*.

M. le marquis de la Tour-du-Pin-Chambly, revenant au vieux terme qui désignait les assemblées des provinces (États du Dauphiné, États du Berry, etc.), dirait la « Chambre des États ». Cette Chambre, il la conçoit comme une émanation des Chambres provinciales ; elle recevrait les lois d'intérêt général d'un Conseil d'État, les accepterait ou les renverrait afin qu'elles subissent les modifications suggérées au cours de la délibération[3].

[1] Prévost-Paradol, *la France nouvelle*, p. 108 et suiv.

[2] Ad. Front-de-Fontpertuis, la Deuxième Chambre (*Journal des Économistes*, mars 1873, p. 386).

[3] *Association catholique*, 15 décembre 1896, p. 545.

Les cinq ou six délégués de chaque province au Sénat, par qui seraient-ils désignés? Par les corps provinciaux, Chambre, Conseils et Comité réunis, qui choisiraient parmi leurs membres. Ils seraient soumis à la réélection, par fraction, tous les quatre ans.

Le chiffre de population n'entrerait pas plus ici en ligne de compte que pour la nomination des députés cantonaux à la Chambre provinciale, car, ce qu'il s'agit de représenter, c'est la personne qu'est la province, comme le canton, et l'ensemble de ses intérêts propres. Du reste, sans recourir à des délimitations arbitraires, le législateur aurait à égaliser, autant que faire se peut, les provinces entre elles au point de vue de la superficie et de la population.

Le choix pratiqué dans les organes provinciaux seuls offre la garantie précieuse que les sénateurs sont des hommes déjà au courant des affaires. Ils ont, en effet, appartenu aux corps cantonaux, puis aux provinciaux, pendant un laps de temps assez long pour qu'on ait éprouvé leurs connaissances et leur valeur personnelle. Rien n'empêcherait cependant, pour plus de sûreté, d'exiger pour l'éligibilité au Sénat un certain âge, ainsi que cela se pratique actuellement dans tous les pays.

Les attributions du Sénat au point de vue législatif pourraient parfaitement demeurer ce qu'elles sont sous la présente Constitution française. Le mode de travail, le règlement intérieur seraient, par contre, transformés par l'intervention des Conseils supérieurs.

Voici donc, dans ses traits essentiels, le Sénat tel qu'on pourrait l'organiser. Il représenterait ce qu'il y a de collectif dans la nation, mais ce qui est le collectif le plus aisément concevable et saisissable. Il y gagnerait aussitôt en autorité vis-à-vis de la Chambre représentative des unités. Mais, comme les groupements territoriaux ne sont pas tout dans la nation, et que M. Séverin de la Chapelle trouve que, même dans ce domaine, les principes vitaux des sociétés « sont secondaires et en quelque sorte voilés », des corps représentatifs des intérêts économiques et sociaux, de ce collectif plus complexe et moins tangible qui existe dans toute nation, resteraient à constituer. On conserverait de la sorte « les deux éléments : le collectif et l'individuel, non pas dans un mélange incessant, mais en les coordonnant, en les mettant chacun à leur place[1] ».

C. — La Chambre des députés. — La représentation des intérêts dans la Chambre seule, ou simultanément dans la Chambre et le Sénat.

La Chambre conservera la représentation des individus et de l'intérêt général qui lui est actuellement dévolue. N'est-il pas, dès lors, superflu de s'occuper d'elle à propos d'intérêts de groupes ? Non, car il reste, en premier lieu, à expliquer pourquoi, malgré l'adoption du principe de la représentation des intérêts on ne l'applique pas d'une façon générale, et, en second lieu, à passer une rapide revue, soit des modifications proposées pour réaliser une semblable application complète, soit des cas où elle s'est produite, soit enfin des traces qui en peuvent subsister aujourd'hui.

Il est une raison très simple pour abandonner la représentation des intérêts dans la Chambre des députés. Cette raison s'applique, du reste, aussi bien au Sénat, lorsqu'il s'agit des intérêts économiques et sociaux. En effet, il existe déjà des corps qui ébauchent la représentation des intérêts économiques et sociaux, qui ne demandent qu'à être multipliés, renforcés et grandis : ce sont les Conseils supérieurs. Il devient, par conséquent, inutile de bouleverser la Constitution entière, de créer de toutes pièces une représentation de tous les grands intérêts dans une Chambre où l'on n'avait guère songé à les dégager jusqu'ici, et une représentation des grands intérêts économi-

[1] R. de la Grasserie, De la structure politique de la Société (*Revue internationale de sociologie*, novembre 1896).

ques et sociaux dans un Sénat où l'on avait entrevu seulement celle des intérêts territoriaux.

Bien, mieux, le Sénat et la Chambre vont devenir précieux comme contrepoids ; la Chambre est ainsi une concession à ceux que la représentation des intérêts effraie en tant que danger pour l'intérêt général. Elle sera l'élément d'harmonie. Cependant, dira-t-on, elle ne sera toujours qu'un produit de la force du nombre, force brutale et indigne de la Constitution d'un peuple très avancé. Evidemment elle ne doit pas être cela ; elle doit procéder d'élections pratiquées dans le calme et avec justice, qui ne se présentent pas comme du calcul enfantin et consacrent tout platement la victoire des gros chiffres sur les plus petits. Mais la Chambre ne sera la représentation de l'intérêt général et des opinions, en dehors de la tyrannie du nombre, que par l'application de la représentation proportionnelle et du vote plural basé sur l'âge. Alors vraiment, au moment de sa formation et au cours de sa carrière, toutes les aspirations et tous les besoins de toute la masse, de toute la somme numérique des individus se manifesteront ; il s'en dégagera l'âme collective du pays, faite de la communauté d'idées, de volontés et de sentiments.

On peut maintenant, au point de vue scientifique, et afin de ne rien négliger de ce qui touche à la représentation des intérêts, prendre une à une les velléités d'introduction de la réforme dans les lois électorales de la Chambre.

Il en est tout d'abord qui supposent une application commencée dans la Chambre et complétée dans le Sénat, de même que dans le Parlement anglais on peut voir, à la rigueur, une représentation de grands intérêts sociaux assurée à la fois par la Chambre représentative des Communes et la Chambre des Lords où sont réunis les députés de la noblesse, du clergé et des Universités[1].

M. Ad. Garnier n'envisage plus les mêmes groupements

[1] Prins, *la Démocratie et le régime représentatif*, p. 135.

sociaux que la Constitution anglaise ; mais, lui aussi, il n'appelle les uns à se faire représenter à la Chambre qu'en donnant aux autres le même privilège au Sénat. Les fonctions privées (agriculture, commerce...) envoient des députés à la Chambre qui « doit être aussi fidèlement que possible l'expression du peuple qu'elle représente » ; les fonctions publiques (magistrature, armée, enseignement...) délèguent des représentants au Sénat[1].

Cette distinction des particuliers et des fonctionnaires est également indispensable pour M. le marquis de la Tour-du-Pin-Chambly, parce que « leur représentation ne saurait se former de la même manière ». Les corps de l'Etat sont dotés d'une hiérarchie et ne peuvent être représentés que par leurs chefs ; ceux-ci détiennent un droit à la mission représentative. Quant aux particuliers, ils seront représentés par leurs élus[2].

La société civile comprend donc, d'une part, les corps constitués, de l'autre, les contribuables et les sociétés professionnelles, associations libres, corporations. La première catégorie a ses cadres tout tracés. Dans la seconde, M. de la Tour-du-Pin-Chambly rassemble les professions sous trois épithètes : libérales, industrielles et commerciales[3], et distingue trois sous-groupements, suivant une méthode analogue à celle qui préside aux élections du *Landtag* de Prusse[4]. M. de la Tour-

[1] Ad. Garnier, *la Morale sociale*, p. 285.

[2] *L'Association catholique*, 15 décembre 1896, p. 538.

[3] *Ibid.*, p. 539.

[4] On forme des classes électorales censitaires *(classenwahl)*. Pour cela, on additionne tous les impôts payés dans une province, soit par exemple, 3 millions. On divise tous les électeurs en 3 classes. Dans la première on fait rentrer tous ceux qui paient le premier million, en commençant par en haut (tous les plus gros imposés); dans la deuxième, tous ceux qui paient le deuxième million ; dans la troisième, tous ceux qui paient le troisième million (tous les plus faibles imposés). La première classe ne comprend donc qu'un petit nombre de grands seigneurs et de capitalistes ; la deuxième, les bourgeois payant des cotes d'impôt moyennes; la troisième toute la masse des petites gens qui paient des impôts minimes. On répartit le nombre des repré-

du-Pin-Chambly répartit les contribuables dans ses trois sous-groupements d'après leur situation, en tant que contribuables *stricto sensu*, de petits, moyens ou gros, estimant qu'avec ces divers degrés de fortune les intérêts varient[1].

Un deuxième genre de propositions n'affecte plus la Chambre à la représentation de certains grands intérêts et le Sénat à celle des autres, mais confie à la Chambre et au Sénat, en même temps, la représentation de tous les grands intérêts, répondant au vœu général de M. Henry Maret : « Il faudrait concevoir la représentation nationale de telle sorte que l'électeur ne votât ni par arrondissement, ni par département ; mais par intérêts, par situation, par compétence[2]. »

Cependant une difficulté préliminaire s'est dressée que les auteurs de propositions ont résolue de façons diverses. Il s'agit de représenter des intérêts ; mais comment les classer ? Comment tracer les limites des circonscriptions électorales? Qui faire rentrer dans chacune d'elles?

Les uns se sont laissé guider surtout par des considérations scientifiques ; les autres, au contraire, ont voulu trouver une classification qui relevât de la pratique[3].

Parmi les premiers, M. de Greef est le plus caractéristique avec son groupement des professions suivant la science précisément à laquelle elles se rattachent[4] :

sentants qui doivent être élus en trois parties égales entre les trois classes. Le plus gros vice du système réside dans l'inégalité résultant de ce que la classe la moins nombreuse a autant de députés que la classe la plus nombreuse.

[1] *L'Association catholique*, 15 décembre 1896, p. 536.

[2] *Le Radical*, août 1891. — Dans un pays où les catégories sociales sont encore très tranchées, Macaulay avait écrit : « Le Gouvernement parlementaire n'est pas la représentation du nombre, c'est la représentation des classes. » Le Parlement anglais répond à cette définition plus encore qu'à celle de M. Henry Maret.

[3] V. : Ch. Benoist, *la Crise de l'État moderne*, p. 251 et suiv.

[4] *Supra*, 2e partie, titre I, chap. IV, B, 1°.

1° Métiers se rapportant par leurs procédés à la géométrie et à la mathématique; 2° à la mécanique; 3° à la physique; 4° à la chimie inorganique; 5° à la chimie organique; 6° à la biologie; 7° à la psychologie; 8° à la sociologie.

M. le Dr Bordier, se plaçant au point de vue physiologique, distingue les professions manuelles et les professions cérébrales[1].

C'est, à l'inverse, la méthode psychologique que préconisaient Diderot et d'Alembert. Ils groupaient les professions « quant à leur dépendance vis-à-vis des trois facultés de l'entendement : mémoire, imagination et raison ». Les arts, métiers et manufactures, par exemple, au point de vue des usages tirés de la nature, étaient reliés à l'histoire naturelle ; les beaux-arts dépendaient de l'imagination[2].

Le second groupe de propositions, celui qui s'inspire plutôt d'observations pratiques, est plus riche.

M. de Mohl distingue les intérêts matériels, grande et petite propriété, commerce, industrie..., des intérêts spirituels, églises, sciences, art, enseignement[3]...

Il convient de rapprocher de cette division celle de M. H. Denis qui envisage d'abord la vie matérielle, avec les groupes de l'Industrie, de l'Agriculture et du Commerce, puis la vie spirituelle, avec ceux de la Science, du Sentiment, enfin de la Volonté et de l'Action[4].

Bluntschli a une classification *politico-sociale*, suivant l'expression de M. Ch. Benoist. La voici :

a. Bourgeoisie cultivée :

1° Certains fonctionnaires de l'État ; 2° Ecclésiastiques et professeurs ; 3° Docteurs, notaires, avocats, médecins, pharmaciens, savants, hommes de lettres ; 4° Artistes, ingénieurs, hautes professions techniques ; 5° Grands négociants et grands fabricants ; 6° Métiers élevés (artisti-

[1] Dr Bordier, *la Vie des Sociétés.*

[2] Diderot et d'Alembert, *l'Encyclopédie,* Profession.

[3] De Mohl, *Staatsrecht und Politik.*

[4] *Supra,* 2e partie, titre I, chap. IV, B, 1°.

ques); 7° Capitalistes (rentiers); 8° Grands propriétaires fonciers (sauf aristocratie).

b. Grandes classes populaires et prolétariat :

1° Paysans et cultivateurs; 2° Pasteurs, bergers, pêcheurs, chasseurs, marins, mineurs (travailleurs placés en face de la nature externe); 3° Petite bourgeoisie (ville et campagne), petits marchands ou maîtres de métiers (ouvriers à domicile ou dans les fabriques); 4° Employés et serviteurs inférieurs de l'État et des hautes professions libérales; 5° Prolétariat, commissionnaires, journaliers, homme de peine, etc.[1].

Puis viennent les théories que l'on pourrait appeler sociales. Dans sa répartition des sièges de députés, de Sismondi en attribue :

Les 2/5 « à la démocratie »; les 2/5 « à la partie la plus éclairée et la plus intelligente de la nation, qui habite les villes et qui y développe la prospérité matérielle »; 1/5 « à celle qui est occupée d'intérêts intellectuels[2] ».

L'abbé Oberdœrffer établit quatre groupes :

1er *groupe :* Personnes occupées des intérêts moraux de la société (clergé, religieux, corps enseignant).

2e *groupe :* Hommes employés dans les services publics (armée, magistrature, administration...).

3e *groupe :* Personnes qui poursuivent des intérêts privés (industrie, métiers, commerce, professions libérales).

4e *groupe :* Agriculture[3].

La société de Saint-Simon, une fois les oisifs éliminés, ne comptera plus que des travailleurs divisés en trois grandes classes : les artistes, les savants, les industriels, ceux-ci comprenant : les négociants, les fabricants et les agriculteurs[4].

Les propositions de revision de la Constitution belge dépo-

[1] Bluntschli, *Théorie générale de l'État* (trad. franç.), p. 160 et 161.

[2] De Sismondi, *Étude sur les Constitutions des peuples libres*, p. 84 et 85.

[3] *L'Association catholique*, t. XXXI, p. 508.

[4] G. Weill, *Saint-Simon et son œuvre*, p. 162 et 164.

sées par MM. Helleputte[1] et Loslever[2] comportent une répartition des intérêts d'après le capital, le travail et l'intelligence.

Toute autre est la base adoptée par M. Ch. Dupin; elle n'a plus rien de social ; ce sont les besoins matériels de l'homme. Cette classification physique compte sept groupes[3].

Enfin il est des classifications qui s'inspirent de celles des statistiques officielles. M. Ch. Benoist incline fortement vers cette méthode ; mais, faisant abstraction soit du groupe de la « population non classée » et des gens de « profession inconnue », soit du groupe de la force publique qu'il n'estime pas pouvoir voter, il garde sept groupes :

1° Agriculture; 2° Industrie; 3° Transports, Postes et Télégraphes; 4° Commerce; 5° Administration publique; 6° Professions libérales; 7° Personnes vivant exclusivement de leurs revenus[4].

Cependant au dernier dénombrement (1896) on a suivi, en partie du moins, le classement nouveau proposé par M. J. Bertillon, mais qui offre l'inconvénient de subdivisions à l'infini. On peut cependant retenir les quatre grands groupes qui comprennent douze divisions générales :

A. *Production de la matière première :*
 1° Exploitation de la superficie du sol.
 2° Extraction de matières minérales.

B. *Transformation et emploi de la matière première :*
 3° Industrie, d'après la nature de la matière utilisée. Industrie, d'après le genre de besoins. Industries non classées.
 4° Transports.
 5° Commerce.

C. *Administrations publiques et professions libérales :*
 6° Force publique.

[1] Chambre des Représentants belge, séance du 1er mars 1893, ses. ord., 1892-1893 (*An. parl.*, Ch. Rep., p. 815 note).

[2] Chambre des Représentants belge, ses. ord., 1892-1893 (*D. P.*, Ch. Rep., n° 55).

[3] V. Ch. Benoist, *la Crise de l'État moderne*, p. 251, note 3.

[4] *Ibid.*, p. 253 et 254.

7° Administrations publiques.
8° Professions libérales.
9° Personnes vivant principalement de leurs revenus.

D. *Divers* :
10° Travail domestique.
11° Désignation générale, sans indication d'une profession déterminée (négociants, employés, journaliers, etc.).
12° Improductifs. Profession inconnue (sans emploi, sans profession, mendiants, vagabonds, etc. [1]).

On signalera encore la classification de M. le marquis de la Tour-du-Pin-Chambly avec :

La catégorie des professions vouées au bien public ;
— carrières libérales ;
— entreprises industrielles ou commerciales ;
— travaux agricoles [2].

Et le classement qui est le fondement du projet déposé par MM. Féron et consorts lors de la revision de la Constitution belge (1890-93), savoir quatre groupes :

De la science ; de l'agriculture ; de l'industrie ; du commerce [3].

A ces multiples méthodes ne correspondent pas toujours des projets d'application de la représentation des intérêts. Cependant quelques-unes, on l'a déjà remarqué, font partie de propositions à l'usage du Sénat. Il en est d'autres qui doivent concourir à la formation, à la fois, du Sénat et de la Chambre des députés. Elles sont d'origine belge.

Ainsi, M. de Hauleville, reprenant la division capital, travail et intelligence, voudrait qu'on procurât la représentation

[1] J. Bertillon, Projet de nomenclature des professions, présenté à l'Institut international de statistique, session de Chicago, 1893 *(Bulletin de l'Institut international de statistique*, t. VIII, 1re livraison, 1895).

[2] De la Tour-du-Pin-Chambly, Institutions démocratiques *(l'Association catholique* octobre 1895, p. 358).

[3] Chambre des Représentants belge, séance du 15 juin 1893, ses. ord., 1892-1893 *(An. parl.*, Ch. Rep., p. 1671 et 1672). — *Supra*, 2e partie, titre I, chap. IV, B, 2°.

des intérêts correspondants soit dans les deux Chambres, soit au moins dans le Sénat[1].

C'est encore là l'essence de la proposition Loslever et consorts, produite lors de la revision de la Constitution belge, et à laquelle se rallia M. Helleputte ; le vote avait lieu par sections séparées, chacune ayant droit à un tiers des sièges tant dans l'une que dans l'autre Chambre[2].

Le 7 mai 1892, M. Helleputte disait à la Chambre des Représentants belges : « Je le déclare sans hésiter, je suis partisan décidé d'un système qui assurerait une représentation directe et distincte des classes ouvrières, comme d'ailleurs des autres classes de la société... Il faut donc arriver à donner à toutes les classes la part qui leur revient, et je tiens que le système de la représentation des intérêts peut seul réaliser cet avantage[3] ». Et, le 15 mars 1893, il prononçait un discours magistral pour appuyer et défendre la proposition par lui déposée.

Plusieurs objections formulées contre l'introduction de la représentation des intérêts dans le Sénat avaient été reproduites contre la proposition Helleputte. Toute classification porte atteinte à la liberté ; celle-ci rétablissait les ordres supprimés ; au reste, elle était impossible[4] ! « Tel ouvrier, disait quelques jours plus tard M. Limpens au Sénat, sera ou se croira un savant ; tel savant sera aussi un ouvrier ; le propriétaire lui-même, devenu tel par l'épargne, sera aussi un travailleur. S'imagine-t-on que le chef d'un commerce, d'une industrie, d'une exploitation agricole ne travaille pas ou que les travaux de l'esprit sont moins accablants que ceux du corps ?

[1] De Hauleville, *Revue sociale et politique*, 1891, nº 5.

[2] Chambre des Représentants belge, séance du 1er mars 1893, ses. ord., 1892-1893 (*An. parl.* Ch. Rep., p. 810 et note au bas de la page 815, texte). — Ses. ord. 1892-1893 (*D. P.*, Ch. Rep., nº 55).

[3] Séance du 7 mai 1892, ses. ord., 1891-1892 (*An. parl.*, Ch. Rep., p. 1214). — Ses. ord., 1892-1893 (*An. parl.*, Ch. Rep., p. 937 et suiv.).

[4] M. Huysmans, Chambre des Représentants belge, séance du 22 mars 1893, ses. ord., 1892-1893 (*An. parl.*, Ch. Rep., p. 1007).

Qui donc n'est pas voué au travail sur la terre ? Le capital est le produit immédiat du travail. Ces deux intérêts sont intimement liés. La distinction est donc erronée ; elle serait, en outre, dangereuse dans la loi. Elle établirait une division originelle et profonde entre les représentants, alors que l'union doit faire notre force. Ces députés spécialistes, n'étant pas les élus du corps électoral entier, manqueraient d'autorité[1]. »

A l'arbitraire dans la classification, vient se joindre, selon M. Ockerhout, l'arbitraire dans l'évaluation de l'importance des intérêts et, par suite, dans la répartition des sièges entre eux[2]. L'antagonisme irait croissant, les luttes seraient de chaque jour et accompagnées de coalitions qui enlèveraient toute stabilité au gouvernement[3].

Mais, cette insécurité gouvernementale, on ne peut plus la faire découler de la différence d'origine des deux Chambres. L'exposé des motifs de la proposition insiste sur cet avantage de l'application intégrale de la réforme[4].

M. Helleputte revenait sur cette idée[5] dans son discours du 16 juin 1893 ; il admettait cependant qu'on pût chercher quelque différenciation entre les Chambres mêmes ; la loi y gagnerait. Mais il repousse encore toute dissemblance obtenue grâce à des conditions d'éligibilité variables et reposant sur l'âge, le cens ou la capacité. A la rigueur accepterait-il l'élection à deux degrés, mais à la condition que celle-ci fût opérée par des groupes secondaires qui ne seraient pas formés exclusivement pour cette tâche, mais détiendraient d'autres fonctions.

Les dernières propositions relatives à la représentation des

[1] Séance du 26 avril 1893, ses. ord., 1892-1893 (*An. parl.* S., p. 295).

[2] Sénat belge, séance du 27 avril 1893, ses. ord., 1892-1893 (*An. parl.*, S., p. 305).

[3] *Cf.* Huysmans, Chambre des Représentants belge, séance du 23 mars 1893, ses. ord., 1892-1893 (*An. parl.*, Ch. Rep., p. 1007).

[4] *D. P.*, Ch. Rep., n° 33, et *Annexe* n° 41.

[5] Ses. ord., 1892-1893 (*An. parl.*, Ch. Rep., p. 1682 et suiv.).

intérêts ne dépassent pas les limites de la Chambre basse. Elles ont eu comme un avant-coureur dans l'Acte additionnel aux Constitutions de l'Empire qui faisait nommer vingt-trois députés par les collèges d'arrondissement sur une liste d'éligibilité dressée par les Chambres de commerce[1].

Les vues de l'Empire plus libéral furent adoptées par les Bourbons, lors de la Restauration ; il ne s'agit ici, bien entendu, que d'un point particulier. Louis XVIII chercha à donner une part d'influence à la permanence des intérêts ; mais il changea de procédé ; le régime censitaire prévalut, c'est-à-dire celui d'intérêts très spéciaux et restreints ; le système électoral ainsi rétréci fut plus défectueux que s'il ne se fût soucié d'aucun intérêt.

Le cens, pris comme critérium, ramène aussitôt la pensée sur les procédés de formation du *Landtag* prussien, les trois classes d'électeurs déterminées d'après la quotité d'impôt payée par les citoyens, la représentation égale en nombre pour chacune de ces classes.

Avec Saint-Simon, les notions financières cèdent de nouveau le pas aux économiques. Après élaboration devant un Conseil d'Etat, « les projets de lois..... seront apportés devant un corps législatif élu d'après les principes de la *capacité* positive et du *travail*. Une Commission nommée par ce corps et formée d'hommes entendus en la matière..... soumettra le projet à un nouvel examen de concert avec les commissaires du Gouvernement. L'Assemblée entière dira ensuite oui ou non[2]. »

Il n'est plus question, en réalité, que de conserver une seule et unique Chambre, qui serait représentative des intérêts, but auquel tend également M. Vandervelde, lorsqu'après avoir organisé face à face un Parlement économique et un Parle-

[1] *Supra*, 2e partie, titre I, chap. I, B. A comparer avec le projet belge de M. Dufrane. *Supra*, 2e partie, titre I, chap. IV, A.

[2] *Religion Saint-Simonienne : A tous !* p. 18.

ment politique, il prédit l'écrasement et la suppression totale du second par le premier[1].

M. Ad. Garnier, lui, tient à conserver deux Chambres, seulement il en veut une qui soit fondée « sur la spécialité des intérêts qu'il s'agit de représenter et sur leur importance respective[2] », de telle sorte qu'elle soit « une députation de l'agriculture, du commerce, de l'industrie, des arts et des sciences[3] ».

Plutôt professionnelle serait la Chambre rêvée par l'*Ecole de l'Association catholique*. De même la Démocratie chrétienne émettait, au Congrès de Lyon de novembre 1896, le vœu qu'il fût institué une « représentation nationale et proportionnelle des intérêts professionnels par une Chambre représentative de tous les corps de l'Etat[4] ».

M. Ad. Prins, qui a toujours été un partisan décidé de la représentation des intérêts, a élaboré un projet dont l'originalité est dans la distinction entre les campagnes et les villes et, pour ces dernières, entre les grandes et les moyennes. Il y est également fait une part aux ouvriers. Voici, du reste, le projet complet :

Communes rurales et industrielles. — 2 collèges : le 1er nomme un député : propriété rurale ou industrielle ; le 2e nomme un député : travailleurs agricoles ou industriels ;

Villes moyennes. — 3 collèges : 1° capacitaires (1 député) ; 2° censitaires (1 député) ; 3° autres citoyens (1 député).

Grandes villes. — 9 collèges : 1° propriété urbaine (1 député) ; 2° sciences, belles-lettres (savants, écrivains, journalistes, artistes (1 député) ; arts, enseignement (professeurs de tous degrés) (1 député) ; 3° droit (docteurs en droit, avocats, etc) (1 député) ; (fonctionnaires de

[1] Vandervelde, *Revue sociale et politique*, année 1891, n° 5, p. 451 et 453.

[2] Ad. Garnier, *la Morale sociale*, p. 251.

[3] *Ibid.*, p. 273.

[4] Les socialistes chrétiens évangéliques allemands veulent le rétablissement des corporations obligatoires et un Parlement où chaque corps de métier aurait des représentants. (De Laveleye, *le Socialisme contemporain* p. 120.)

la justice) (1 député); 4° commerce et industrie (industriels) (1 député); (commerçants) (1 député); 5° travailleurs urbains (bâtiment) (1 député); (usines et manufactures) (1 député); (vêtement, ameublement, etc.) (1 député); (typographie et reliure) (1 député); 6° hygiène et travaux publics (2 députés); 7° défense nationale (1 député); 8° administration, fonctions de l'ordre administratif et employés (1 député); 9° cultes (1 député[1]).

La division entre les villes et les campagnes fait encore le fond de la proposition développée par de Sismondi dans ses *Etudes sur les Constitutions des peuples libres.*

A raison de 84 départements et de 2 députés par département, on a 168 députés appelés à représenter surtout la démocratie des campagnes.

On y joindra :

42 députés élus par les plus grandes villes de France : 210 députés de la bourgeoisie des villes, et 105 députés des professions lettrées : au total, 525 députés[2].

Système de M. Ch. Benoist. — On a pu se trouver quelque peu d'accord, au début et en principe, avec M. Ch. Benoist lorsqu'il faisait du Sénat l'organe de représentation des groupes territoriaux[3]. Mais du moment qu'il néglige le parti qu'on peut tirer des Conseils supérieurs et qu'il place dans la Chambre des députés la représentation des intérêts économiques et sociaux, il faut se séparer de lui, si l'on veut rester conséquent avec les opinions et les arguments exposés au début du présent paragraphe.

Il n'en reste pas moins que l'examen du système de M. Ch. Benoist[4] s'impose, au moins au même titre que celui des autres auteurs. Il présente le caractère d'être le couronnement d'une étude toute spéciale de la question reprise

[1] Prins, *la Démocratie et le régime représentatif*, p. 211 et 212.
[2] De Sismondi, *op. cit.*, p. 84 et 85.
[3] Ch. Benoist, *la Crise de l'État moderne*, p. 277-279.
[4] *Ibid.*, p. 250 et suiv.

dans cette étude. Il faut bien le reconnaître, tout le système participe de la faiblesse dont est entachée toute la partie positive de l'ouvrage. Ce ne sont que séries d'exemples esquissés et de problèmes posés.

La revision de la Constitution belge, par exemple, demandait à être analysée et non pas rappelée seulement. Surtout il aurait fallu rechercher davantage les éléments, si minimes fussent-ils, de la représentation des intérêts qui existent actuellement en France. M. Ch. Benoist a préféré étudier à la loupe et critiquer le régime électoral présent, puis en tracer un à grands traits imprécis.

Il esquisse : la Chambre des députés « serait élue au suffrage universel direct par tous les citoyens égaux, mais répartis selon leur profession en un petit nombre de catégories très ouvertes, en trois ou quatre groupes très larges, embrassant tout le monde, ne laissant personne en dehors, ne souffrant ni d'exclusion, ni de privilège, chacun de ces groupes devant tirer de lui-même son représentant; avec une double circonscription : la circonscription territoriale, déterminée par le département, et la circonscription sociale, déterminée par la profession[1] ».

Puis il s'agit de trouver les voies à suivre, les moyens dont on usera. Les limites des circonscriptions territoriales se confondront avec celles des départements. Une première répartition des sièges aura lieu entre elles après détermination du quotient électoral (Q) ou chiffre qui donne droit à un siège. Ce quotient est obtenu en divisant le nombre total des électeurs (E) du pays par le nombre de sièges (S) à pourvoir[2].

$$Q = \frac{E}{S}$$

Autant de fois ce quotient électoral (Q) sera contenu dans

[1] Ch. Benoist, *la Crise de l'État moderne*, p. 250.
[2] *Ibid.*, p. 256.

le chiffre total des électeurs *(e)* du département, autant le département aura de sièges *(s)*[1].

$$s = \frac{e}{Q}$$

Cela fait, M. Ch. Benoist établit les titres et la composition de ses grands groupes sociaux[2]; on a vu qu'il en distinguait sept en en retranchant deux de la classification ordinairement employée dans les statistiques[3].

Ces groupes sont, en règle générale, concentriques aux départements. Cependant M. Ch. Benoist admet que des fractions d'un même groupe ou de deux groupes très voisins, insuffisantes pour avoir une représentation dans leurs départements respectifs, se réunissent par-dessus les limites de ces départements contigus pour former une circonscription fonctionnelle[4]. De même pour la fusion, dans les limites d'un seul département, de groupes sociaux trop minimes par eux-

[1] Ch. Benoist, *la Crise de l'État moderne*, p. 25 et 258.

[2] *Supra*, même paragraphe.

[3] Agriculture ; industrie ; transports, postes et télégraphes ; commerce ; administration publique ; professions libérales ; personnes vivant exclusivement de leurs revenus. (*Supra*, même paragraphe.)

[4] Ch. Benoist, *la Crise de l'État moderne*, p. 271. Ce n'est pas autre chose qu'une forme atténuée du « groupement national des industries par région » (*ibid.*, p. 272-274). M. Ch. Benoist estime qu'il est logique et réel et peut justifier une extension de la circonscription territoriale. Le tout est de savoir à laquelle des deux circonscriptions, territoriale ou fonctionnelle, doit être donné le pas sur l'autre. Or, les grands intérêts les plus importants, comme ceux du commerce, de l'agriculture, de l'industrie, des sciences, des arts..., embrassent le pays entier et sont répartis à peu près sur tous ses points. Les localisations spéciales apparaissent lorsqu'on s'attache à tel ou tel genre d'industrie, de commerce, d'agriculture..., lorsqu'on envisage, par exemple, les mines ou la viticulture, les pâturages ou la pêche. Mais alors, à cause de ce morcellement même, on est en face de professions plutôt que d'intérêts et si on veut les représenter, c'est aux corps locaux qu'il faut s'adresser. — En outre, il ne faut rien exagérer et, par suite, ne pas trop séparer les cadres de la représentation des intérêts des grandes divisions administratives qui restent base de l'électorat pour tels autres corps. Il importe ici, comme partout où cela lui est possible, que la réforme soit des moins révolutionnaires.

mêmes[1]. Ces contractions possibles au sein d'un même département donneraient, en outre de la classification normale, deux classifications à groupes de moins en moins nombreux, mais chacun de plus en plus hétérogène, sans cependant sortir de justes limites.

Premier classement en synthèse :

1° Agriculture ; 2° Industrie ; 3° Transport et commerce *(ou bien industrie et transports, selon les cas)* ; 4° Force publique votante, administration publique, professions libérales, personnes vivant exclusivement de leurs revenus.

Deuxième classement en synthèse, avec synthèse plus prononcée que dans le premier :

1° Agriculture ; 2° Industrie, transports et commerce ; 3° Force publique votante, administration publique, professions libérales, personnes vivant exclusivement de leurs revenus.

Quel que soit le nombre de groupes dans le département, il y aura lieu de répartir entre eux le nombre de sièges déjà conférés au département[2]. On établira, pour cela, un nouveau quotient électoral (q) en divisant le nombre d'électeurs (e) du département par le nombre de sièges auquel il a droit :

$$q = \frac{e}{s}$$

Et autant de fois le chiffre des membres (m) d'un groupement fonctionnel contiendra ce quotient électoral (q), autant de sièges (x) devront être attribués au groupement fonctionnel[3].

$$x = \frac{m}{q}$$

M. Ch. Benoist, qui se plaint ici de l'imperfection des statistiques, aurait dû s'apercevoir également combien son système de répartition des sièges entre les groupes fonctionnels était

[1] Ch. Benoist, *la Crise de l'État moderne*, p. 270.
[2] *Ibid.*, p. 259 et 260.
[3] *Cf.* Ad. Garnier, *la Morale sociale*, p. 273.

primitif. Est-il, en effet, tout à fait suffisant de mesurer l'importance d'un de ces groupes et de ses intérêts par rapport à l'importance des autres en tenant compte tout bénévolement du nombre de ses membres! Les éléments sociaux sont plus complexes, et, s'il est difficile d'établir une égalité entre les individus, à plus forte raison cela est-il ardu pour des professions et des intérêts. Or le facteur d'égalité réside ici dans l'emploi d'une commune mesure chiffre, appliquée successivement à d'autres chiffres. Au moins, si cela était possible, faudrait-il l'appliquer à des éléments d'appréciation tirés de faits, de faits économiques et sociaux. M. de la Tour-du-Pin-Chambly déclare nettement: «... De ce que les professions libérales, par exemple, ne représentent que 6 o/o de la population, il ne s'ensuit pas qu'elles ne doivent entrer que pour 6 o/o dans la représentation nationale[1]. »

Ayant déterminé ses procédés comme il vient d'être dit, et les ayant appliqués aux chiffres que lui fournissaient les *Résultats statistiques du dénombrement de 1891*, M. Ch. Benoist constate avec satisfaction que sa Chambre des députés, à 500 sièges, compte :

225 représentants de l'agriculture; 164 de l'industrie; 48 du commerce; 17 des transports; 8 de l'administration publique; 13 des professions libérales; 25 des rentiers [2].

Qu'il soit permis de souligner simplement le nombre des députés des professions libérales. Il condamne, à lui seul, l'évaluation purement mathématique de l'importance des groupes fonctionnels dont M. Ch. Benoist a jugé bon de se contenter.

Encore un point : dans la formation de sa Chambre des députés, M. Ch. Benoist ne s'inquiète nullement de la représentation des ouvriers. C'était bien le lieu cependant de se

[1] De la Tour-du-Pin-Chambly, De l'organisation du suffrage universel (*l'Association catholique*, septembre 1896, p. 236).

[2] Ch. Benoist, *la Crise de l'État moderne*, p. 275 et 276.

demander, s'il ne conviendrait pas de partager la représentation de chaque groupe entre les employeurs et les employés. M. Ch. Benoist ne s'occupe de la représentation du travail qu'à propos du Sénat, parce qu'il a l'idée de donner un tiers des sièges aux « unions locales » et qu'il se demande aussitôt si les syndicats[1] ne sont pas de ces unions locales. En tout cas, il ne conclut ni dans un sens, ni dans l'autre, laissant cependant entendre qu'il y aurait à ses yeux un grave danger à faire voter séparément patrons et ouvriers. Il y voit la source d'une lutte incessante et sans mesure[2]. Qui sait si ce ne serait point, au contraire, un gage d'apaisement, et, en tout cas, une garantie contre l'écrasement, sous le nombre, de l'élément directeur?

Il est enfin des organes secondaires dans le fonctionnement législatif, dont M. Ch. Benoist n'a pas fait état, malgré le rôle représentatif d'intérêts qu'on lenr attribue volontiers, du reste, en l'exagérant. Ce sont les *Commissions* formées au sein de la Chambre et du Sénat.

Les projets de Saint-Simon en comportaient qui avaient l'examen de toutes les lois nouvelles. En 1848, l'Assemblée nationale, au lieu de se partager en bureaux tirés au sort, se divisa en sections qui correspondaient à chaque branche de services publics. Elle suivait, en cela, la tradition des Assemblées de la Révolution.

Les Chambres actuelles, en France, comptent toute une série de Commissions, les unes spécialement nommées pour étudier tel ou tel projet ou proposition de loi, les autres permanentes et se rapprochant de certains grands services. Depuis 1881, plusieurs propositions tendant à l'établissement de Grandes Commissions permanentes ont été déposées, en particulier par M. Graux et toujours repoussées[3]. Enfin la Chambre actuelle a adopté le fonctionnement de douze Grandes Commissions dont la plupart ont déjà été consacrées

[1] Ch. Benoist, *la Crise de l'État moderne*, p. 281 et 282.

[2] *Ibid*, p. 280.

[3] Rapport de M. Francis Charmes, du 12 décembre 1889.

par l'usage, savoir : 1° législation civile et criminelle : 2° assistance et prévoyance sociale ; 3° administration départementale et communale ; 4° budget ; 5° armée ; 6° marine ; 7° enseignement ; 8° chemins de fer et voies de communication ; 9° agriculture ; 10° commerce et industrie : 11° travail ; 12° douanes.

Dès la rentrée des Chambres, au mois d'octobre 1898, M. Georges Graux a déposé sur le bureau de la Chambre, au nom de la Commission spéciale chargée d'apporter certaines réformes au règlement, un rapport qui accepte l'institution des Grandes Commissions ; mais, tout en s'attachant à répartir logiquement le travail parlementaire, il n'a pas calqué cette distribution sur celle des départements ministériels, afin d'empêcher l'empiètement du législatif sur l'exécutif[1].

Le travail parlementaire doit se trouver ainsi centralisé à l'imitation de ce qui se passe dans certains Parlements étrangers, notamment en Angleterre, aux États-Unis, en Allemagne, en Belgique.

Ce qui manque à celles des Commissions du Parlement français qui sont spéciales et temporaires, c'est la coordination dans leurs travaux réciproques ; c'est aussi une compétence réelle[2]. Elles ont à s'occuper de points particuliers, touchant à des intérêts importants mais spéciaux qui demandent à être connus à fond. Certes, on s'arrange bien pour faire la répartition des députés au mieux de cette tâche ; il s'en trouve qui sont de la partie, ou qui, sans en être, la connaissent passablement à raison de leurs études. Mais le nombre de ces députés est très souvent, pour ne pas dire toujours, insuffisant ; parfois même il est nul.

[1] M. Henry Maret a rédigé, en juillet 1898, une proposition consistant à partager la Chambre en 10 Commissions de 50 membres chacune, restant en exercice pendant une année, et correspondant chacune, comme attributions, à lun des Ministères.

[2] *Cf.* G. Graux, la Revision du règlement de la Chambre *(Revue politique et parlementaire,* 10 juin 1898, p. 548).

Au Sénat américain, au Parlement anglais, comme dans les Chambres françaises, cette pénurie s'est souvent fait sentir et a causé un sérieux dommage à l'œuvre législative. Elle se trouve rendue plus sensible encore par le nombre des Commissions particulières; chaque député, en effet, ne peut se consacrer à toutes celles où sa compétence serait un appoint quelque peu bienfaisant. Aussi, quand il s'agit de matières ardues, moins captivantes et de moins grand retentissement, il peut se former autour d'elles comme une grève de capacités, et ce sont, en fin de compte, les députés médiocres auxquels elles sont laissées en partage.

Pour comble de malheur, la Constitution française mêle, indirectement, il est vrai, une part de hasard dans la composition de ces Commissions, dont la formation est obligatoire cependant pour l'étude de tout projet ou proposition de loi. En effet, les Commissions sont élues dans les bureaux qui, eux-mêmes, sont des subdivisions de la Chambre entière déterminées par voie de tirage au sort. Il peut fort bien arriver qu'un bureau ne découvre pas parmi ses membres le ou les commissaires dont les capacités et les connaissances spéciales seraient indispensables pour l'examen vraiment approfondi du projet ou de la proposition. On nomme alors n'importe qui, souvent qui daigne accepter, et la Commission est affaiblie d'autant.

Ce qui est vrai des Commissions particulières, M. Vivien le tient pour faux en ce qui touche les Grandes Commissions, grandes par leur compétence qui se trouve notablement élargie. « Il n'y a, écrit-il, qu'un moyen d'obtenir pour les lois le concours de tous les hommes spéciaux qu'elles intéressent et de les entourer d'un examen complet, c'est l'établissement de *Comités permanents*, divisés selon les matières principales, dont la Chambre est appelée à s'occuper[1]. » Le travail législatif

[1] *Cf.* G. Graux, la Revision du règlement de la Chambre (*Revue politique et parlementaire*, 10 juin 1898, p. 547 et 548).

y gagnerait en large impulsion ; il n'y aurait plus de conflits intérieurs à la suite d'une division du travail poussée trop loin, surtout en dehors de son élément de coordination : enfin l'entente serait toujours aisée à maintenir avec le gouvernement par l'intermédiaire de la Commission ou du Comité permanent, puisant autorité dans sa permanence même et dans le fait qu'il aura été facilement composé des hommes spécialement capables pour la partie dont ils ont à s'occuper.

Sans doute les Grandes Commissions donneraient ces avantages. Le dernier seul reste vraiment problématique. On peut même dire que le relevé des professions des députés actuels le rend illusoire pour la plupart des Grandes Commissions, sinon pour toutes. Et alors, lui manquant, les autres sont diminués jusqu'à disparaître. M. Poincarré, qui a, certes, une longue et sérieuse expérience parlementaire, condamne le système des Commissions tant permanentes que temporaires, et cela au lendemain même de l'établissement dans la Chambre française des douze Grandes Commissions énumérées plus haut. « La crainte très justifiée des Comités conventionnels, dit-il, a amené sans raison le fractionnement indéfini des Commissions parlementaires. C'est à peine si, de temps à autre, par exception, une proposition est renvoyée à une Commission déjà nommée. La Chambre est émiettée en une multitude de petits organes qui se neutralisent ou se contrarient. L'insuffisance et le désordre de la préparation fournissent des prétextes à la furie des amendements... Rien n'empêcherait de faire un classement rationnel des matières législatives et de confier toujours aux mêmes délégués l'élaboration des projets similaires. On l'a essayé dans cette législature ; on a formé de Grandes Commissions qui n'avaient rien de commun avec les Comités révolutionnaires : les Commissions de l'armée, de la marine, des douanes..... Mais la tentative est restée incomplète et l'incohérence a persisté dans l'ensemble de la production parlementaire[1]. »

[1] Poincarré, Vues politiques (*Revue de Paris*, 1er avril 1898, p. 645).

Il est certain, par contre, que dans une Chambre élue en vue de la représentation des intérêts économiques et sociaux, le gros obstacle né des difficultés de recrutement des diverses Commissions disparaîtraient.

« La Chambre ainsi constituée, écrivait M. Emile Ollivier dans le *Correspondant*, serait divisée en Comités correspondant à chacun des groupes, comme l'Institut l'est en classes et le Conseil d'Etat en sections.

« En assemblée plénière on débattrait le principe de chaque loi (par exemple : le divorce doit-il être admis?...).... La règlementation de la loi du divorce.... serait renvoyée aux Comités spéciaux et compétents et votée par eux seuls. »

La combinaison est curieuse : d'une part elle a une allure anglaise; d'autre part elle fait du détail de la loi comme une sorte de règlement d'administration publique, avant même celui qui sera dû au pouvoir exécutif et administratif. Enfin la délibération et le vote généraux sur le principe peuvent offrir une certaine garantie au point de vue de l'unité de la législation et de l'harmonie dans l'œuvre variée des diverses Commissions.

Malgré les séductions du système de M. Emile Ollivier, on ne sera pas étonné de le voir écarter, dans cette étude, puisque c'est à la suppression complète des Commissions dans le sein du Parlement qu'on doit logiquement conclure.

En effet, ces Commissions, on les extériorise, pour ainsi dire. Il y aura bien des Commissions spéciales et permanentes se rattachant aux divers ordres d'intérêts, étudiant les projets et propositions de lois de leur ressort. Mais elles seront localisées hors du Parlement, indépendantes de lui, comme des ministères, et formées d'hommes spéciaux. Ce n'est qu'au moment de la discussion des lois qu'elles prendront contact, par l'intermédiaire de leurs délégués, successivement avec l'une et l'autre Chambre.

Ces Commissions ne seront pas autre chose que les Conseils supérieurs, issus de l'embryon que sont ceux actuellement existants, mais avec refonte complète.

CHAPITRE V

LA REPRÉSENTATION DES INTÉRÊTS DANS LES ASSEMBLÉES NATIONALES (*suite*) — LES CONSEILS SUPÉRIEURS.

A. — Désignation, formation et composition des Conseils supérieurs.

Une fois les Commissions petites ou grandes, temporaires ou permanentes, extraites du Parlement, deux modes d'organisation à leur appliquer s'offrent au législateur.

Ou bien il les réunira, les amalgamera pour en former une seule Chambre nouvelle collaborant avec celles déjà existantes; ou bien il les laissera distinctes, mais fusionnera chacun d'elles avec le Conseil supérieur qui actuellement peut lui correspondre, afin de renforcer d'autant ce corps qui, avec une origine et des attributions nouvelles, demeurera rapproché de tel ou tel ministère.

La première solution inspira, vers 1890, une proposition Méline-Siegfried[1] qui instituait au-dessus des Chambres un Parlement industriel composé de 170 membres. Les ministres étaient obligés de prendre son avis chaque fois que les circonstances l'exigeaient, et cet avis pouvait devenir le point de départ d'une loi nouvelle. L'innovation, heureuse en elle-même, restait timide et sans doute n'aurait pas atteint le but de ses auteurs. Ce Parlement industriel, en effet, n'était rien de plus qu'un corps consultatif. Obligés de s'adresser à lui dans

[1] *L'Association catholique*, t. XXIX, p. 224 et 225.

certaines circonstances, les ministres pouvaient toujours nier l'importance de celles-ci, ou, après consultation, passer outre. Aucune sanction n'existait et le Parlement industriel n'avait d'influence que celle qu'on voulait bien lui donner. On n'aurait pu vraiment parler d'une forte et constante représentation des intérêts.

Si on veut la trouver toujours telle, dans un organe unique adjoint au Parlement, il faut prendre le projet de M. de la Grasserie qui forme une Chambre professionnelle nationale. Il la substitue au Conseil d'Etat, mais en étendant son rôle, puisqu'elle a l'initiative des lois; puisqu'elle est chargée de la préparation non seulement des lois qu'on veut lui soumettre, mais de toutes; qu'elles les étudie au point de vue des intérêts économiques et sociaux comme à celui de l'intérêt général et enfin qu'elle guide l'œuvre du Parlement lui-même, en allant dans son sein soutenir ou repousser les proprositions et projets[1].

Voilà qui est nouveau, hardi et cependant très sage. Un point cependant semble sujet à la critique. Pourquoi ne pas laisser subsister le Conseil d'Etat en tant que Mentor de la législation? Sa suppression est ici d'autant plus dangereuse que le corps appelé à le remplacer ne contient justement pas de ces vieux routiers du droit et de la législation qu'il est nécessaire de voir intervenir pour donner à l'œuvre législative son unité et son harmonie. Ils ne sauraient être remplacés par les délégués des Conseils professionnels départementaux dont M. de la Grasserie compose sa Chambre professionnelle nationale.

Aussi, sur ce point, doit-on reconnaître comme beaucoup plus logique l'organisation proposée par M. Bergé lors de la revision de la Constitution belge (1890-1893). Sa *Cour supérieure de législation* comprenait des éléments correspondant

[1] De la Grasserie, De la représentation professionnelle (*Revue politique et parlementaire*, 10 août 1895, p. 277 et 278).

aux divers intérêts du commerce, de l'industrie et du travail et, en outre, des hommes de loi[1].

A vrai dire, l'action de cette *Cour supérieure de législation* restait limitée ; elle n'avait pas l'initiative, mais seulement le contrôle. Elle devait examiner les lois défectueuses et les renvoyer aux Chambres avec ses observations. Cette intervention, postérieure seulement à l'œuvre législative, ne pouvait guère être efficace pour ce qui concerne les intérêts économiques et sociaux. Elle ne pouvait assurer qu'une certaine corrélation de la loi nouvelle avec l'ensemble des lois du pays, ce qui n'est certes point à dédaigner, mais ne suffit pas ; on peut y atteindre tout en tenant mieux compte des intérêts multiples qui s'agitent dans la nation.

Si aucun des projets tendant à la Constitution d'une troisième Chambre représentative des intérêts économiques et sociaux ne présente des garanties suffisantes, on peut en dire autant de l'idée même. Celle-ci a tout d'abord le gros inconvénient pratique d'être révolutionnaire sans grande utilité. On ne la comprendrait bien que s'il s'agissait de créer de toutes pièces une représentation économique et sociale auprès du pouvoir central, si aucun organe présent n'y pouvait servir. Or, tel n'est pas le cas ; une fois de plus, qu'on n'oublie pas l'existence des Conseils supérieurs. C'est d'eux qu'il faut partir, d'eux multipliés, mieux recrutés et plus agissants. Cette transformation choquera moins que la création d'une nouvelle Chambre, en un temps surtout où tant de gens se plaignent qu'il y en ait deux.

Du reste, cette troisième Chambre économique et sociale ne pourrait voir augmenter indéfiniment le nombre de ses membres ; ainsi se trouverait réduite la représentation de chaque groupe d'intérêts pour le plus grand détriment de ceux-ci, auxquels il est besoin de l'appui du plus grand nombre possible d'hommes compétents. L'impossibilité grandit avec l'extension

[1] Chambre des Représentants belge, séance du 21 mars 1893, ses. ord., 1892-1893 (*An. parl.*, Ch. Rep., p. 986).

territoriale du pays, la complexité de son organisation et la plus grande tendance vers une décentralisation. On comprend très bien que le gouvernement de l'Indo-Chine qui veut faire sentir son action sur tout un pays puisse, dans un Conseil supérieur unique, réunir, d'après l'un des trois décrets du mois d'août 1898, le gouverneur général, le général commandant en chef, le contre-amiral commandant en chef, le lieutenant gouverneur de la Cochinchine, le résident supérieur du Tonkin, de l'Annam et du Cambodge, le directeur du contrôle financier, le chef du service judiciaire, le directeur des douanes et régies, le directeur du commerce et de l'agriculture, le président du Conseil colonial, les présidents de Chambres de commerce, les présidents de Chambres d'agriculture, les présidents de Chambres mixtes de commerce et d'agriculture, deux notables indigènes[1].

Mais en France, avec un régime électif, la troisième Chambre deviendrait trop nombreuse et une subdivision en plusieurs plus petites s'imposerait. Comme ces Chambres minimes ne pourraient demeurer ainsi isolées et flottantes, il serait tout naturel qu'elles se rattachassent aux ministères correspondants. Elles y gagneraient d'exercer une influence constante, pour le plus grand avantage de l'œuvre ministérielle. Celle-ci est ininterrompue; elle a toujours besoin d'être éclairée ; ses agents en province y pourvoient en une certaine mesure. Mais des spécialistes, précisément délégués des divers points du territoire, seront encore mieux à même de remplir ce rôle, en tout cas de le compléter utilement. Les manifestations de l'activité ministérielle, qui sont les circulaires et arrêtés, y gagneront en à-propos et en portée pratique. Le Conseil supérieur compétent pourra être associé à leur élaboration, au moins en dicter les grandes lignes. Comme très souvent ces actes ne sont pas autre chose que des conséquences de l'œuvre législa-

[1] V. également l'organisation du Conseil supérieur de l'Algérie, Décret du mois d'août 1898.

tive en la matière ; comme justement le Conseil supérieur sera intervenu effectivement dans l'élaboration de la loi, il connaîtra suffisamment l'esprit de la loi pour en pénétrer les circulaires et arrêtés ministériels. Il est certain que cette influence bienfaisante ne peut être exercée que par un Conseil toujours présent, portant tous ses efforts sur l'étude et le développement de certains intérêts. Elle ne pourrait jamais appartenir à une Chambre diversifiée et éloignée de tous les départements ministériels, manquant avec ceux-ci de lien, tandis que les Conseils deviennent comme partie intégrante des départements ministériels. Aussi ne peut-il être question de jalousie entre ces deux catégories d'organes. Du reste, le dernier gage d'union est aisé à trouver dans le maintien au Conseil supérieur de tous les grands chefs de service du ministère qui sont, en général, des hommes capables et, en tout cas, doués d'une expérience qui, pour ne pas être de même nature que celle des Conseillers, n'en a pas moins son prix.

Puisque c'est à une transformation des Conseils supérieurs actuels qu'on songe à demander la représentation des intérêts économiques et sociaux, il importe avant tout de connaître exactement ce que sont ces Conseils.

Il s'en trouve au moins un rattaché à chaque ministère, et autour de lui gravitent des Comités et des Commissions spéciales. C'est une organisation qui se voit tout particulièrement à la guerre (Conseil supérieur de la guerre) et à la marine (Conseil d'amirauté). Il y est formé des Comités techniques comme ceux correspondant aux différentes armes, par exemple, et le ministère désigne les officiers qui devront les composer. Quant aux Conseils supérieurs, ils comprennent des officiers supérieurs destinés à de hauts commandements en temps de guerre mais qui, en temps de paix, sont déchargés de toutes fonctions. Un décret du Président de la République les appelle à faire partie du Conseil supérieur, et ce choix est attaché presque comme un droit à certaines fonctions.

Au ministère du Commerce sont également rattachés des

Comités, Commissions et bureaux[1]. Le Conseil supérieur du commerce et de l'industrie est divisé en deux sections (décret du 13 octobre 1882), l'une pour le commerce (24 membres), l'autre pour l'industrie (24 membres). A côté des membres de droit comme les présidents des Chambres de commerce de Bordeaux, Calais, le Havre, Marseille, Nancy, Nantes, Nice, Paris et Reims, on y trouve des notabilités choisies par le Gouvernement (décret du Président de la République) dans le monde de la finance et des affaires, et aussi parmi les membres du Parlement[2].

Le Comité consultatif des arts et manufactures (décrets des 18 octobre 1880 et 18 février 1892) compte dix-huit membres dont quelques-uns de droit, et les autres, nommés par décret sur la proposition du ministre, sont pris dans le Conseil d'État, l'Académie des sciences, les corps des ponts et chaussées et des mines, le commerce et l'industrie[3].

Le Conseil supérieur du travail (décret du 22 janvier 1891), auquel a été joint, par décret des 20 et 21 juillet de la même année, l'Office du travail organisé par décrets des 19 et 21 août 1891, est recruté par décret, sur la proposition du ministre, parmi les membres du Parlement, les industriels, les ouvriers, les membres des Chambres syndicales, les associations patronales ou ouvrières, les groupes corporatifs, les Conseils de prud'hommes..., au total 50 conseillers, y compris ceux qui siègent de droit[4].

Il faut enfin citer, comme rattachés toujours au ministère du Commerce et de l'Industrie, la Commission consultative des postes et télégraphes et le Conseil supérieur de statistique

[1] Bureau des poids et mesures. Conseil supérieur de statistique. Commission supérieure de la Caisse des retraites pour la vieillesse. Commission supérieure des Caisses d'assurance en cas de décès ou d'accident, etc. (G. François, *la Vie nationale : le Commerce*, p. 93.)

[2] G. François, *la Vie nationale : le Commerce*, p. 94. — Pic, *Traité élémentaire de législation industrielle*, p. 40.

[3] *Ibid.*, p. 41.

[4] *Ibid.*, p. 42.

(décret du 19 février 1885), dont 12 membres sont pris dans le Parlement et les corps savants, et 25 sont délégués par les différents ministères.

Le Conseil supérieur de l'agriculture fut créé par décret du 11 janvier 1882, et organisé par décret du 25 juillet de la même année. Il compte 100 membres, est divisé en quatre sections correspondant aux services principaux du ministère.

Autour de lui sont de nombreux Comités et Commissions ; il en est de même pour le Conseil général des ponts et chaussées et pour celui des mines, qui sont rattachés au ministère des Travaux publics. Il convient de signaler le Comité consultatif des chemins de fer qui a été réorganisé par un décret du mois d'août 1898. Des membres du Parlement y sont appelés auprès des membres de droit et de membres désignés par le Gouvernement. Le point saillant est la création d'une section permanente semblable à celle qui existe dans la plupart des Conseils supérieurs.

Auprès du ministère des Colonies est organisé un Conseil supérieur (décrets des 19 octobre 1883 et 29 mai 1890). Il comprend les députés et sénateurs des colonies, 9 délégués élus pour trois ans par les groupes des colonies, 17 membres de droit ; des membres désignés à raison de leur capacité ; les délégués de 7 Chambres de commerce et de 5 sociétés de géographie ou de colonisation.

Au ministère de l'Instruction publique sont adjoints trois Comités consultatifs : de l'enseignement primaire, de l'enseignement secondaire, de l'enseignement supérieur ; et le Conseil supérieur.

Celui-ci compte 56 membres dont 43 élus, et c'est ce qui fait son originalité. Les 13 autres membres sont nommés par décret, sur présentation du ministre, et appartiennent : 4 à l'enseignement libre et 9 à l'enseignement d'État. Des 43 membres élus, 27 le sont par l'enseignement supérieur, 10 par l'enseignement secondaire et 6 par l'enseignement primaire. L'Institut, le Collège de France, le Museum, les grandes écoles concourent à cette élection[1].

Le Conseil supérieur des beaux-arts et plusieurs Comités et Commissions complètent cet ensemble.

Telle est, dans ses grandes lignes, l'organisation des Corps consultatifs auprès des divers ministères. Elle présente dès maintenant deux traits caractéristiques. D'abord, la multiplicité des corps ; il est vrai que quelques-uns seulement tiennent une place prépondérante ; ensuite, leur mode de recrutement qui ne suppose que des membres de droit et des membres nommés par le Gouvernement. Le Conseil supérieur de l'Instruction publique et celui des beaux-arts présentent à ce point de vue une très importante exception.

Les deux remarques qui viennent d'être faites amènent à s'occuper, d'une part, de la désignation et de la répartition auprès des ministères des Conseils supérieurs nouveaux réprésentatifs d'intérêts ; d'autre part, de la façon dont ils seraient composés.

« ...Conformément à la loi identique qui a présidé à l'organisation du gouvernement et de l'administration, écrivait S.-K. Hamilton, *la représentation doit être partagée en plusieurs subdivisions ou représentations spéciales*, chacune d'elles représentant *le peuple entier* et exerçant *tout son pouvoir*, mais seulement dans un certain groupe de questions à la discussion desquelles elle a été spécialement préparée par les principes mêmes de sa nomination[2]. » Et, plus loin : « Le nombre de représentations spéciales devrait en principe être déterminé par le nombre des ministères établis par le Gouvernement, mais de telle façon cependant que, lorsqu'un de ces ministères réunit plusieurs branches d'exploitation bien distinctes, cette réunion plus ou moins justifiée n'empêche pas

[1] Picavet, *la Vie nationale : l'Éducation*, p. 67 et suiv.

[2] S.-K. Hamilton, le Développement des fonctions de l'État dans leurs rapports avec le droit constitutionnel *(Revue d'Économie politique*, année 1890, p. 167).

la subdivision de la représentation d'après la nature même des choses. Il y aurait donc ainsi une représentation spéciale pour les finances, d'autres pour la législation, pour l'éducation, pour les voies de communication et chemins de fer, pour l'industrie, etc[1]. »

C'est bien là la représentation des intérêts répartie entre différents corps, ces corps rattachés aux grands services publics, mais en nombre suffisant pour que tous les grands intérêts soient sauvegardés. Il pourra donc y avoir plusieurs Conseils supérieurs auprès d'un même ministère. Bien mieux, on leur adjoindrait sans inconvénient des Commissions et des Comités tout particuliers qui, en cas de délibération sur un point de leur ressort spécial, viendraient se joindre au Conseil supérieur pour le mieux éclairer encore.

En temps ordinaire, ils resteraient ce qu'ils sont déjà aujourd'hui. On ne saurait, en effet, accorder trop d'auxiliaires aux ministres, à la condition de les bien choisir, puisqu'ils vont souvent mettre en cause la responsabilité de ces derniers, en préparant leur tâche. C'est que « le ministère peut tout, sauf étudier les questions[2] ».

Souvent il tombe et laisse sa tâche inachevée ou même nullement ébauchée, tant il a le sentiment qu'il ne pourra la mener à terme. Et s'il vit, « obligé de résister à ses rivaux, de défendre de tous côtés la position acquise, de répondre à des interpellations astucieuses, de donner au sein des Commissions des éclaircissements qui exigent un travail préalable, de soutenir à la tribune les projets de loi importants, de vaquer tant bien que mal à la besogne administrative de chaque jour, le ministre, le président du Conseil surtout, n'a aucun loisir pour étudier les questions de principe, alors même qu'il en aurait le désir sincère[3] ».

[1] S.-K. Hamilton, le Développement des fonctions de l'État dans leurs rapports avec le droit constitutionnel (*Revue d'Économie politique*, année 1890, p. 168).
[2] Léon Donnat, *la Politique expérimentale*, p. 377.
[3] *Ibid.*, p. 375.

Des grands Conseils supérieurs destinés à leur venir en aide, en même temps qu'au législateur, les uns ont déjà des modèles réduits dans l'organisation provinciale, les autres sont très essentiellement nationaux.

Correspondant aux premiers, on aura : Conseils supérieurs correspondant à des Conseils provinciaux ou même cantonaux, un Conseil supérieur d'agriculture, un Conseil supérieur des eaux et forêts, et un Conseil supérieur des finances[1], rattachés aux ministères respectifs. Le Conseil provincial de l'industrie et du commerce, des arts et manufactures, se scindera en deux autres Conseils supérieurs pour former, auprès du ministre du Commerce, un Conseil supérieur de l'industrie et du commerce, un Comité consultatif des arts et manufactures.

Un Conseil supérieur réunira les représentants de l'enseignement et ceux des beaux-arts.

Pour les cultes, on ne peut songer à instituer que des Comités consultatifs correspondant aux divers cultes, mais pouvant parfois se réunir pour délibérer[2]. Cet ensemble sera remis au ministère de l'Instruction publique.

Le ministère des Travaux publics groupera autour de lui le Conseil supérieur des travaux publics, celui des transports.

Le Conseil supérieur d'hygiène sera rattaché au ministère de l'Intérieur auprès duquel se trouvera également celui d'assistance et de prévoyance.

Conseils supérieurs essentiellement nationaux : auprès du ministère de la Justice, il y aura un Conseil supérieur appelé à s'occuper des questions de pure législation et de répression, et qui correspondra au Conseil provincial du contentieux et de la police.

[1] V. en Angleterre, les juniors lords de la Trésorerie.

[2] Le Consistoire souverain que le roi de Prusse Frédéric-Guillaume IV institua en 1840 n'était pas autre chose qu'un Conseil supérieur du culte réformé. Sa création, dit M. Goyau, dessina entre les affaires temporelles « et les affaires spirituelles du royaume une ligne de partage aussi précise que tardive ». (L'Allemagne religieuse, *Revue des Deux Mondes,* 1er septembre 1897.)

Auprès du ministère de l'Intérieur, il y aura celui qui aura à étudier les questions d'application des peines, et qui s'appellera Conseil supérieur du régime pénitencier.

Auprès du ministère de la Guerre, continuera à siéger le même Conseil supérieur qui existe aujourd'hui, et auprès de celui de la marine le Conseil supérieur de l'amirauté (*v.* appendice III).

La Belgique ayant organisé en 1890 un Conseil supérieur du travail, cet exemple fut suivi en France. Le décret du 22 janvier 1891 prévoit des membres de droit et, en outre, cinquante membres députés ou sénateurs, industriels, ouvriers, ressortissant aux Chambres syndicales, aux associations patronales ou ouvrières, aux groupes corporatifs, aux Conseils de prud'hommes..., tous nommés par décret, sur la proposition du ministre du Commerce. La même année, on adjoignit au Conseil supérieur un Office du travail qui poursuit des enquêtes dans le monde du travail, en centralise et en publie les résultats, se tient enfin au courant de ce qui se passe à l'étranger[1].

Ces deux organes dépendent actuellement du ministère du Commerce et de l'Industrie. On a demandé à plusieurs reprises qu'ils fussent, comme en Belgique, rattachés à un nouveau ministère, dit ministère du Travail. Ce vœu forme un des articles du programme voté au Convent maçonnique de Paris, en septembre 1897. D'autre part, dans son *Socialisme intégral*, Benoît Malon prévoit la formation d'un ministère du Travail dont un des premiers soins serait « l'institution d'une Chambre ouvrière consultative de l'industrie et du commerce, admise à présenter des projets qui seraient publiquement discutés[2]... »

Cette innovation[3] devait être, tout d'abord, naturellement,

[1] *D.*, 20-21 juillet 1891 ; *D.*, 19-21 août 1891.

[2] Benoît Malon, *Socialisme intégral*, t. II. p. 442.

[3] Chambre des députés, séance du 27 juin 1898. Proposition de loi ayant pour objet la création d'un ministère du travail, de l'hygiène, de l'assistance publique et de la statistique, déposée par M. Vaillant.

proposée par les radicaux et les socialistes. Quels que soient ses parrains, elle répond à un état social présent ; il faut que la représentation ouvrière, nécessaire déjà dans les subdivisions territoriales, ait un organe central agissant auprès du législateur. Les questions relatives au travail sont assez complexes maintenant pour nécessiter une administration particulière. Au ministère du travail viendraient du reste se rattacher certains Comités ou Conseils supérieurs, soit nouveaux, soit distraits d'autres ministères.

Il est bien évident que l'étude de matières spéciales et délicates nécessitera l'existence de plusieurs Comités consultatifs qui seront de bien moindre importance que les Conseils supérieurs, soit comme nombre de membres, soit comme attributions. Ils resteront purement consultatifs ; mais, toujours avec le même rôle, ils pourront, quand le cas l'exigera, être réunis à tel ou tel Conseil supérieur. Leur recrutement se fera par voie de décret, sur présentation du ministre, et l'on aura, par exemple, les Comités techniques correspondant aux différentes armes, les Comités consultatifs des divers cultes, de la statistique, des arts et manufactures...

Maintenant que le nombre des Conseils supérieurs et leur rattachement aux divers ministres sont déterminés, le moment est venu de les former.

Par qui seront choisis leurs membres ? Qui aura le droit d'en être membre ? Il existe quatre systèmes pour composer les Conseils supérieurs : la nomination par le pouvoir, la détermination par la loi ou les décrets des membres de droit, la cooptation au sein du Conseil, l'élection directe ou à plusieurs degrés.

En France, tous les Conseils supérieurs comptent des membres nommés par décret sur présentation du Ministre compétent. Dès 1819, lors de la création du Conseil supérieur d'agriculture, la formation de ce Conseil fut laissée au pouvoir; après une dérogation à ce principe par la loi du 28 mars 1851, on y revint par le décret du 25 mars 1852, et M. Bouthier de

Rochefort n'y déroge nullement dans son projet. Cette histoire du Conseil supérieur de l'agriculture est aussi celle de tous les autres Conseils supérieurs. Heureusement, un correctif apparaît dans l'existence des membres de droit et parfois, très rarement, des membres élus; ainsi, le Conseil supérieur n'est pas destiné à rester à l'entière dévotion du ministre. Cela ne suffit pas ; il est nécessaire que le Conseil supérieur soit soustrait à toute action gouvernementale. M. Delalande fait avec énergie le procès du système usité en France. « Vous voulez des Chambres, un Conseil supérieur d'industrie, mes amis! on vous le donnera ; seulement nous y ferons entrer, à côté des patrons, des chefs d'industrie, quelques députés, des sénateurs, un certain nombre de fonctionnaires. Quant à l'élément ouvrier, c'est bien inutile, les gros patentés suffiront à la besogne. Et voilà comment on organise une représentation boiteuse, mensongère, sans autorité, condamnée d'avance au discrédit et à l'impuissance. Dans l'agriculture, c'est une autre méthode pour arriver au même but. Là on n'élimine point au préalable un des éléments constitutifs de la société agricole. Bien au contraire, on noie le grand propriétaire qu'on redoute, dans le flot des ouvriers agricoles. On assortit le tout de la collection obligée d'hommes politiques et de fonctionnaires[1] ».

Non seulement, en effet, on voit les ministres choisir les gens qui leur donneront des conseils, et ceux qu'ils savent devoir être toujours de leur avis, mais encore on assiste à une confusion de pouvoirs telle, que le pouvoir législatif fournit des délégués auprès du Gouvernement. Le Ministre, mis en minorité sur son projet ou sur une proposition de loi, ne pourra-t-il prétendre alors que ce sont précisément les membres du Parlement, siégeant au Comité consultatif dont il a pris l'avis, qui ont entraîné sa conviction?

[1] Delalande, De la représentation des droits et des intérêts *(l'Association catholique*, t. XXXI, p. 367).

Si les Conseils supérieurs deviennent partie intégrante du pouvoir législatif ; s'ils en forment le premier degré qui prépare et discute les lois, qui ainsi a une part considérable dans le vote ou le rejet de ces lois, il est d'autant plus impossible que le Gouvernement soit mêlé à leur recrutement. Or, c'est à une solution tout autre qu'aboutit cette étude. Même il ne saurait être question d'un mode de formation admettant la nomination par le Gouvernement conjointement avec l'élection, par exemple. Ce système hybride, qui donne des Conseils sans initiative et sans vie propre, fut repoussé en Suisse, en même temps, il est vrai, que la représentation des intérêts, dans un domaine spécial, mais qui ressemblait de bien près à celui des Conseils supérieurs. C'était en 1897. Les Chambres fédérales et le peuple, par la voie du *referendum*, avaient décidé le rachat par l'État de tous les chemins de fer du pays. Il s'agissait par suite d'organiser une administration d'État. M. Wulschleger proposa de faire entrer au Conseil d'administration des chemins de fer des représentants des intérêts économiques, et, le 2 octobre 1897, le Conseil national adopta cette idée par 79 voix contre 33. Le Conseil d'administration était donc composé de 25 membres nommés par le Conseil fédéral, de 25 membres élus par le commerce, l'industrie, l'agriculture, les métiers et le personnel des employés de chemins de fer, de 5 membres élus par les Conseils d'arrondissement, etc. Au total, 80 membres[1].

Mais, dès la séance du 4 octobre et au cours des suivantes[2], sous prétexte d'éclaircissements à apporter à l'article 16, la rédaction de cet article au fond comme en la forme était remise en discussion. M. Jeanhenry attaquait vivement le principe même d'une représentation des intérêts dans le Conseil d'administration. D'accord avec M. Hilty, il y voyait une disposition contraire à la Constitution, puisqu'elle faisait intervenir des Sociétés ne comprenant qu'une partie des intéressés, donnait

[1] *Journal de Genève*, n° du 3 octobre 1897.

[2] *Ibid.*, n°s des 5, 7 et 9 octobre 1897.

à ces Sociétés une existence légale qu'elles n'avaient pas jusqu'alors, rompait avec le principe qui veut que tous les citoyens soient égaux devant la loi. « L'État moderne, ajoutait-il, est basé sur le suffrage universel, sur le peuple agissant comme collectivité[1] ». MM. Comtesse et Favon faisaient enfin remarquer que cette organisation demandait auparavant la formation de syndicats obligatoires. Cependant, en vue de préparer un terrain de transaction, MM. Jeanhenry, Hilty et consorts proposèrent un instant que l'on conservât les 25 membres représentants des intérêts, mais que leur nomination fût confiée au Conseil fédéral. Finalement, ils se rallièrent à la rédaction du Conseil des États qui fut adoptée par 67 voix contre 38. Elle portait que le Conseil d'administration devait compter 55 membres nommés : 25 par le Conseil fédéral, 25 par les Cantons, 5 par les Conseils d'arrondissement. C'était l'enterrement définitif d'une intéressante tentative que M. Cramer-Frey avait tâché de sauver en la présentant comme un simple essai[2], et M. Curti en demandant que les représentants des associations professionnelles eussent seulement voix consultative[3]. Il ne restait donc qu'une nomination par le Gouvernement ; l'idée d'un simple partage n'avait pas prévalu.

C'est cette idée, par contre, que l'on relève dans le projet de M. de Ladoucette pour la formation du Conseil supérieur de l'agriculture, projet à peu près semblable à celui que M. Méline avait déposé autrefois et qu'il présentait de nouveau en juillet 1898. M. Méline compose le Conseil supérieur d'agriculture : 1° de membres élus par la Chambre d'agriculture à raison de 1 par département ; 2° de 30 membres choisis par le gouvernement ; 3° de membres de droit : le président de la Société nationale d'agriculture, le directeur de l'Institut agronomique, le directeur de l'agriculture.

[1] *Journal de Genève*, n° du 9 octobre 1897.
[2] *Ibid.*, 5 octobre 1897.
[3] *Ibid.*

Encore est-il bon d'observer que la partie élective du Conseil ne procède pas de l'élection directe. Ce système ne pourrait satisfaire M. S.-K. Hamilton, qui estime que « le *choix* des représentants devrait naturellement résulter d'un vote auquel il serait à désirer que tout le pays concourût; mais en cas d'impossibilité, il faudrait que ce vote eût lieu dans des collèges électoraux assez étendus pour que la minorité y pût obtenir sa part de représentation[1] ».

Voilà pour la notion générale. Et voici maintenant ses conséquences déduites au point de vue de la représentation économique et sociale : « Le principe démocratique ne serait nullement atteint par ce fait qu'une certaine *supériorité* dans le droit de vote serait attribuée à certaines personnes chez lesquelles on est fondé à supposer des connaissances spéciales supérieures, par exemple, pour une représentation des travaux publics, à des personnes ayant reçu une instruction technique; dans les questions d'enseignement aux professeurs et aux personnes ayant subi leurs examens, dans celles relatives à la défense nationale, aux militaires, etc... On pourrait cependant atteindre ce but d'une façon bien plus satisfaisante, notamment en décidant que dans chaque représentation spéciale, en dehors des membres nommés par le vote général, un certain nombre de membres seraient aussi choisis par les classes de la société chez lesquelles on est fondé à supposer une connaissance spéciale de ces questions[2]. »

Donc, consultation du corps électoral amorphe avec une catégorie d'éligibles limitée et seconde consultation du corps électoral à circonscriptions économiques ou sociales. C'est en tout cas le vote direct en matière de représentation des intérêts; c'est un suffrage universel organisé et offrant beaucoup

[1] S.-K. Hamilton, le Développement des fonctions de l'État dans leurs rapports avec le droit constitutionnel (*Revue d'Économie politique*, année 1890, p. 169).

[2] *Ibid.*, p. 170.

Saint-Simon, *Du système industriel*, p. 79. Organisation du « Conseil maritime ».

d'analogie avec celui que, lors de la discussion du budget de 1897, M. J. Guesde proposait de former pour élire le Conseil supérieur du travail, suffrage universel direct des ouvriers ou élection par les chambres syndicales des ouvriers [1]. Il préférait le second système comme issu du principe même de l'organisation professionnelle [2].

La nomination par un corps électoral large a existé autrefois pour le Conseil du commerce; en vertu de l'arrêté de 1700, le nombre des députés marchands était porté à douze, dont deux pour Paris et dix pour les autres villes où le corps électoral était formé du corps de ville et des marchands-négociants. Mais il faut bien reconnaître que cette dernière disposition fut souvent violée aussitôt qu'apparurent les Chambres de commerce locales. Celles-ci, suivant des procédés variables, arrivèrent à se substituer au corps des marchands-négociants. Ce fut le cas principalement à Lyon, Marseille et Bordeaux [3].

Cette représentation à deux degrés fut celle qu'adopta, pour le Conseil général du commerce, l'ordonnance de 1819; de même la loi du 28 mars 1851 donna au Conseil supérieur de l'agriculture autant de membres qu'il y avait de Chambres d'agriculture et celles-ci étaient appelées à les nommer. Ainsi la représentation nationale des intérêts en vient à s'appuyer sur les représentations de degrés inférieurs correspondantes. C'est là une idée qui n'est pas nouvelle dans cette étude ; on l'a appliquée à la formation des Conseils provinciaux et au moyen des Conseils cantonaux. Il ne semble pas que des raisons générales empêchent d'en étendre l'application à la formation des

[1] *L'Association catholique*, 15 février 1897, p. 169.

[2] La réunion générale du Syndicat agricole d'Anjou (Cholet, 6 novembre 1891) émit un vœu en faveur de l'organisation de l'union professionnelle, en vue de la représentation de l'Agriculture (*l'Association catholique*, t. XXXII, p. 703).

[3] Gras, les Chambres de commerce (*Annales de l'École libre des sciences politiques*, année 1895, p. 551 et 557).

Conseils supérieurs, par l'intermédiaire des Conseils provinciaux. Les mêmes raisons militent au contraire en sa faveur. Il est acquis que les Conseils supérieurs doivent autant que possible procéder de l'élection ; mais il est aussi préférable que le corps électoral ne soit pas trop souvent mis sur pied, surtout puisque les Conseils provinciaux présentent toutes les garanties par leur origine et par leur composition. C'est également par échelons que M. Greulich proposait de constituer la *Chambre ouvrière suisse;* elle avait pour membres les délégués des *Chambres industrielles cantonales* qui, elles-mêmes, étaient autant de réunions de délégués de la *Chambre ouvrière cantonale* et de la *Chambre patronale cantonale*[1].

On peut donc poser la règle suivante : les Conseils supérieurs nationaux sont composés des délégués élus dans leur sein par les Conseils provinciaux correspondants, à raison de deux par province. Chaque Conseil supérieur comptera, de ce chef, environ soixante membres.

Mais il est des Conseils qui n'ont pas d'équivalent, dans les provinces. Le régime nouveau serait donc en défaut en ce qui les concerne.

Voici le Conseil supérieur du régime pénitentiaire ; la solution se trouve aisément dans l'intervention collective de deux Conseils provinciaux, celui du contentieux et police et celui de l'hygiène et de l'assistance, qui nommeront chacun un délégué.

Le problème est plus délicat pour le Conseil supérieur de la guerre et pour celui de l'amirauté. Les questions de hiérarchie viennent se jeter à la traverse. Cependant il ne faut pas oublier que le rôle de ces Conseils ne consisterait nullement à s'occuper d'administration militaire ou de préparatifs de campagne. On pourrait donc parfaitement le composer d'officiers

[1] Congrès ouvrier d'Olten, 1890. — *Quatrième et cinquième rapports annuels du « Comité directeur de la Fédération ouvrière suisse »* pour les années 1890 et 1891, p. 34 et suiv.

de tous grades, comme les Conseils de guerre, avec cette différence qu'ils auraient à statuer sur des mesures législatives et non sur le sort d'individus. Peut-être, comme mesure de sécurité, pourrait-on dans chaque province, pour l'armée de terre par exemple, former deux corps électoraux différents, l'un avec des officiers de grade égal ou supérieur à celui de lieutenant-colonel et l'autre avec des officiers de grade inférieur à celui de lieutenant-colonel. A chacun de ces deux groupements il appartiendrait d'élire un des deux délégués.

La question de la composition des Conseils supérieurs n'est pas encore complètement résolue. Il se peut, en effet, qu'à côté des membres élus on veuille y faire siéger des hommes dont le passé et les fonctions font des hommes très spécialement qualifiés. En un mot, admettra-t-on des membres de droit dans les Conseils supérieurs ? Ces membres de droit sont de deux sortes : les uns sont fonctionnaires, les autres ne le sont pas et appartiennent à certains corps élus[1]. C'est ainsi, pour s'occuper immédiatement de cette seconde catégorie, que plusieurs Conseils supérieurs comptent de droit dans leur sein des présidents de Chambres de commerce. A vrai dire, la présence de pareils membres de droit à côté de membres élus semble devoir créer un double emploi ; les intéressés ont déjà toutes garanties ; l'adjonction d'élus à d'autres élus ne leur en donnerait pas davantage. *A fortiori*, n'a-t-on plus besoin d'imiter le Canada qui constitue sa *Chambre de commerce fédérale* de la réunion des diverses Chambres de commerce, ni celui de la Suisse dont la *Chambre nationale de commerce* n'est pas autre chose que le *Comité de l'union suisse du*

[1] Saint-Simon en avait imaginé d'une troisième nature dans l'article 2 de son projet de Constitution :

« Il sera établi un Conseil d'industriels (qui portera le titre de *Chambre de l'Industrie*)... Cette Chambre sera composée d'abord : de 4 cultivateurs dont les cultures sont les plus importantes ; de 2 négociants faisant le plus d'affaires ; de 2 fabricants employant le plus d'ouvriers ; et de 4 banquiers jouissant du plus grand crédit... » *(Du système industriel*, p. 76.)

commerce et de l'industrie qui groupe la plupart des Chambres soit privées, soit officielles.

Reste la catégorie des membres de droit fonctionnaires. Une objection se présente aussitôt. Les admettre, c'est donner indirectement une place à des représentants du Gouvernement, car, fonctionnaires, ils ont été élevés à leur poste par le Gouvernement qui se trouve ainsi leur avoir ouvert la porte des Conseils supérieurs.

Mais il suffit de prendre une précaution ; on limitera à une petite fraction seulement, le dixième par exemple du Conseil supérieur, le chiffre des membres de droit fonctionnaires. Ainsi l'influence que pourrait obtenir le Gouvernement sera toujours assez faible pour qu'il n'y attache pas d'importance et ne prodigue pas ses efforts pour la conquérir.

Par contre, le Conseil supérieur sera plus fort des lumières de gens qui ont au moins une grande pratique administrative et quelques connaissances des sujets dont le Conseil a à s'occuper.

En première ligne, on introduira dans les Conseils les chefs des grands services du ministère, afin d'établir une garantie de constante harmonie entre ces deux sortes d'organes. Seulement, pour ne pas risquer une confusion de l'administratif et du législatif, ces fonctionnaires n'auront que voix consultative. On pourrait, au contraire, donner voix consultative et délibérative aux membres de droit pris en dehors des ministères, tels que les directeurs de grands établissements (Institut agronomique, Ecole des eaux et forêts, Ecole coloniale, etc.), ou tels que les détenteurs de hautes fonctions nettement caractérisées (inspecteurs divisionnaires du travail, conservateurs des grands musées, etc.).

Enfin on a constaté déjà, tant pour les Conseils provinciaux que pour les Conseils cantonaux, combien il peut être utile à certains d'entre eux de compter parmi leurs membres quelques hommes appartenant à des groupes d'intérêts différents, et l'on a été amené, pour les Conseils provinciaux, à établir un droit de cooptation. Il faut que semblable faculté soit donnée aux Conseils supérieurs[1]. On fixera au cinquième du nombre de tous les autres membres, le chiffre de ces membres adjoints, soit 13 pour un Conseil supérieur de 60 membres élus et 6 membres de droit. La moitié devra être prise parmi les membres des Conseils provinciaux correspondant aux spécialités de ces membres adjoints ; l'autre moitié, au gré du Conseil, parmi les illustrations de ces mêmes branches d'intérêts.

En résumé, les Conseils supérieurs seront presque tous composés de membres élus par des corps provinciaux correspondants, puis, de façon subsidiaire, de membres choisis par cooptation ; enfin, de façon très subsidiaire, de membres de droit.

B. — Fonctionnement et attributions des Conseils supérieurs.

Comment fonctionneront entre eux les Conseils supérieurs ? Au cours de sa tâche, chacun d'eux se trouvera en présence, soit des Comités consultatifs, soit des autres Conseils supérieurs. Et par la force même des choses, une collaboration s'établira dans nombre de cas. C'est ce que M. S.-K. Hamilton signale comme devant être « un *certain lien entre les représentations spéciales*[2] ». Il est bien évident, en effet, que les Conseils institués, étant peu nombreux, embrassant un ensemble assez considérable d'intérêts importants, pour les questions relatives à certains de ces intérêts, auront besoin de s'adjoindre des compétences spéciales. Avant de décider,

[1] Le procédé de cooptation a été employé par Saint-Simon. Après avoir composé sa *Chambre de l'Industrie* de membres de droit, il fait procéder par eux « à la nomination de 12 autres membres pris parmi les industriels dans la proportion suivante, savoir : 6 cultivateurs, 2 négociants, 2 manufacturiers et 2 banquiers. » (*Du système industriel*, p. 76 et suiv.)

[2] S.-K. Hamilton, le Développement des fonctions de l'État dans leurs rapports avec le droit constitutionnel (*Revue d'Économie polit.*, année 1890, p. 170).

ils devront être éclairés. Ils pourront alors recourir à deux moyens : ou bien appeler à eux tel ou tel Comité consultatif, en lui maintenant son caractère exclusivement consultatif, ou, bien demander à un ou plusieurs autres Conseils supérieurs compétents de leur déléguer de leurs membres qui siégeront alors avec voix consultative et de façon temporaire ; aussitôt le point spécial tranché, ils retourneront dans leurs Conseils respectifs. M. S.-K. Hamilton prévoyait en quelque mesure ce cas, lorsque, après avoir considéré que certaines « représentations spéciales » auraient à s'occuper de questions générales telles que finances et budget d'État, il ajoutait : « On augmenterait le nombre des membres de ces représentations s'occupant d'affaires générales en donnant à chacune des autres représentations le droit d'y adjoindre un certain nombre de leurs membres[1]. » L'adjonction pour M. S.-K. Hamilton devrait être permanente ; mais il ne semble pas qu'il soit nécessaire de lui conserver ce caractère, étant donné le nombre bien suffisant de Conseils supérieurs admis ici et l'existence des Comités consultatifs.

Le développement du rôle des Conseils supérieurs amoindrira l'importance des Comités consultatifs qui subsisteront, et, d'autre part, il entraînera l'absorption de plusieurs de ceux qui existent actuellement. S'il doit y avoir une multiplication, ce sera plutôt dans le nombre des Conseils supérieurs, à la suite de l'importance toute particulière qu'auront prise des groupes d'intérêts. Un exemple de cette scission se rencontre dans la formation d'un Conseil supérieur du travail détaché de celui du Commerce et de l'Industrie.

Certes, ces morcellements seront peu fréquents et nécessités par des conditions économiques ou sociales de tout premier ordre. Il n'est guère probable qu'un mouvement inverse, une fusion, une condensation des Conseils supérieurs se produise.

[1] S.-K. Hamilton, le Développement des fonctions de l'État dans leurs rapports avec le droit constitutionnel *(Revue d'Économie polit.*, année 1890, p. 171).

En tout cas, rien de semblable n'aurait lieu d'une manière définitive. Par contre, il est fort à présumer que des réunions momentanées de Conseils supérieurs se produiront au cours du travail législatif.

Le procédé de cooptation qui a permis à tel Conseil supérieur de s'adjoindre des hommes relevant moins directement de sa branche d'intérêts ; en second lieu, la faculté d'emprunter des membres à un ou plusieurs Conseils supérieurs voisins seront parfois insuffisantes pour permettre l'étude complète d'une loi nouvelle. Il est, en effet, des projets ou des propositions qui visent plusieurs grands groupes d'intérêts et tous les représentants de ces groupes doivent être appelés à délibérer sur leurs dispositions. On pourrait prendre, comme exemples, des mesures douanières, des modifications dans les tarifs de transport, des innovations en matière d'hygiène, etc., etc. L'étude de ces lois essentielles et à faces multiples sera entreprise par les divers Conseils supérieurs intéressés. Ils formeront, par délégation d'un certain nombre de leurs membres, comme un *Conseil supérieur mixte*, qui en référera ensuite aux divers Conseils dont il émane, jusqu'à ce qu'il ait trouvé une solution qui les satisfasse tous et qui puisse être portée devant le Parlement.

Dotés d'un pareil fonctionnement, à la fois simple, varié et souple, les Conseils supérieurs formeront entre le Gouvernement et le Parlement un intermédiaire dont l'influence sera assez forte pour faire admettre par tous des lois étudiées sérieusement et avec une compétence qui, pour être spéciale, ne sera pas exclusive. Les Conseils supérieurs concentreront, à la fois, l'action gouvernementale, administrative et législative. Mais il leur sera impossible de devenir une oligarchie parce que le Parlement d'une part, le Conseil d'État de l'autre, seront là pour exercer un contrôle constant et parce qu'il existera encore, comme contrepoids, le principe électif sur lequel reposera presque toute la formation des Conseils supérieurs.

Les Conseils supérieurs, uniquement dans leurs rapports

entre eux, fonctionneront comme il vient d'être dit. Reste à fixer les attributions qu'ils tendront à exercer soit les uns vis-à-vis des autres, soit vis-à-vis des autres organes du Gouvernement et de la représentation?

Jusqu'à présent les Conseils supérieurs n'ont eu de rôle qu'auprès des Ministres et ce rôle, qui consistait à donner des avis, à émettre des vœux, à répondre à des questions, n'a pu être très efficace. Mais si on modifie la composition et la formation des Conseils supérieurs, si on les réunit entre eux par des liens de collaboration facile et aussi fréquente qu'il est nécessaire, c'est par là même leur donner une puissance d'expansion plus grande, des capacités supérieures. Toutes ces qualités, il faut leur fournir l'occasion de les employer. Ils continueront donc à jouer leur rôle présent auprès des ministres; mais leur intervention, de facultative, deviendra obligatoire, si bien que nul décret, nul arrêté, nulle circulaire de leur ressort ne soit lancée sans leur avoir été soumise[1].

La besogne des Conseils supérieurs pourra être abondante, mais ceux-ci seront à même de lui faire face, grâce à leur caractère de permanence. Ils siégeront sans interruption, établissant seulement un roulement entre leurs membres, afin que ceux-ci puissent jouir d'une certaine indépendance.

Sur le vu des actes ministériels qui leur seront toujours soumis, ils formuleront leurs critiques. Le ministre sera-t-il obligé d'en tenir compte? Il serait difficile, pour ne pas dire impossible, de trouver une sanction, mais d'un autre côté, la présence constante, l'action journalière exercée par le Conseil supérieur, la part que l'on pourrait peut-être lui donner dans

[1] On peut se souvenir ici d'un fragment du cahier du Tiers État de la Sénéchaussée de Lyon, en 1789, lequel disait : « Enfin ils présenteront le vœu du Tiers État... que les ordonnances particulières ou sociales ne soient rendues que du consentement des États provinciaux ou sur l'avis des Chambres de commerce. » (*Procès-verbaux des séances des Assemblées générales des trois ordres et des Assemblées particulières du Tiers État de la ville et du ressort de la Sénéchaussée de Lyon*, tenues en mars et avril 1789. Cahier commun du Tiers État. Section 5, chap. v, p. 149.)

les choix des ministres feront que celui-ci subira l'influence de ce groupe de collaborateurs désintéressés, compétents et dosés d'une longue et sérieuse expérience. De plus en plus, il se sentira guidé par une obligation toute morale, mais derrière laquelle il distinguera presque toujours le bon sens et la vérité. Il aura suffi aux Conseils supérieurs de gagner de l'autorité par leur recrutement et par leur intervention incessante. Cela ne voudra pas dire que les ministres leur soient livrés pieds et poings liés. Les ministres ne sont, en effet, soumis qu'à une obligation morale : si celle-ci ne leur semble pas suffisamment étayée par des motifs d'opportunité et d'heureuse influence, ils garderont toute leur liberté de vue et de résolution ; leur responsabilité demeurera entière.

Si le rôle des Conseils superieurs vis-à-vis des ministres est amoindri par l'organisation actuelle, il est nul auprès du Parlement. Les Conseils supérieurs sont des fractions de ministères, rien de plus, et les ministères ne se servent pas d'eux comme intermédiaires avec les Chambres. Si cependant ils ont besoin de se faire seconder dans une discussion, c'est en général à un chef de division ou à tout autre représentant du Gouvernement, tel que le gouverneur de l'Algérie dans les questions relatives à cette colonie, qu'ils s'adressent. Ces auxiliaires sont les *Commissaires du Gouvernement*[1]. Leur existence est rendue indispensable dans l'état actuel des choses par une bonne raison : « la lutte dans les Chambres, dont le pouvoir est le prix, fait nécessairement que, dans la composition des cabinets, la notoriété politique exerce plus d'influence que l'aptitude professionnelle[2] ».

Ainsi les Commissaires du Gouvernement ne sont autres que des représentants des intérêts. Or, où pourrait-on mieux les recruter que dans les corps nouveaux organisés, non plus dans les ministères et les Chambres, mais entre les ministères et

[1] Loi const. du 16 juin 1875, art. 6.

[2] Esmein, *Éléments de droit constitutionnel*, p. 618.

les Chambres, corps dont la base même est la représentation des intérêts. Par suite, il ne paraîtra plus au Parlement de Commissaires du Gouvernement, mais des délégués des Conseils supérieurs. Ce sont eux qui, selon les expressions de M. Esmein, seront les « hommes spéciaux » à côté de « l'homme politique » qu'est le ministre. Ils aideront celui-ci, ils éclaireront les Chambres qui sont composées de citoyens en général peu capables d'apprécier par eux-mêmes toutes les différentes lois, surtout si elles sont ou techniques, ou seulement particulières.

L'habitude d'emprunter régulièrement les représentants du Gouvernement à un Corps déterminé existait sous le second Empire. En vertu du titre VI de la Constitution du 14 janvier 1852, le Chef de l'État pouvait désigner des Conseillers d'État pour discuter et défendre les projets de loi devant le Sénat et le Corps législatif[1]. Cette disposition n'était, elle-même, qu'une réminiscence du titre III de la Constitution du 22 frimaire an VIII[2]. Alors le Tribunat discutait les lois en tout premier lieu. Il les adoptait ou les rejetait, puis déléguait trois de ses membres pour défendre son opinion devant le Corps législatif qui votait sans discussion. Le Gouvernement pouvait se faire représenter par des Conseillers d'État.

Le second Empire avait donc renoncé à la constitution d'un corps spécial d'examen des lois; il s'agit de le rétablir et ce sera l'ensemble des Conseils supérieurs. En outre, en 1852, la députation des Conseillers d'Etat devenait facultative; c'est au système d'obligation du Premier Empire que l'on reviendra. Mais, par contre, on gardera de la Constitution du 14 janvier 1852 et l'examen des lois devant deux Chambres avec liberté de discussion, et l'entrée des Conseillers dans ces deux Chambres.

[1] Moreau, *Précis élémentaire de droit constitutionnel*, p. 95.
Actuellement encore les commissaires du Gouvernement peuvent être des Conseillers d'État.

[2] Moreau, *Précis élémentaire de droit constitutionnel*, p. 60.

Membres du Tribunat, conseillers d'Etat, commissaires du gouvernement étaient et sont les représentants du gouvernement. De ce que les membres des Conseils supérieurs auront un rôle par certains côtés analogue au leur, il n'en faut point conclure qu'ils détiendront, eux aussi, un mandat, surtout du même mandant.

Les Conseils supérieurs agissent en vertu des dispositions de la loi constitutionnelle ; ils ne sont nullement des organes du pouvoir administratif et exécutif; ils aident ce dernier dans sa tâche, mais ils ne dépendent pas de lui et ils ne le représentent pas au sein du Parlement. C'est en leur nom seul que leurs membres se présenteront dans les Chambres. A vrai dire, les Conseils supérieurs sont davantage des Corps législatifs que toute autre chose. Quand ils agissent auprès du gouvernement, c'est pour le seconder dans celles de ses fonctions qui sont comme un prolongement respectueux du pouvoir législatif et qui constituent le pouvoir réglementaire. A ce titre, ils seront toujours mieux qualifiés que n'importe qui; les règlements émanant, soit du ministre, soit du Président de la République ne pouvant que « développer et compléter dans le détail les règles que la loi a posées », et celle-ci émanant de l'étude des Conseils supérieurs, c'est donc à ces Conseils qu'il faut demander les lumières utiles pour bien « développer et compléter dans le détail les règles que la loi a posées ». A noter, comme conséquence, que les décrets du Président de la République, comme tous les actes émanant des ministres, devront d'abord passer devant le Conseil supérieur compétent; l'intervention actuelle du Conseil d'Etat sera rendue inutile; les dispositions nouvelles sont édictées dans des conditions de contrôle telles qu'elles n'ont guère de chance de s'écarter de la loi qu'elles viennent compléter. Quant à la concordance avec l'ensemble de la législation du pays, elle a été assurée lors du vote et de la promulgation de la loi elle-même.

Il est donc établi que les Conseils supérieurs enverront de leurs membres dans l'une, comme dans l'autre Chambre. Quelle y sera leur mission et à la suite de quels actes des Conseils supérieurs la recevront-ils? C'est ici que l'on voit apparaître la véritable activité qui doit être dévolue aux corps nationaux représentatifs des intérêts sociaux et économiques. De même que, pour M. Greulich, les *Chambres industrielles cantonales* qu'il créait en Suisse devaient avoir l'examen de toutes les questions, de toutes les lois relatives à l'industrie et aux métiers, de même, dans des proportions plus vastes, les Conseils supérieurs doivent, avant toute autre discussion et toute autre décision, étudier questions et lois, sans en excepter une seule, puis prendre une détermination. Ils voteront donc au sujet de tous les projets et propositions, chacun d'eux recevant à l'examen ceux de ces projets ou propositions qui sont de sa compétence. S'il en est dont aucun Conseil supérieur ne soit qualifié pour connaître, c'est au Conseil d'Etat qu'ils seront renvoyés.

Quand un Conseil supérieur aura pris une décision et qu'ainsi la loi nouvelle aura été bien examinée au point de vue des intérêts économiques et sociaux, le moment sera venu de la faire apprécier, soit au point de vue des intérêts territoriaux, soit enfin à celui des intérêts généraux du pays. Elle sera, par conséquent, portée devant les Chambres, et cela, par les délégués du Conseil supérieur.

Le nombre de ces délégués pourra varier, sans cependant dépasser le chiffre de trois. Le besoin de deux correspondra au cas où deux opinions différentes auront été émises, où il y aura eu, lors du vote, en face de la majorité une minorité sérieuse. Il faut que tous les arguments puissent être produits devant la Chambre. Rarement, trois opinions tranchées et groupant des adhérents en assez grand nombre se manifesteront. Cela peut cependant arriver, et c'est en pareille circonstance que les délégués, toujours pour la même raison de clarté et d'équité, seront au nombre de trois. Toutefois, une autre situation encore sera cause de la multiplication des délégués ; on se souvient que, pour une loi intéressant plusieurs grands groupes d'intérêts, des Conseils supérieurs seraient appelés à se concerter et à prendre en commun une décision ; alors, il semble utile que non seulement les opinions divergentes, mais aussi les diverses espèces d'intérêts aient un représentant dans le Parlement au cours de la discussion.

Arrivés devant l'une ou l'autre Chambre, les conseillers indiqueront les motifs de la loi, ce qu'elle est, les phases de la discussion dans le Conseil supérieur, les arguments émis pour et contre, la résolution définitivement adoptée par le Conseil supérieur. Puis la discussion se déroulera comme actuellement. Les conseillers y prendront part ; ils auront droit à la parole comme y ont droit aujourd'hui les commissaires du gouvernement. De son côté, le ministre compétent donnera l'avis du gouvernement, qui peut fort bien être opposé à celui du Conseil supérieur. La responsabilité ministérielle subsiste entière, et une Chambre, adoptant les conclusions déposées par les conseillers délégués, peut parfaitement mettre ainsi le gouvernement en minorité.

C'est qu'en réalité l'organisation renforcée des Conseils supérieurs serait faite pour perfectionner le travail législatif et réglementaire et non pour substituer au jeu des institutions parlementaires un régime d'irresponsabilité ministérielle, de responsabilité anonyme parce qu'elle résiderait non pas même en un corps, mais en plusieurs, et par suite d'arbitraire et d'incohérence.

Le gouvernement sera toujours là pour former l'unité d'administration, la Chambre des députés en quelque mesure, et principalement le Conseil d'Etat pour garantir l'unité dans la législation inspirée par l'ensemble des grands intérêts dont la représentation centrale restera assurée, en tant qu'ils sont territoriaux par le Sénat, en tant qu'ils sont économiques et sociaux par les Conseils supérieurs qui coordonneront les multiples manifestations de l'activité de la vie économique ou sociale et les multiples besoins qu'elle engendre[1].

[1] *Cf.* de Greef, *le Transformisme social*, p. 329 et 330.

CHAPITRE VI

LE CONSEIL D'ÉTAT.

Dans l'organisation du pouvoir législatif, qui est la conclusion des chapitres précédents, on s'est efforcé de multiplier les garanties d'entente et d'harmonie entre les intérêts, c'est-à-dire de placer leurs diverses représentations dans des rapports réciproques tels, que les cas d'antagonisme fussent à peu près supprimés. C'est ainsi que les Conseils supérieurs sont autorisés à collaborer entre eux, à se prêter un mutuel appui ; c'est ainsi encore que la loi n'est réellement votée qu'après avoir obtenu la sanction de tous les corps représentatifs d'intérêts. Le travail législatif peut donc se poursuivre sans heurts.

En second lieu, de l'intervention des représentants de tous les intérêts, on attend la certitude que la loi, en elle-même, en dehors de toute contingence avec le reste de la législation nationale, est bien conçue et correspond à un réel besoin du moment.

Mais pourra-t-on en déduire que la loi nouvelle est de nature à cadrer avec l'ensemble des lois ? Pourra-t-on également être persuadé que dans sa forme elle rend bien l'esprit que les législateurs ont voulu mettre en elle ; ou, d'autre part, que sa rédaction est dépourvue de toute ambiguïté ; que, tout au moins, elle prêtera le flanc à un minimum d'interprétations dissemblables et de controverses ? Il faut bien le reconnaître, jusqu'ici, dans cette étude, on ne s'est point prémuni contre ces graves inconvénients.

Peut-être la critique faite par la Chambre des députés aura-t-elle quelque chance d'écarter le premier de ces inconvénients. Guidée par l'intérêt général, elle devrait aussi être pénétrée des notions de la législation du pays en général. Or les expériences présentes font tomber cette illusion. Il ne se passe pas de session sans que des esprits avisés crient à l'incohérence de l'œuvre du législateur, et cependant la Chambre n'est point autre que ce qu'elle serait sous le régime proposé de représentation des intérêts, à savoir une représentation de l'intérêt général.

Même améliorée, grâce à des procédés électoraux plus rationnels, la Chambre ne saurait avoir qu'une intuition vague du bloc législatif national. D'abord, elle est une assemblée trop nombreuse pour que tous ses membres puissent être suffisamment instruits de ce que sont les multiples lois. Ont-ils même eu le temps de se mettre au courant? Ils peuvent arriver jeunes à la députation. Enfin, ils sont fatalement en proie aux luttes d'opinions qui, pour atténuées qu'elles seraient avec la représentation proportionnelle et le vote plural, n'en seraient pas moins un élément toujours inquiétant de la vie publique.

Si quelque coordination avec la législation existante a pu être opérée, c'est au sein du Conseil supérieur qui a préparé la loi. Encore cette coordination n'aura-t-elle été que partielle, c'est-à-dire limitée à la catégorie de dispositions législatives qui ressortissent plus spécialement au domaine dudit Conseil supérieur. Elle aura pris de l'extension, il est vrai, dans le cas où plusieurs Conseils supérieurs auront été amenés à étudier une proposition ou un projet en commun. Elle aura été, pour ainsi dire, multipliée par le nombre de Conseils en cause. Mais forcément, elle restera incomplète. Il convient cependant de l'obtenir intégrale. N'y a-t-il pas dans l'organisation actuelle quelque corps dont les attributions embrassent déjà une tâche à peu près analogue? C'est vers le Conseil d'Etat seul que l'on peut et doit se tourner, afin de voir en quoi il intervient dans l'œuvre législative et si l'on ne pourrait pas lui demander de faire plus encore moyennant un recrutement nouveau et une extension de son pouvoir.

D'après la loi du 24 mai 1872, le Conseil d'Etat donne son avis : 1° sur les projets d'initiative parlementaire que l'Assemblée nationale juge à propos de lui renvoyer ; 2° sur les projets de loi préparés par le Gouvernement et qu'un décret spécial ordonne de soumettre au Conseil d'Etat (art. 8). Le trait qu'il importe de retenir ici, c'est que la consultation est toujours facultative[1]. Sous la Constitution de 1848[2], elle était obligatoire pour tout projet émanant du Gouvernement, sauf quelques exceptions (budget, lois militaires, lois urgentes, traités). Le principe de l'obligation générale est propre aux Constitutions impériales ; il est complété par l'envoi des projets et propositions au Conseil d'Etat, avant qu'ils ne soient portés devant les Chambres. C'est à ce mécanisme que s'étaient arrêtés les Saints-Simoniens[3] ; c'est lui encore que M. de Broglie regrette de ne pas voir introduit dans les lois organiques de la troisième République. « .....On aurait mieux fait, dit-il, de poser en principe : 1° que toute loi, que toute mesure de quelque importance politique, administrative ou autre, serait préparée et arrêtée en Conseil d'Etat [4]... ».

De son côté, M. Ch. Benoist estime qu'« il faut rendre au Conseil d'Etat ses attributions de législateur, ou tout au moins de préparateur et de rédacteur des lois[5] ».

Au moment où l'on vient de se prononcer pour l'organisa-

[1] De 1883-1890, le Conseil d'État a été saisi de 46 projets seulement (7 par an en moyenne), dont 2 renvoyés par le Sénat et les autres par le Gouvernement.

[2] Chap. VI, et Loi organique du 3 mars 1849.

[3] *Religion Saint-Simonienne : A tous!* p. 18.

[4] *Vues sur le Gouvernement de la France*, p. 256.

[5] Ch. Benoist, *Sophismes politiques de ce temps*, p. 251. M. de la Tour-du-Pin-Chambly fait passer toutes les lois d'intérêt général devant un Conseil d'État qui les transmet au Parlement et les reprend pour opérer les modifications indiquées au cours de la délibération (*l'Association catholique*, 15 décembre 1896, p. 545).

tion de Conseils supérieurs à attributions étendues, on ne saurait, ici, conférer au Conseil d'Etat un rôle aussi important, non pas qu'on veuille soustraire à son contrôle aucune loi nouvelle, mais parce que ce contrôle même doit être restreint.

John-Stuart Mill[1], considérant qu'une Assemblée représentative est incapable, en fait de législation, de faire la besogne elle-même, ne lui laisse d'autre fonction que d'accorder la sanction nationale aux dispositions arrêtées par un corps à nombre de membres très restreints et qui n'aurait pas le pouvoir de *rendre* des lois. Cette Commission « ne ferait que représenter l'élément d'intelligence, le Parlement représenterait l'élément de volonté[2] ». A cette Commission correspondront plutôt les Conseils supérieurs ; cependant elle pourra être partiellement remplacée par un Conseil d'Etat, élément d'*intelligence législative*, en ce sens qu'il assure l'unité dans l'ensemble des lois et l'excellence dans leur rédaction. Il aura donc à intervenir, en tout cas, après les Conseils supérieurs, c'est-à-dire en cours d'élaboration des lois, lorsque celles-ci auront déjà pris corps. Le moment semble opportun, puisqu'on éviterait d'apporter devant les Chambres des projets ou propositions informes parfois, incohérents souvent, ou dangereux dans leur application, parce qu'ils vont à l'encontre d'autres dispositions déjà en vigueur. Ils y gagneraient également en clarté, et la délibération parlementaire n'en serait que meilleure. Enfin, on n'aurait pas perdu un temps précieux pour aboutir, en fin de compte, à un remaniement de texte ou même à une refonte complète de l'esprit de la loi votée. Il y aurait là comme une mesure préventive obligatoire qui présente quelque analogie avec celle que préconise M. Boudenoot lorsqu'il réclame la présence, aux séances des Commissions, d'un com-

[1] John-Stuart Mill, *le Gouvernement représentatif*, p. 130 et 131.

[2] Il est bien entendu que le rôle du Parlement serait plus large ; en effet, il rendra les lois.

missaire du Gouvernement choisi dans le Conseil d'Etat, de telle sorte que la rédaction des projets de loi soit coordonnée avec la législation et la jurisprudence antérieures.

Mais il ne faut pas perdre de vue que le Parlement ne sera pas, comme le Corps législatif de la Constitution de l'an VIII, réduit au silence et à l'approbation ou au rejet purs et simples par oui ou par non. Il discutera, il amendera[1], il contribuera effectivement à la confection de la loi. Celle-ci peut donc sortir du Parlement autre qu'elle y est entrée, après l'examen obligatoire du Conseil d'Etat. En pareil cas, celui-ci doit intervenir à nouveau pour vérifier si aucune des innovations introduites ne met la loi nouvelle en contradiction avec ses aînées. Evidemment, cette tâche ne se présentera pas très souvent, grâce aux précautions prises dans la première préparation ; en tout cas, elle se trouvera très réduite.

C'est à cette fonction entièrement postérieure à l'œuvre parlementaire que M. Bergé réduisait le Conseil d'Etat, dont il proposait l'organisation dans la séance du 21 mars 1893 de la Chambre des Représentants belges[2]. Il s'agissait de reviser la Constitution et, à propos de représentation des intérêts, M. Bergé groupait des hommes de loi et des hommes correspondant aux divers éléments du commerce, de l'industrie, du travail..., afin d'arriver ainsi « à la représentation intelligente des intérêts ». C'était là ce qu'il appelait le *Conseil supérieur de législation*, qui devait examiner les lois défectueuses et les renvoyer aux Chambres avec ses observations.

Sans avoir ni le même but de représentation des intérêts, ni la même méthode de recrutement, M. Edmond Villey propose une intervention à peu près identique du Conseil d'Etat. « Le fond, écrit-il, appartiendrait, bien entendu, toujours aux Chambres, mais la forme à une Commission *ad hoc* et composée de juristes de profession et des meilleurs. Voici comment les choses

[1] Cependant le Conseil supérieur intéressé aura encore son mot à dire.
[2] Ses. ord., 1892-1893 (*An. parl.*, Ch. Rep., p. 986).

pourraient se passer. Les projets et propositions de loi seraient discutés et votés par les deux Chambres en première lecture avec droit d'amendement; après quoi ils seraient envoyés à une Commission spéciale de cinq membres pris soit dans le Conseil d'Etat, soit dans la Cour de Cassation ou ailleurs; cette Commission serait chargée de donner à la loi sa forme et sa rédaction définitives; dans le cas où cette Commission reconnaîtrait dans le projet quelque lacune, quelque incohérence, quelque contradiction avec des principes généraux du droit qu'elle ne pût faire disparaître sans dépasser les limites de ses pouvoirs, elle le renverrait aux Chambres avec ses observations pour être soumis à une seconde délibération: dans le cas contraire, ou après cette seconde délibération, si elle était reconnue nécessaire, la Commission transmettrait aux Chambres un projet définitif qui devrait être *ratifié* tel quel, sans aucun amendement. Si, par impossible, les Chambres estimaient que la rédaction de la loi a trahi leur pensée, elles auraient toujours le droit de renvoyer ce projet à la Commission de rédaction[1]. »

Le renvoi répété de la loi des Chambres à la Commission et de la Commission aux Chambres n'est défendable que si la préparation a été menée bien légèrement. Même alors il menace d'éterniser une discussion, de faire dégénérer celle-ci en conflit; ni la ratification obligatoire en cas de désaccord sur la forme, ni le nouveau renvoi à la Commission en cas de désaccord sur le fond ne sont des solutions. Il y aura toujours place pour contester que la modification porte soit uniquement sur le fond, soit uniquement sur la forme. Et puis l'on ne voit pas très bien une Commission si peu nombreuse tenir en échec tout un Parlement, quelle que soit l'autorité qu'elle puise dans sa composition.

On s'en tiendra donc à une intervention du Conseil d'Etat placée entre la délibération des Conseils supérieurs et celle du

[1] *Revue d'Économie politique*, année 1880, p. 644 et 645.

Parlement. Cependant, il pourra intervenir encore après le vote des Chambres si celui-ci n'a eu lieu que moyennant des modifications au texte primitif.

Mais il est incontestable que, si le Conseil d'Etat doit renvoyer aux Chambres[1] la loi nouvelle pour la retoucher, il faut qu'il possède une autorité suffisante pour que, sans autre conflit, la loi soit mise en harmonie avec la législation antérieure ou rédigée d'une façon plus nette et juridique, par le concours du Parlement et du ou des Conseils supérieurs intéressés.

C'est à l'origine et au caractère de ses membres que le Conseil d'Etat empruntera la puissance dont il est nécessaire qu'il jouisse.

En vertu de la loi du 24 mai 1872 et de la loi du 13 juillet 1873, le Conseil d'Etat comprend aujourd'hui :

1° 32 conseillers en service ordinaire ;

2° 15 conseillers en service extraordinaire qui sont des fonctionnaires et qui ne peuvent être adjoints à la section du contentieux ;

3° 30 maîtres des requêtes qui font des rapports et dont 3 siègent au contentieux comme commissaires du Gouvernement ;

4° 12 auditeurs de 1re classe et 24 auditeurs de 2e classe qui préparent les affaires qu'ils rapportent.

Tous sont nommés par décret du Président de la République[2], sauf les auditeurs de 2e classe qui sont choisis par voie de Concours.

Le Conseil d'Etat est divisé en sections, au nombre de 5, d'après la loi de 1879, organisées par les décrets des 2 août 1879 et 16 juillet 1890 : 1° législation, justice et affaires étran-

[1] En ce qui concerne les projets ou propositions pour lesquels le Conseil d'État fait fonction de Conseil supérieur, il se trouve naturellement que le double examen est réduit à un seul.

[2] C'est également le Chef de l'État qui procédait à ces nominations sous les Constitutions impériales et royales.

gères : 2° intérieur, cultes, instruction publique et beaux-arts : 3° finances, marine, guerre, colonies : 4° travaux publics, agriculture, commerce, postes et télégraphes ; 5° contentieux.

La première section seule doit retenir pour l'instant l'attention et en faisant abstraction des questions de justice et d'affaires étrangères. Sans se préoccuper du recrutement des autres sections, il est permis de réclamer pour celle de législation un recrutement spécial qui la mette à l'abri de toute influence gouvernementale, qui assure sa composition par des hommes versés dans la législation nationale et dont les états de service prolongés dans le Parlement et les Conseils supérieurs en fassent comme des vétérans sûrs, à ce titre déjà, de la considération de leurs collègues de la veille. Mais, en outre, ils prendront d'autant plus de prestige aux yeux des sénateurs, députés et conseillers, qu'ils seront leurs élus. Toutefois ils acquerront en même temps toute l'indépendance voulue vis-à-vis de ces électeurs par le fait qu'ils seront élus sinon à vie, du moins jusqu'à un certain âge fixé pour la retraite.

La première condition de leur éligibilité sera, par conséquent de faire partie des Chambres ou des Conseils supérieurs. On pourra en joindre une seconde relative à l'âge. Enfin, pour les députés tout au moins, une troisième visant la durée des fonctions de législateur ne serait point inutile comme garantie d'expérience dans les affaires publiques. Quant aux sénateurs et aux conseillers, les échelons qu'ils ont dû franchir et l'âge exigé sont des garanties plus que suffisantes.

Chaque Conseil supérieur aurait à nommer un délégué à la section spéciale de législation du Conseil d'Etat, au total de 15 à 20. La Chambre et le Sénat en désigneraient chacun un nombre équivalent[1]. La section spéciale de législation

[1] D'après la loi de 1872, les conseillers en service ordinaire étaient élus sur une liste de présentation portant moitié de noms en sus des sièges à pourvoir par l'Assemblée nationale qui élisait et révoquait.

On retrouve à peu près les mêmes dispositions dans la Constitution de 1848 (chap. VI) et la loi du 3 mars 1849.

compterait donc de 45 à 60 membres. Mais elle ne serait vraiment complète que par l'adjonction jusqu'à concurrence du tiers du nombre total de ses membres de tout ou partie des membres de la section du contentieux qui représenteraient l'élément juridique. Elle se composerait alors de 60 à 80 conseillers, maîtres des requêtes ou auditeurs.

Jusqu'à présent il n'a été question que des attributions législatives du Conseil d'État. Il en a, en outre, de contentieuses, auxquelles on ne songe pas à toucher, et d'administratives, par contre, dont l'examen ne saurait être éludé.

En effet, le Gouvernement peut consulter le Conseil d'Etat sur toutes les questions ; il est tenu de le faire, sauf à ne pas suivre l'avis exprimé, pour les règlements d'administration publique. A cet effet sont instituées les diverses sections qui délibèrent tantôt isolément, tantôt en Assemblée générale.

Mais que la consultation du Conseil d'Etat soit facultative ou obligatoire, du moment que les Conseils supérieurs ont les attributions que cette étude propose de leur confier, il va y avoir double emploi ; et il est certain que, complétée par la vérification de la loi effectuée par la section de législation, la consultation des Conseils supérieurs offre des garanties inappréciables. Ou bien le recrutement du Conseil d'Etat serait maintenu tel qu'il est aujourd'hui et alors, en premier lieu, ce Conseil serait toujours dépendant du Gouvernement ; en second lieu, ses sections ne seraient pas, chacune, aussi certainement composées de spécialistes capables ; ou bien, on ferait élire ces sections, subdivisées suivant les grands intérêts, par des groupes d'électeurs à intérêts correspondants et, en fait, ces sections ne seraient plus que des doublures des Conseils supérieurs.

Ce qui est vrai de leur fonction consultative en matière de lois le demeure en matière de règlements d'administration publique qui viennent simplement développer la loi et à la rédaction desquels les Conseils supérieurs sont aussi chargés de prendre part.

Bien plus, dans ce dernier domaine, il ne semble pas utile de faire appel à la section de législation, car il n'est guère probable qu'un ministre, ayant sous les yeux la loi, assisté du Conseil supérieur compétent qui a été si intimement mêlé à la formation de cette même loi, risque, en élaborant le règlement d'administration publique, de sortir de la voie tracée par elle ou d'adopter une rédaction défectueuse. Il importe enfin de ne pas compliquer outre mesure l'œuvre législative et administrative.

Toutefois le désir de simplification ne peut supprimer tout contrôle ; on a déjà donné une limite à ce désir au point de vue national, en confiant au Conseil d'Etat le soin de faire cadrer les lois nouvelles avec la législation antérieure et de leur donner une rédaction nette. D'autre part, si, au point de vue provincial ou cantonal, ce même désir de simplification a conduit à une large décentralisation, il ne saurait s'opposer à ce que le Conseil d'Etat mette encore en harmonie les législations locales entre elles et avec la législation nationale, ou leur donne une forme qui soit correcte et claire.

Les corps provinciaux et cantonaux seront appelés à prendre des résolutions dont certaines (le moins possible), mais du moins celles ayant trait aux questions de finances, seront obligatoirement soumises au contrôle de l'administration supérieure. Pour les autres, ils auront toute liberté. Cependant, si le Maire ou le Préfet, représentants de l'administration centrale, s'apercevaient que quelqu'une de ces résolutions fût en contradiction avec des lois ou règlements existants, il aurait le droit de présenter des observations aux corps provinciaux ou cantonaux, et, en cas de résistance de leur part, de soumettre la décision, objet du conflit, à la section de législation du Conseil d'Etat qui se prononcerait en dernier ressort[1].

En résumé, il ne restera du Conseil d'Etat que deux sections, l'une de législation qui pourra peut-être englober toute

[1] *Supra*, 2e partie, titre I, chap. III, B.

celle du contentieux et, en tout cas, qui se l'adjoindra en partie; l'autre de contentieux qui, dans ses fonctions spéciales, agira en dehors de toute collaboration avec la section de législation.

Le Conseil d'Etat n'aura plus que deux catégories de fonctions : les premières législatives, les secondes contentieuses.

En vertu des premières, il sera corps de revision et d'unification, avec toute l'autorité qu'il puisera dans son origine pour la plus grosse partie élective. Son action s'étendra sur toutes les décisions administratives du pays.

TITRE II

Formation et composition des corps administratifs ou politiques qui viennent d'être conservés, modifiés ou créés.

Un principe et des corps dont la composition repose sur ce principe, ce sont là des éléments de la Constitution même. Mais comme une loi est accompagnée d'un règlement d'administration publique, de même la Constitution est complétée sur un de ses points par la loi électorale.

Il reste ici à déterminer les lignes principales de cette loi dont certaines ont déjà été indiquées dans les chapitres précédents.

Au moment de faire élire les cerps représentatifs à tous les degrés, il convient de former le corps életoral, d'établir les catégories d'éligibles et de marquer les règles et systèmes en vertu desquels il sera usé du droit de suffrage et procédé à la répartition des sièges.

Tel sera le multiple objet de cette dernière section.

CHAPITRE PREMIER

CONDITIONS REQUISES POUR L'ÉLECTORAT ET L'ÉLIGIBILITÉ.

Le corps électoral, pris dans sa totalité, procède à deux sortes d'élections : celle de la Chambre des députés et celle des Chambres cantonales.

Pour la Chambre des députés, on conservera les conditions générales requises actuellement pour l'électorat. Participeront donc à son élection tous les citoyens âgés de vingt et un ans, inscrits sur une liste électorale, jouissant de tous leurs droits civils et politiques et non frappés d'une des clauses d'exclusion temporaire ou permanente énumérées par la loi.

Mais si les intérêts sont la base de la représentation, celle-ci doit émaner du choix de tous ceux qui ont des intérêts, qui participent à l'intérêt général et qui sont capables de les discerner d'abord, d'en confier la garde aux plus capables ensuite. Or, il est indiscutable que les femmes ont des intérêts ; ces intérêts sont ceux de l'ensemble des citoyens et parfois elles en ont encore de spéciaux et de distincts. De plus, il est incontestable que les femmes sont capables de choisir les individus dignes de les représenter aussi bien que des individus dignes de les épouser. La logique veut qu'on leur donne largement le droit de suffrage, dans tous les domaines et à tous les degrés. Les expériences faites autorisent une pareille émancipation. « Partout où les femmes jouissent de l'électorat, elles exercent le droit à peu près dans la même mesure que les hommes. Il n'y a chez elles ni plus d'empressement, ni plus d'indifférence[1]. » En Nouvelle-Zélande, les opérations électorales se passent dans les meilleures conditions.

Il est bien évident que l'électorat des femmes existera pour tous les corps représentatifs.

« Tout électeur est éligible, sans condition de cens, à l'âge de vingt-cinq ans accomplis », dit l'article 6 de la loi du 30 novembre 1875. Cette formule générale serait bonne à conserver pour la Chambre, mais en modifiant un chiffre. Vingt-cinq ans est un âge prématuré. Ni la loi militaire, ni la loi civile au titre du mariage ne l'estiment assez avancé pour émanciper pleinement l'individu. Il est bizarre qu'un homme, ayant tout pouvoir pour coopérer à la revision de la Constitution nationale ou à l'élection du plus haut magistrat de la République, soit le même qui, dans la vie privée, est obligé de demander à ses parents leur autorisation pour prendre femme.

Il y a plus d'apparence que la loi civile ait raison sur ce point contre la loi électorale. Fixer à trente ans l'âge d'accession à l'éligibilité serait prudent et rationnel; prudent, car on ne saurait demander trop de garanties d'expérience, de maturité d'esprit et de connaissances à un homme investi de fonctions législatives; rationnel, car avant l'âge de trente ans les intérêts des neuf dixièmes des citoyens sont encore à l'état embryonnaire. Ce germe, ils tendent à le faire prospérer et ils sont justement absorbés par cette tâche; ce n'est que plus tard, lorsqu'ils ont vaincu les premières difficultés, qu'ils ont pu fonder une famille, qu'ils jouissent de quelque calme et de quelque loisir, dont ils peuvent consacrer une fraction plus ou moins grande aux affaires de leur groupe, de leur circonscription, de leur pays.

Qu'il soit entendu immédiatement que cette condition d'âge

[1] Louis Frank, *Essai sur la condition politique de la femme*, p. 113.

s'appliquera pour l'éligibilité à tous les corps tant nationaux, que provinciaux ou cantonaux. Elle s'adjoindra à cette autre qui demeurera également générale : un citoyen pour être éligible à un corps quelconque devra faire partie du groupe électoral procédant à l'élection de ce corps.

Les femmes doivent prendre leur part des responsabilités générales dans les affaires publiques ; elles y sont aptes ; la vie sociale ne peut que gagner à leur présence agissante. Les intérêts généraux sont aussi ceux des femmes ; tantôt elles n'ont personne pour affirmer cette participation, tantôt elles ont un père, un frère, un mari, un fils ; mais il ne serait pas mauvais qu'il y eût collaboration. Les femmes ont surtout droit à l'éligibilité en vertu des intérêts sociaux qui leur sont propres. Actuellement, à l'encontre de toute équité, ces intérêts ne font l'objet d'aucune représentation. Il est fatal qu'ils soient ainsi méconnus et sacrifiés. Cela est, en réalité, et c'est là un des leviers les plus puissants qui ont soulevé le mouvement féministe. Ce sort des intérêts féminins est celui qui est réservé à tous les intérêts qui ne sont pas directement représentés. On a pu s'écrier à juste titre et avec angoisse dans un appel aux femmes paru en 1879 : « Femmes de France, trois projets qui vous concernent sont en ce moment soumis aux Chambres. Eh bien ! pas un de nous ne pourra les soutenir ou les amender ! »

Cette revendication des droits de la femme, les socialistes, avec habileté et courage, l'ont prise aux Saint-Simoniens. Ils l'ont faite leur ; ils l'ont soutenue dans leurs écrits, notamment avec Bebel et Malon ; ils l'ont inscrite à l'ordre du jour de tous leurs congrès.

Il est plus d'un pays où elle a fait des progrès sérieux, même sous le régime du suffrage universel inorganique. Avec la réforme de ce suffrage, elle ne peut manquer d'être définitivement admise. On verra alors des femmes candidats à tous les corps élus du pays.

Pour l'élection des Chambres cantonales, l'ensemble du

corps électoral du canton devra remplir les mêmes conditions que celui de la Chambre, mais d'autres aussi qui correspondent à la nécessité de répartir les citoyens entre les divers groupes électoraux économiques et sociaux au sein de la circonscription territoriale. Comme il s'agit d'un classement plutôt professionnel, l'inscription au rôle de la patente sous telle ou telle rubrique et depuis un certain laps de temps qui ne saurait dépasser un an, pourrait donner l'entrée dans le groupe électoral correspondant. Les rôles de la patente joints aux résultats statistiques des recensements, aux déclarations et options des citoyens, aux cadres fournis par les syndicats et les associations diverses compléteraient l'ensemble des éléments de classification.

Souvent la patente se trouvera avoir déjà réglé l'attribution à tel ou tel groupe d'une profession dont le classement était délicat. D'autre part, elle sera contrôlée par les groupes existant en dehors des questions électorales. Nul pays n'offrirait plus de commodités sur ce point que la Suisse : les groupements y pullulent : société d'agriculture, société des ingénieurs et architectes, société des hôteliers, association des chimistes et analystes, etc., etc.

Il ne semble pas qu'un *registre du commerce*, tel qu'il s'en trouve en Espagne, en Portugal, en Suisse, etc., puisse rien ajouter à la facilité et à la netteté de l'établissement des listes électorales. Il « n'est qu'un moyen de publicité obligatoire pour quiconque se livre habituellement aux opérations commerciales[1] ».

Dans le domaine des professions libérales, le contrôle se ferait au moyen des tableaux des Chambres de discipline ou des Ordres. Il est même question de la constitution d'un Ordre des médecins. La Société des médecins de France s'en occupe ; elle a déjà rédigé un projet de loi qui autoriserait les médecins à se constituer comme les avocats[2].

[1] Gras, les Chambres de commerce (*Annales de l'École libre des sciences politiques*, année 1896, p. 103).

[2] Étienne Charles, la Vie de Paris : l'Ordre des médecins (*Salut public* de Lyon, n° du 5 mars 1898).

Quelle serait la situation électorale de tous les élus, conseillers, députés, sénateurs, etc.? Il n'y aurait qu'à leur appliquer les conditions actuelles de l'accession à l'électorat en les faisant voter avec le groupe auquel les rattache la profession qu'ils avaient avant leur élection. Cependant si la jurisprudence de la Cour de cassation[1], basée sur une extension de l'article 177 du code pénal, prévaut décidément, les députés et autres élus devront être considérés comme des fonctionnaires de l'ordre purement administratif et voter de ce chef avec le groupe assez hétéroclyte des rentiers.

Enfin les ouvriers auraient une représentation spéciale[2].

De même qu'en matière d'électorat, le terrain est des plus délicats lorsqu'on aborde les questions d'éligibilité aux organes cantonaux. Pour la Chambre cantonale, chaque groupe économique prendra ses candidats dans son sein. Il reste pertinent, en effet, que nul n'est plus apte à s'occuper de certains intérêts que celui qui les partage. Mais encore faut-il qu'il les partage depuis un temps assez long pour qu'il les connaisse vraiment. Cette remarque conduit à poser ici une condition nouvelle. Les candidats devront, s'ils sont employeurs, être inscrits au rôle de la patente et sous la rubrique relative à leurs groupes depuis au moins trois ans ; s'ils sont salariés, justifier de cette situation depuis trois ans également. Cette justification pourra se faire par production de livrets, de pièces indiquant l'affiliation à une association professionnelle, etc., etc. Aucun inconvénient ne s'opposerait à ce qu'un patron se présentât aux suffrages du groupe ouvrier correspondant ou vice versa. Il se peut, en effet, que l'un des deux groupes ait assez de confiance dans un membre de l'autre pour lui confier,

[1] Affaire Michelin-Ratazzi (1886) et affaire Baïhaut (1892).

[2] Séverin de la Chapelle, *Nouvel organisme de la souveraineté nationale en France*, p. 104 et 105. — *Cf.* Helleputte, Chambre des Représentants belge, séance du 7 mai 1892. Ses ord., 1891-1892 *(An. parl.,* Ch. Rep., 1214 et 1215.). V. surtout, proposition Féron et consorts Chambre des Représentants belge, séance du 18 juin 1893, ses. ord., 1892-1893 *(An. parl.,* Ch. Rep., p. 1677).

avec la garde des intérêts économiques communs aux deux groupes, celle des intérêts sociaux qui lui sont propres.

Il a été jusqu'ici question des conditions requises pour l'électorat et l'éligibilité à la Chambre des députés et aux Chambres cantonales seulement. Pour les autres corps élus quelques lignes suffiront.

Tout d'abord l'électorat.

Les Conseils cantonaux sont élus par le Comité cantonal et la Chambre cantonale[1].

A leur tour les conseillers cantonaux d'une même catégorie et dans les limites de la province procèdent entre eux à la nomination des délégués au Conseil provincial correspondant.

Suivant la même pratique, les Conseils provinciaux élisent les Conseils supérieurs. Participent au choix des députés à la Chambre provinciale, les adjoints, les conseillers cantonaux, les membres de la Chambre cantonale

De même les sénateurs sont élus dans chaque province par la réunion des secrétaires généraux, des conseillers provinciaux et des membres de la Chambre provinciale.

Enfin la section spéciale de législation du Conseil d'Etat sortira de la triple élection qui aura lieu dans les Conseils supérieurs, le Sénat et la Chambre.

Reste l'éligibilité.

On a vu que les Conseils cantonaux se recrutaient parmi les citoyens de bonne volonté. Une partie de leurs membres doit se rattacher par ses occupations, d'une façon toute spéciale, au service dont est chargé le Conseil cantonal. Cela revient à mettre en regard de chacun de ces Conseils les groupes électoraux désignés pour les élections à la Chambre cantonale dans lesquels le Comité cantonal aura le droit d'accepter les offres de service et de prendre les citoyens qu'il inscrira sur la liste de présentation (*v.* appendice II).

Les autres membres d'un Conseil cantonal sont choisis par le

[1] *Supra*, IIe partie, titre I, chap. II, C.

seul Comité cantonal, parmi les citoyens dont les capacités professionnelles peuvent être utiles au Conseil cantonal.

Le Comité cantonal devra prendre pour guide les réputations personnelles que, en général, personne n'ignore dans les limites relativement restreintes du canton.

Les conditions de l'éligibilité aux autres corps de la province et de l'État sont faciles à déterminer. Il faut remplir toujours les conditions d'éligibilité requises par la Chambre des députés : c'est là une règle générale ; mais, en outre, on ne peut entrer dans un Conseil que si l'on fait déjà partie du Conseil de même nature du degré inférieur. Ainsi sont seuls éligibles à un Conseil supérieur les membres des Conseils provinciaux correspondants, et à un Conseil provincial les membres des Conseils cantonaux correspondants.

Il ne faut pas oublier cependant que, sans appartenir au Conseil inférieur directement correspondant, un certain nombre de citoyens pourront être appelés dans un Conseil afin de compléter ses lumières. D'autre part, pour pouvoir poser sa candidature aux élections sénatoriales, il faut appartenir à une Chambre provinciale ou à un Conseil provincial, et l'on ne peut devenir membre de la Chambre provinciale que si l'on fait partie soit de la Chambre cantonale, soit d'un des Conseils cantonaux.

A l'âge de trente ans viendra se joindre la condition d'un stage obligatoire dans un corps inférieur, stage que l'on pourra demander au moins égal en durée au temps qui séparera deux élections audit corps inférieur. Il semble qu'il y aurait là assez de garanties pour que l'élu soit armé d'expérience, non seulement au point de vue des intérêts qu'il représentera, mais encore de la vie et des coutumes administratives et politiques.

C'est à des hommes rompus dans l'œuvre représentative et législative que peuvent seuls être confiés les sièges de la section de législation du Conseil d'État. Déjà ils auront parcouru tous les échelons, depuis les organes cantonaux jusqu'à ceux de la nation. Il ne serait peut-être pas mauvais de leur demander le séjour d'une législature complète dans le Parlement ou les Conseils supérieurs d'où l'élection doit les envoyer au Conseil d'État, un tiers venant des Conseils supérieurs, un tiers du Sénat et un tiers de la Chambre.

Les règles qui viennent d'être posées laissent place au cumul des fonctions, et celui-ci pourrait même prendre des proportions considérables. De fait, rien n'empêcherait un ingénieur, par exemple, de faire partie tout d'abord du Conseil cantonal des Beaux-Arts et du Conseil supérieur correspondant. Entre temps il aurait pu se faire élire à la Chambre des députés. Un pareil état de choses n'est pas admissible. Surchargé de besogne, appelé à Paris, au chef-lieu de la province, au chef-lieu de canton, l'élu ne saurait se consacrer suffisamment à chacune de ces tâches diverses. Il faut donc restreindre l'activité des représentants. Mais sera-ce à une seule mission, ou leur sera-t-il permis d'en assumer un certain nombre ?

Il est d'abord nécessaire que, dans une même division territoriale ou au centre, un citoyen ne fasse pas partie de corps différents, tels, par exemple, la Chambre provinciale et un Conseil provincial.

Quant au cumul dans les corps d'échelons différents, il soulève une série de questions, car il faut envisager ces différents corps les uns après les autres. Le criterium est le surcroît ou non de besogne. En principe, il serait bon d'interdire tout cumul pour les membres des corps nationaux ; il resterait permis aux membres des corps cantonaux et provinciaux où la multiplicité des affaires et la difficulté des communications sont infiniment moins considérables. On aura donc parfaitement le droit de faire partie à la fois d'un Conseil cantonal et d'un Conseil provincial, de la Chambre cantonale ou d'un Conseil cantonal et de la Chambre provinciale.

Le problème de l'éligibilité, tout comme celui de l'électorat, restent, en fin de compte, dominés par quelques points importants et essentiels : élection directe pour la Chambre des députés et les Chambres cantonales seulement ; pour les autres corps, élection par échelons, étant donné que là où l'on est électeur, on est éligible. Mais le cumul n'est permis que dans les corps cantonaux et les corps provinciaux.

La patente introduite comme condition d'accession à l'électorat dans certains groupes professionnels; les résultats des recensements, les déclarations, les options des citoyens servant de facteurs complémentaires.

Les associations et syndicats employés aussi comme cadres de groupements électoraux.

Distinction, dans le corps électoral, de la masse ouvrière.

Électorat et éligibilité pour les femmes.

L'âge d'accession à l'éligibilité sera de trente ans.

Partout où la représentation sera basée sur des intérêts économiques, la pratique de ces intérêts sera exigée pendant un temps assez long, avant de pouvoir être élu.

La séparation, en matière d'électorat, entre employeurs et employés est adoucie, en matière d'éligibilité, par la facilité des candidatures réciproques.

N'y a-t-il pas dans ce code de l'électorat et de l'éligibilité des garanties sérieuses pour assurer la maturité et le zèle des électeurs, l'indépendance, la pondération et la compétence des élus?

CHAPITRE II

LE DROIT DE SUFFRAGE.

A. — Le vote obligatoire.

Si on considère le peuple comme le souverain, il est bien évident qu'on ne saurait lui rien imposer en fait de transmission de sa puissance, et notamment d'user de sa souveraineté en la déléguant. Le premier avantage qui résulte de la toute-puissance, au point de vue du droit public pur, est de faire de celle-ci ce que bon vous semble. Par conséquent, on peut, ou non, la transmettre; on peut, ou non, confier un mandat qui en soit accompagné: on peut, ou non, voter. Et il s'ensuit que le fait de disposer de son suffrage est un droit[1].

Il ne suffit pas, pour en rendre l'exercice obligatoire, de dire avec M. de Broglie que « ce n'est point un droit exclusivement personnel », mais « un droit social institué dans l'intérêt de la communauté[2] ». Le citoyen souhaitera toujours disposer entièrement d'un attribut qu'il considère, précisément à cause de son importance, comme son bien le plus précieux, et dont il tient très jalousement à pouvoir jouir à sa guise. En somme, pour rendre le vote obligatoire, il faut commencer par inculquer aux électeurs qu'il est, non un droit, mais un devoir.

[1] En France, l'inscription sur les listes électorales n'a pas lieu d'office, elle doit être demandée.

[2] De Broglie. *Vues sur le Gouvernement de la France*, p. 38.

C'est à quoi aboutit la théorie de la *délégation par la Constitution.*

Le citoyen n'est plus détenteur de souveraineté, et, d'autre part, il est investi de la mission d'aider au choix des plus capables de gérer la chose publique ; il est apte à juger les hommes et il est le mieux placé pour désigner ceux qui, dans son milieu, présentent les garanties voulues. Se dérober serait manquer à son devoir. Il y a là « une fonction, comme celle de juré, comme celle de tuteur, et il est de l'intérêt de tous que cette fonction soit remplie[1] ». A plus forte raison s'il s'agit de faire prévaloir des intérêts économiques ou sociaux ; l'intervention des esprits les plus mûris et les plus pondérés devient indispensable.

Le vote doit être obligatoire, parce qu'il est de toute nécessité que les intérêts de tous et de chacun soient connus et défendus. Les faits démontrent aussi que « l'électeur qui s'abstient..... est un de ces modérés qui apportent dans la vie politique une philosophie douce[2] », et, par leur conduite, suppriment à l'élément pondérateur, capable d'examiner et de juger, ses appuis les plus sûrs[3].

Là où naît la difficulté, c'est dans l'application du principe. Aucune pénalité n'a été, jusqu'ici, trouvée satisfaisante, et la liste paraît en être épuisée. S'il s'agit de déchéances, il y aura toujours tout lieu de craindre que l'esprit de parti n'en abuse. Quant à l'emploi même des pénalités, il sera restreint par la

[1] Paul Lafitte, *Lettres d'un parlementaire,* p. 155. — *Cf.* Beernaert, *Note à la Commission de la Chambre des Représentants pour la revision de la Constitution* (Chambre des Représentants belge, ses. ord., 1892-1893. *Documents parlementaires,* n° 46.)

[2] Paul Lafitte, *Lettres d'un parlementaire,* p. 153.

[3] *Cf.* de Hauleville, la Revision en Belgique *(Revue politique et littéraire,* 30 novembre 1895.) « Le vote doit être obligatoire parce qu'il importe à la nation que la volonté générale soit connue aussi exactement que possible et parce que l'expérience démontre que les abstenants sont précisément les citoyens les moins passionnés, les plus pacifiques et les plus intéressés à l'ordre public. »

production d'excuses, et c'est alors dans l'énumération de celles-ci que surgit l'incertitude et parfois l'arbitraire[1].

Or le but que la représentation des intérêts placera devant les électeurs leur sera un stimulant. Ils sont, en effet, plus attachés à leurs intérêts qu'à leurs opinions, et ils se soumettront plus aisément, une fois groupés par intérêts, à la mesure de l'obligation, qui, en réalité, n'aura plus si grand besoin d'être prescrite de par la loi. Au fond, tout le système électoral sera basé sur l'intérêt direct des citoyens à la bonne administration de la société, et le vote devenant, en tout cas, une faculté dont chacun sera intéressé à bénéficier, l'obligation apparaîtra morale, il est vrai, mais par suite plus puissante que si elle était édictée et accompagnée d'une sanction pénale.

Si l'on veut compléter la garantie de la presque unanimité des électeurs à se rendre au scrutin, il convient de joindre à la représentation des intérêts cette autre réforme qui va de pair avec elle à tous points de vue, la représentation proportionnelle[2]. Obligé de voter, on vote blanc parce qu'on a le sentiment d'appartenir à la minorité, c'est-à-dire au parti battu d'avance ou même sans candidat, par conséquent destiné à ne pas avoir le moindre représentant. Ou bien on vote blanc parce qu'on sait son parti sûrement vainqueur et sa voix un appoint superflu. Faire que cette double conviction ne résume pas toute la bataille électorale, en donnant des représentants à tous les partis et proportionnellement à leur force serait encourager à voter effectivement ; car l'électeur prendrait à cœur d'augmenter le nombre des suffrages qui reviendront à son

[1] *Cf.* A. Desjardins, *De la liberté politique dans l'État moderne*, p. 46 et 47. — Et Montefiore-Levi, Sénat belge, séance du 12 juillet 1893, ses. ord. 1892-1893 (*An. parl*, S., p. 424). — Burlet, *ibid.*, p. 426 et suiv. — Wœste, Chambre des Représentants belge, séance du 10 mars 1893, ses. ord., 1892-1893 (*An. parl.*, Ch. Rep., p. 898).

[2] Paul Deschanel, Discours de Lyon, le 1er mai 1898 (*Lyon Républicain*, 2 mai 1898).

parti et, par conséquent, le nombre de sièges auquel celui-ci aura droit.

On votera donc d'abord sous le puissant aiguillon des intérêts, afin de désigner les plus capables de représenter ces intérêts économiques, sociaux ou territoriaux. On votera ensuite pour qu'en cas de divergences sur les moyens à employer en vue de protéger et de donner satisfaction toujours à ces mêmes intérêts, le groupe auquel on appartient, dans la circonscription à la fois territoriale et économique ou sociale, obtienne d'abord des représentants, puis en obtienne en nombre proportionnel à sa vraie force qui se mesure numériquement. Il ne sera plus besoin de lois pour traîner les citoyens aux urnes. Le droit de vote s'imposera comme un devoir et comme un acte de bonne administration.

B. — Le droit de vote avec plusieurs groupes ou dans plusieurs circonscriptions (vote multiple).

L'électeur pourra-t-il voter dans tous les groupes où il a des intérêts? Par exemple, un avocat qui fait du journalisme, votera-t-il et avec les juristes, et avec les écrivains? Si l'on répond affirmativement, il a un droit de vote multiple.

Au cours de son examen et de sa réfutation des critiques qu'il est possible de faire à la représentation des intérêts[1], M. Ad. Prins signale le danger des *votes multiples*. Par cette dénomination il vise, et après lui M. Ch. Benoist, les exercices répétés du droit de vote, lors d'une élection, par un même individu, dans plusieurs circonscriptions, en raison d'intérêts possédés par lui dans chacune de ces circonscriptions.

M. Ad. Prins s'occupe aussi des difficultés qui peuvent surgir dans le classement des intérêts[2]. Leur conséquence la plus évidente serait d'obliger à accorder le droit de vote à un

[1] Prins, *la Démocratie et le régime représentatif*, p. 212 et 213.
[2] *Ibid.*

même citoyen dans des groupements différents, parce qu'il y a dans l'ensemble de ses intérêts certains d'entre eux qui le rattachent à un groupement et certains à un autre. Mais cette solution ne plaît pas à M. Prins et il propose plutôt de ne maintenir à l'électeur qu'un seul vote en lui laissant la liberté de choisir le groupe avec lequel il désire l'employer[1].

Cette faculté d'option n'était plus si généralement accordée dans le projet déposé par MM. Helleputte, Loslever et Jansens lors de la revision de la Constitution belge (1890-1893). Les auteurs du projet, tout en n'admettant jamais qu'un seul suffrage, distinguaient si oui ou non l'électeur exerçait une profession ou une fonction rétribuée en lui procurant des avantages pécuniaires (art. 4). Si oui, il devait être inscrit d'office dans le groupe auquel se rattache la profession ou la fonction rétribuée ou procurant des avantages pécuniaires, qu'il exerce. Si non, il pouvait opter, au moment de l'inscription sur les listes électorales[2].

Si l'on tient à établir un *criterium*, celui du projet Helleputte, Loslever et Jansens manque de précision. Un avocat, écrivant d'une façon suivie dans un journal, peut prétendre à être rattaché soit au groupe des hommes de loi, soit à celui des écrivains. L'une et l'autre de ces professions lui procurent des avantages pécuniaires. Evidemment on sera plutôt tenté de l'inscrire sur la liste des hommes de loi. Cependant il peut être un avocat plaidant à l'occasion et vivant plus de sa plume que de sa parole. Lui s'en rend compte mieux que personne : il ne voudra jamais abandonner ses intérêts essentiels de journaliste pour faire acte d'électeur au profit de ses intérêts secondaires d'avocat. Il ne faut pas sortir du droit d'option. Un électeur, parqué contre sa volonté dans tel ou tel groupement, perdra de ses qualités de sang-froid ou bien il se désintéressera de l'élection.

[1] Prins, *la Démocratie et le régime représentatif*, p. 213.

[2] *D. P.*, Ch Rep., n° 33 et annexe n° 41.

Mais, afin de trancher toute difficulté, ne serait-il pas bien plus simple d'accorder plusieurs suffrages et de faire user de chacun dans un des groupes divers auquel le citoyen peut être rattaché ?

Il convient de remarquer que les classements délicats ne seront jamais très nombreux, qu'il y aura toujours un ensemble d'intérêts prépondérants et l'emportant de beaucoup, qui rendra plus aisée l'opération d'option, enfin que celle-ci se pratiquera instantanément si on la laisse sous la responsabilité de l'intéressé lui-même. A quoi bon chercher la simplification dans une opération infiniment simple déjà? Et pourquoi créer, comme à plaisir, des catégories spéciales d'électeurs, que les autres s'empresseront d'envisager comme privilégiées ? Et elles auront raison. Il suffit de l'exemple de cet industriel qui est en même temps propriétaire terrien, mais qui ignore le faire-valoir direct, qui fait exclusivement exploiter ses domaines par des métayers et des fermiers. Il votera avec les industriels et aussi avec les agriculteurs. C'est un privilège donné à la fortune. Jamais le corps électoral français ne le supportera[1].

En Angleterre où le cumul des votes dans des circonscriptions différentes existe, il peut être pratiquement exercé. En effet, les élections générales n'ont pas lieu, dans le pays entier, le même jour, mais se répartissent sur trois ou quatre, voire même davantage.

En France on ne consentirait certainement pas à prolonger ainsi le temps de période électorale aiguë. Du reste, le peuple s'insurgerait contre toute loi ouvrant les bureaux de vote un autre jour que le dimanche, jour férié pour tous[2].

La loi autrichienne que n'a pas effrayée le vote multiple, au moins en ce qui concerne la première classe, celle de la grande propriété foncière, fait procéder à toutes les élections en même

[1] Qu'on se souvienne de l'accueil fait en 1820 à la *Loi du double vote*.

[2] En Allemagne le vote a lieu un jour de semaine.

temps, mais, d'autre part, elle autorise les détenteurs de votes multiples à exercer leurs droits par procureurs[1].

En France, nul ne vote par procureur; et l'impossibilité matérielle résultant du jour unique d'élections garde toute sa force. Incontestablement il ne faut pas l'ébranler et, *a fortiori*, la détruire. Le pays n'accepterait pas l'introduction du vote multiple qui n'est autre chose qu'une faveur accordée à la fortune, qui crée des classes privilégiées.

Au surplus, il sera bien rare qu'un électeur n'ait pas un centre d'intérêts prédominants et où par suite, il tiendra plus spécialement à faire acte d'électeur. Pour les autres de moindre importance, il trouve dans le régime même de la représentation des intérêts une garantie. En effet, là où il a des intérêts moins nombreux ou plus faibles, d'autres ont, en plus forte proportion, des intérêts semblables et les suivent avec sollicitude : une représentation, et une représentation sérieuse, est donc assurée à ces intérêts : c'est déjà un point acquis, et qui est primordial.

C'est, en somme, afin de maintenir une égalité qui n'a rien que de très naturel, de ne point créer des droits dont la nécessité se fait peu ou point sentir, qu'il est sage de refuser tout vote multiple au citoyen tant dans les groupes que dans les circonscriptions. « *One man, one vote*, » disent en Angleterre les partisans du suffrage universel : c'est là un cri de ralliement et d'offensive démocratique. En France, ce cri devient un cri de ralliement et de saine conservation en face des partisans du vote multiple. Mais il est indispensable que ceux-ci ne puissent jamais invoquer comme grief une atteinte à la liberté du citoyen. En d'autres termes, il importe que chacun ait le droit de choisir, en raison des intérêts qui l'y rattachent, le groupe et la circonscription où il veut voter. Il en est le meilleur juge, sachant mieux que personne où se trouvent ses intérêts les plus essentiels.

[1] H. Pascaud, *le Suffrage politique chez les principaux peuples civilisés*, p. 26.

C. — Le vote plural.

Il s'agit toujours ici de voter plusieurs fois, mais dans la même circonscription et le même groupe professionnel.

On peut considérer, en effet, la multiplicité des intérêts appartenant à un même individu, sans cependant se préoccuper s'ils se manifestent dans des endroits différents. Etant donné ce point de départ, on en arrive à se demander, si, à des intérêts plus abondants, ne doivent pas correspondre, justement dans une organisation basée sur ces intérêts, des droits électoraux renforcés. En cas d'affirmative, le renforcement aurait lieu par l'attribution de voix supplémentaires.

Quant à l'évaluation des intérêts, elle serait basée sur des signes plus ou moins nombreux. Actuellement on en envisage, en général, trois ou quatre.

La Constitution belge, revisée en 1893, présente l'exposé complet de ce qu'est le vote plural dans les temps présents.

Ce système accorde :

A. 1 suffrage à tout citoyen âgé de vingt-cinq ans.

B. 1 + 1 (2) suffrages :

a) A tout citoyen âgé de vingt-cinq ans :

1° Propriétaire d'un immeuble ; d'une valeur d'au moins 2000 francs.

2° Propriétaire de 100 francs de rente belge.

b) A tout citoyen âgé de trente cinq ans :

1° Marié ou veuf.

2° Avec descendance légitime.

3° Payant 5 francs d'impôt.

C. 1 + 1 + 1 (3 suffrages) à raison :

a) D'un diplôme d'enseignement supérieur ;

b) De l'occupation d'une situation pour laquelle il faut des connaissances équivalentes à celles réclamées pour un diplôme d'enseignement supérieur ;

c) Du fait qu'on remplit ou qu'on a rempli une fonction publique [1].

[1] Pour le texte précis, Arnaud, *la Revision belge*, p. 217-219.

Quatre éléments servent de multiplicateurs du droit de suffrage : l'âge, la situation de fortune, la situation de famille, les connaissances. Les trois derniers doivent être considérés comme insuffisants, même pris ensemble ; *a fortiori* le sont-ils isolément. Déjà le *cens* a été supprimé comme facteur électoral dans beaucoup de pays : dans ceux où il existe encore, il est appelé à bientôt disparaître[1]. Au point de vue des intérêts, il est trop étroit, car il n'y a pas que des intérêts matériels ou qui se chiffrent à prix d'argent. Il en est d'intellectuels et de moraux qui méritent bien le respect de la loi électorale. Il est aussi des intérêts qui, bien que matériels, ne sont pas immédiatement tangibles faute de résultats présents : ils se rencontrent notamment dans les débuts d'une industrie, d'une exploitation quelconque, alors que les sacrifices dépassent encore les gains. Et cependant l'entreprise prend rang de plus en plus ; elle augmente son crédit de toutes façons. Aussi en attendant, lutte-t-on pour des intérêts et précisément afin d'acquérir des résultats. C'est encore pendant cette période qu'on est le plus attaché à ses intérêts.

Une certaine capacité représente déjà une garantie plus sérieuse. Mais on se heurte aussitôt à la difficulté de déterminer quelle sera la source précise du nouveau suffrage octroyé.

Les grades ? Mais chacun sait qu'ils ne sont pas toujours une preuve certaine de capacité ! Et lesquels choisir ? De quel degré ? Détermination ardue. Mais à quoi bon la poursuivre, puisque l'on est en un temps où il est impossible de ne pas tenir compte du travail manuel et où rien ne doit être fait qui

[1] *Cf.* de Tocqueville, *De la Démocratie en Amérique*, t. I, p. 91. — A noter : « ... 4° Qu'à l'égard de la quantité de voix qu'une même personne pourrait avoir dans chacune des Assemblées, il paraissait préférable que, quelle que fût sa fortune, une même personne n'eût qu'une seule voix. » (*Observations présentées au Roi par les bureaux de l'Assemblée de notables, sur les mémoires remis à l'Assemblée ouverte par le Roi, à Versailles, le 23 février 1787.*)

puisse, sans raison péremptoire, grandir le mécontement des classes ouvrières[1].

Enfin la situation de famille, c'est-à-dire le fait d'être marié ou non, père d'un certain nombre d'enfants, n'est vraiment pas non plus un indice suffisant de l'excellence de l'individu en tant qu'électeur, ni de l'importance de ses intérêts. Une foule d'hommes illustres étaient célibataires. D'autre part, un gros commerçant, sans femme ni enfants, a des intérêts plus considérables et qui touchent davantage à l'intérêt général que le petit employé à 1200 francs qui joint à grand'peine les deux bouts dans son ménage de trois, quatre ou cinq personnes. Et même, à supposer deux hommes de situations industrielles égales, mais dont l'un est père de famille et l'autre non, il n'est pas dit que le second ne sera pas doué de plus d'expérience électorale et, par suite, ne devrait pas avoir droit à plus de suffrage que son collègue doté de femmes et d'enfants.

Mais tous ces signes, le cens, la capacité, la famille, ont surtout le vice rédhibitoire d'être absolument incompatibles avec un régime de suffrage universel d'égalité[2]. Il est impossible de revenir en arrière, de créer des classes privilégiées d'électeurs[3]. Si cependant on juge indispensable d'en arriver là, il n'y a qu'un moyen praticable, c'est de ne prendre comme éléments multiplicateurs du droit de suffrage que des qualités essentiellement naturelles, que tout le monde est fatalement appelé à posséder. Or, il n'en est qu'une qui présente ce caractère : l'âge[4].

Chaque citoyen est assuré de parvenir à 45 ans, par exemple ;

[1] *Cf.* Rapport fait au nom de la section centrale par M. Smet de Naeyer sur le projet de loi du Gouvernement pour la revision des articles 47, 53 et 56 de la Constitution. Ses. ord. 1890-1891 *(Addition aux D. P.*, Ch. Rep., n° 261).

[2] *Cf.* Ch. Benoist, *la Crise de l'État moderne*, p. 103 et suiv.

[3] *Ibid.*, p. 101. — Prévost-Paradol, *la France nouvelle*, p. 364. — Arnaud, *la Revision belge*, p. 98.

[4] *Cf.* Esmein, *Éléments de droit constitutionnel*, p. 198. — Rapport pour la Commission de revision des art. 53, 54, 56, 57 et 58 de la Constitution par M. Melot. Ses. ord., 1892-1893 *(D. P.*, Ch. Rep., n° 208, p. 246).

et le petit boutiquier de 45 ans va se trouver aussi gros électeur que l'académicien, le banquier, le préfet du même âge.

Cette suppression de tout véritable privilège n'est encore qu'un mérite négatif du vote plural basé sur l'âge. Mais il en est d'autres, positifs ceux-ci, à l'actif d'un vote plural basé uniquement sur l'âge.

On n'oublie pas qu'il s'agit ici d'une organisation de la représentation des intérêts avec, comme fondement juridique, la délégation par la Constitution. Que demande-t-on à l'électeur sous un pareil régime ? De voter pour ses intérêts et en faveur des plus capables d'entre ses co-intéressés. Or, les intérêts, notamment les intérêts économiques, augmentent en général avec les années ; l'industrie et le commerce de l'électeur vont se développant, sa fortune de même, et certainement il acquiert des connaissances nombreuses, une expérience solide. Entre temps il a fondé une famille, qui, à en croire les études sur la dépopulation de la France, ne s'accroît pas beaucoup, mais qui est enfin de quelque importance. Ainsi, à l'avancement en âge, correspond l'acquisition des divers éléments envisagés par la loi belge : situation de fortune, situation de famille, connaissances. Un mot comprend tout cela : les intérêts. Et c'est ainsi qu'on a pu dire souvent que le vote plural assurait une représentation des intérêts. C'est donc encore une représentation des intérêts assez imprécise, il est vrai, et insuffisante à elle seule, que l'on veut introduire dans la loi électorale ; si le multiplicateur du droit de suffrage est devenu unique, il embrasse cependant tous ceux qui étaient proposés auparavant.

En second lieu, l'électeur a pour mission de désigner les citoyens les plus capables de gérer la chose publique. L'expérience l'y aidera puissamment et cette expérience ne s'acquiert qu'avec le temps. Les garanties de choix heureux croîtront donc pour chaque électeur, non seulement avec l'importance de ses intérêts qui l'amènera à être de plus en plus circonspect dans la nomination de ses représentants, mais encore avec la durée pendant laquelle il aura fréquenté ses semblables. C'est l'âge qui naturellement déterminera cette durée[1].

On l'a noté déjà avec insistance : le gros avantage de baser le vote plural sur l'âge seul est de respecter l'égalité que cinquante ans de pratique ont posée en dogme intangible. Il n'y aurait donc pas de privilégiés; il n'y aurait pas non plus d'exclus. On pourrait en effet maintenir l'âge d'accession à l'électorat à 21 ans. Rééditer le projet de M. Coomanns lors de la revision belge serait courir à un échec.

En disant : « Sont électeurs tous les Belges les plus âgés dans la proportion de 10 pour 100 de la population communale », M. Coomanns se trouvait repousser l'âge de l'électorat à 28 ans environ.

Il ajoutait : « La loi règlera l'application de ce principe et pourra augmenter ou diminuer le chiffre de 10 pour 100[2]. »

Ce second paragraphe mérite une attention toute particulière. Les conditions mises à l'obtention du suffrage sont telles ou telles un jour, mais peuvent être modifiées le lendemain, suivant la volonté d'une majorité. Etablies presque toujours avec une grosse part d'arbitraire, elles restent à la merci de l'arbitraire. Dans la constitution belge, par exemple, pourquoi demander au père de famille d'être âgé de 35 ans plutôt que de 40 ou 45, etc. ? Ne tiendra-t-on pas compte du nombre des enfants ? Quelle raison spéciale y a-t-il de demander que l'immeuble possédé vaille 20.000 francs plutôt que 30 ou 40.000, etc., et le paiement d'un impôt de 5 francs plutôt que de 10, 15, 20, etc. ? « Conservateur ou progressiste, selon les heures et les hommes, l'État construit sur le suffrage plural en recevra donc une empreinte de partialité et comme de « finalité électorale[3] ».

[1] Sur l'influence de l'âge en général au point de vue électoral : Discours de M. Legrand, Sénat belge, séance du 4 août 1893, ses. ord., 1892-1893 *(An. parl.*, S., p. 511).

[2] Arnaud, *la Revision belge*, p. 139.

[3] Ch. Benoist, *la Crise de l'État moderne*, p. 113. — *Cf.* M. Robert, Sénat belge, séance du 26 avril 1893. Ses. ord., 1892-1893 (*An. parl.*, S., p.291). — Dans un rapport très net présenté au Sénat belge, M. Surmont de Volsberghe

L'âge échappe à tout arbitraire intéressé ; il n'offre aucun indice sérieux de l'opinion de l'électeur. Si, par exemple, l'obtention d'un deuxième suffrage est subordonnée à l'accomplissement de la quarantième année, c'est un échelon qu'un gouvernement ne se sentira guère tenté d'élever ou d'abaisser, ignorant qu'il est, si le fait de donner deux suffrages au lieu d'un aux hommes soit de 45 ans seulement, soit déjà de 35 ans, pourra lui maintenir ou lui grossir sa majorité.

S'il reste quelque arbitraire dans l'emploi de l'âge comme base du vote plural, il est sans grand danger. Tout au plus peut-il être cause, soit qu'on laisse inutilisée une certaine somme d'intérêts et d'expérience en plaçant les époques d'acquisition de double ou triple suffrage trop loin, soit que l'on compte à tort sur une certaine somme, inexistante en réalité, d'intérêts et d'expérience, en plaçant ces mêmes époques trop près.

La première alternative offre moins d'inconvénients que la seconde ; elle ne témoigne que d'un excès de prudence. Mais dans aucun des deux cas l'écart avec la réalité ne sera très grand ; le plus souvent, il sera négligeable, car il faut bien admettre que, s'il y a eu erreur pour l'ensemble d'un groupe d'électeurs, il est cependant des individus dans ce groupe qui méritaient bien l'accroissement ou la diminution d'influence dont la loi les a gratifiés ou frappés par suite de l'inexactitude qu'elle commettait.

L'opération d'établissement des échelons reste à être entreprise.

Et tout d'abord, combien y aura-t-il d'échelons ? Trois seront suffisants. Ce que l'on possède en trop grande abondance n'a plus de valeur, on le gaspille. Or le droit de vote est chose trop grave pour qu'on le compromette ainsi.

Du reste, on verra tout à l'heure que la pratique de la repré-

faisait ressortir que les chiffres fixés par la Constitution revisée (art. 47) ne sont que des minimums et que le Gouvernement n'aurait pas le droit de tourner la loi électorale par des lois d'application. (Ses. ord., 1892-1893. *An. parl.*, S., p. 303).

sentation proportionnelle, avec la concurrence des listes et le cumul, met entre les mains de l'électeur un certain nombre de suffrages qui se trouvera encore multiplié par celui dont le vote plural l'aura doté. Enfin, plus on subdiviserait la vie humaine, moins on aurait de chance de tomber juste au point de vue des bornes à fixer à ses différentes périodes.

Le premier échelon est celui qui donne accès à l'électorat même. On sera toujours électeur à *21 ans* et on disposera de *un suffrage*.

En fixant l'âge d'éligibilité à 30 ans, la loi ferait acte de sagesse. C'est bien là le moment à partir duquel un homme a vraiment quelque chance de présenter les capacités nécessaires pour la conduite des affaires publiques. A maintes reprises, les législations civiles et militaires ont trouvé insuffisant l'âge de 25 ans.

Du moment où l'on est dans les conditions voulues pour être éligible, c'est que l'on est déjà un bon électeur. Le droit à l'éligibilité va entraîner le droit à un second suffrage. A 30 ans correspondra donc le droit à *2 suffrages*.

A 45 ans, un homme est généralement en pleine maturité d'esprit, en pleine vigueur corporelle. Il n'attend pas plus tard pour fonder une famille et sa position sociale peut être considérée comme acquise. Depuis une période de vingt-cinq ans il est mêlé à la vie électorale de son pays et il est susceptible d'être éligible depuis quinze ans. Jamais, sans doute, il n'atteindra une valeur plus haute comme citoyen. La loi électorale doit lui accorder toute sa confiance. A *45 ans*, le citoyen possédera *3 suffrages*[1].

[1] Un projet déposé pour la Grande-Bretagne tenait compte simultanément de l'âge et de l'expérience politique. (Ch. Benoist, *la Crise de l'État moderne*, p. 108.) -- A signaler également la proposition de M. Coremans, en Belgique : « La Chambre des Représentants se compose des députés élus directement par les citoyens âgés de 28 ans accomplis, ayant une résidence d'un an, au moins, dans la même commune. Un vote double est conféré aux électeurs âgés de 40 ans, ou au-dessus. » (Chambre des Représentants belge, séance du 12 avril 1893, ses. ord., 1892-1893. *An. parl.*, Ch. Rep., p. 1140.)

Une remarque s'impose : tout élu, quel que soit son âge, doit être estimé aussi digne de posséder le chiffre *maximum* de suffrages que les électeurs de 45 ans et plus. Cela est parfaitement exact et il ne faudrait pas hésiter à lui accorder 3 suffrages. Mais il ne serait pas nécessaire d'étendre davantage cette mesure en prétendant assimilables aux élus les détenteurs de certaines hautes fonctions. Le vote plural basé sur l'âge tient compte avant tout de l'expérience de la vie civique et politique. Or, les titulaires de hauts emplois peuvent parfaitement s'en être tenus systématiquement à l'écart et se trouver en ce qui les concerne d'une ignorance et d'une gaucherie profondes.

Dernière considération : on a rapproché souvent le vote plural à la fois de la représentation des intérêts et de la représentation des minorités[1]. Il ne peut cependant guère être considéré comme une forme et de l'une et de l'autre, puisqu'il a été établi que la représentation des minorités n'est pas la représentation des intérêts. Or, il est évident que dans une certaine mesure le vote plural assure la représentation des intérêts[2]. Ce serait donc comme un mode de représentation des minorités qu'il y aurait lieu de ne pas l'envisager. Et cela s'impose en tout cas si on le base sur l'âge. Au reste, il ne serait pas intéressant comme représentation des minorités ici. En effet, comme représentation des minorités seulement il est insuffisant, il n'est qu'une demi-mesure. Ce qu'il faut, c'est la représentation des minorités perfectionnée jusqu'à être la représentation proportionnelle, capable d'englober, et sans faire double emploi, toutes les autres formes de représentation des minorités. Par suite, quelque connexité que le vote plural

[1] V. : *supra*, Ire partie, chap. Ier, C.

[2] En faveur de l'application simultanée de la représentation des intérêts et du vote plural, Chambre des représentants belge, séance du 20 juin 1893. Proposition Defrane. Ses. ord., 1892-1893 (*An. parl.*, Ch. Rep., p. 1692). Et, Chambre des Représentants belge, séance du 21 mars 1893. Discours de M. Broquet. Ses. ord., 1892-1893 (*An. parl.*, Ch. Rep., p. 993).

ait avec celle-ci, il lui reste cependant une place dans un régime où serait appliquée la représentation proportionnelle. C'est de l'usage de celle-ci dans l'organisation de la représentation des intérêts, sur le fondement juridique de la délégation par la Constitution et avec emploi du vote plural, qu'il va être question maintenant. « Après le vote plural, disait M. le comte Goblet d'Alvieilla, donnez-nous la représentation proportionnelle que l'adoption du vote plural rend cent fois plus nécessaire encore, non seulement parce que cette multiplication inattendue du chiffre des électeurs[1] rend indispensable la multiplication des garanties contre l'omnipotence du nombre, mais encore parce que la représentation proportionnelle est seule capable de déjouer les calculs des politiciens intéressés à un nouveau bouleversement de notre régime électoral[2]. »

[1] Le Parlement belge venait de reviser l'article 47 de la Constitution et d'introduire le suffrage universel avec le vote plural.

[2] Chambre des Représentants belge, séance du 26 avril 1893, ses. ord., 1892-1893 (*An. parl.,* Ch. Rep., p. 293).

CHAPITRE III

APPLICATION DE LA REPRÉSENTATION PROPORTIONNELLE.

La grande supériorité de la représentation proportionnelle sur la représentation des minorités est de ne plus être une demi-mesure. La représentation proportionnelle pousse aussi loin que possible l'application du principe de justice et aussi de bonne politique, de l'égalité de droit pour tous les citoyens, ne le limitant plus au vote ni à une représentation empirique, mais le conduisant jusqu'à une représentation aussi adéquate que possible avec l'état du corps électoral.

Définir et justifier la représentation proportionnelle d'une façon complète déborderait le cadre de cette étude[1]. Il en a été du reste suffisamment traité ci-dessus[2]. Mais encore ne s'agis-

[1] On ne peut que renvoyer aux nombreux ouvrages parus sur la matière et à la note bibliographique du livre de M. Antony Besson, en la complétant de quelques indications. (Cette note se trouve dans l'ouvrage intitulé : *Essai sur la représentation proportionnelle de la majorité et des minorités*). — J.-Paul Lafitte, *la Représentation proportionnelle* Paris, 1898). Séverin de la Chapelle, Scrutin de liste fractionnaire et proportionnelle (*la Réforme économique*, 16 mai 1897). Ern. Naville, *Revue politique et parlementaire*, 10 septembre 1896 et 10 avril 1897. Ern. Naville, *les Questions électorales en Europe et en Amérique* (Genève-Bâle, 1871). Discussion de la motion Wullschleger au Conseil national suisse, en 1898 (*Journal de Genève*, n^os des 22, 23 et 24 juin 1898). Laveleye, *Essai sur les formes de gouvernement*, bibliographie en note de la page 183.

[2] *Supra*, Introduction, et Ire partie, chap. 1er, C.

sait-il à ce moment-là que d'un point de vue général et en dehors de toute contingence avec d'autres théories du droit public interne. Depuis lors, cette étude a pris pour l'une de ses bases la théorie de la délégation par la Constitution.

Aussi, avant d'examiner l'introduction de la représentation proportionnelle dans un régime basé sur la représentation des intérêts, peut-il être nécessaire d'examiner si la représentation proportionnelle est, comme celle des intérêts, compatible avec la théorie de la délégation par la Constitution.

Or, en deux mots, la représentation proportionnelle s'accommode fort bien de la détention de la souveraineté par l'État et de la suppression du mandat, puisqu'elle tend, avec la théorie qui consacre ces deux points, à porter aux affaires les meilleurs d'entre les citoyens d'une part, et, d'autre part, à dégager les courants d'opinion et à leur permettre d'exercer une influence dans la conduite des affaires publiques.

Elle excelle à faire que le vote soit bien une « désignation de capacités[1] ». Même c'est un de ses titres à l'admiration générale, que lui prêtent le plus volontiers ses partisans, que de prélever « le dessus du panier » parmi les candidats de tous les partis. Sans rien exagérer, il faut reconnaître qu'elle évite aux hommes d'élite les découragements des luttes stériles, les invite par là-même à rentrer dans la vie politique et leur donne mille chances d'être élus; car, enfin, « par la loi naturelle de la propre conservation personnelle le parti est poussé à se servir des plus hautes capacités individuelles qu'il renferme dans son sein[2] ».

Second point : la théorie de la délégation par la Constitution demande au vote de dégager les grands courants d'opinion du pays. C'est aussi à quoi prétendent les proportionnalistes. Et

[1] Orlando, De la nature juridique de la représentation politique *(Revue du droit public et de la science politique*, janvier-février 1895, p 32).

[2] *Ibid.*, p. 35. Cela a été confirmé par l'expérience à Neuchâtel. Discours de M. Jeanhenry lors de la discussion de la motion Wullschleger *(Journal de Genève*, n° du 23 juin 1898).

il est une réforme préliminaire que les uns comme les autres sont amenés à réclamer, c'est le rétablissement du scrutin de liste.

Celui-ci est, par conséquent, une conception de droit public qui en prépare deux autres, qui entre dans la constitution de l'une et de l'autre; on peut en déduire que ces deux dernières s'en trouvent rapprochées, liées jusqu'à la compatibilité.

Voilà donc la représentation proportionnelle entrée dans le système dont la base juridique est la délégation par la Constitution, et dont le véritable élément pratique est la représentation des intérêts. On a vu déjà qu'entre celle-ci et la représentation des minorités, il n'y avait d'analogie qu'en apparence. Il est évident que cette conclusion s'étend à la représentation proportionnelle qui n'est toujours qu'une représentation des minorités perfectionnée. En principe, soit! Mais en fait, la représentation proportionnelle et celle des intérêts ne vont-elles pas se confondre? Il suffit pour que cela se réalise que les intérêts et les opinions soient choses identiques, qu'en créant des circonscriptions sur la base des intérêts, on suive justement le tracé des limites entre les partis groupés d'après les opinions.

Cette concordance semble être un fait acquis, soit pour M. de Hauleville[1], soit pour M. Nyssens[2], qui voient dans la représentation proportionnelle le vrai moyen d'assurer une juste représentation des intérêts. M. Félix de Breux, lui, ne pousse plus à l'extrême l'identification des deux réformes. S'il estime que la représentation proportionnelle puisse « jusqu'à un certain point » tenir lieu d'une représentation des intérêts, il prétend aussi que « l'organisation de la représentation des intérêts a l'immense avantage de la permanence et de la fixité[3] ».

[1] *Revue sociale et politique*, année 1891, n° 5, p. 446.
[2] *Ibid.*, p. 516.
[3] *L'Association catholique*, février 1892, p. 189 et 190.

Qu'est-ce à dire, en somme, sinon que l'une des deux réformes n'exclut pas l'autre, et que si l'une fait la part de ce qu'il y a de permanent et de fixe dans le courant qui se dégage de l'opération électorale, l'autre donne l'idée de ce qui s'y trouve de changeant et de mobile. Or, le premier élément, celui qui subsiste toujours et avec des caractères tels qu'on peut bien dire qu'il ne se modifie guère, c'est justement l'intérêt, ou mieux, l'ensemble des intérêts. Mais ce n'est pas tout que d'avoir des intérêts ; on peut avoir une idée de ce qui serait le plus favorable à leur sécurité et à leur expansion ; cette idée embrasse le régime politique, le régime économique, les mille mesures que le législateur ou l'administrateur est appelé à prendre. Avoir cette conception qui est naturellement complexe, qui n'est peut-être pas toujours très raisonnée, qui peut être faite de préjugés ou d'héritages, qui naturellement relève, au fond, des intérêts, puisqu'elle est née à cause d'eux, c'est avoir une opinion.

Si donc une circonscription électorale, formée d'après les intérêts, est unanime sur ces intérêts, il n'en reste pas moins que, dans son sein, des divergences peuvent se produire sur les opinions qui sont les conceptions diverses que les électeurs se font des meilleures conditions pour que leurs intérêts communs subsistent et prospèrent. « Chaque *union organique*, dit Bluntschli, forme une *unité* et décide en principe à la majorité. Toutefois, des raisons spéciales pourront fort bien légitimer une représentation *proportionnelle* de la minorité... [1] » Cette minorité, qui s'est affirmée sur des opinions, peut être cependant d'une autre origine, c'est-à-dire qu'elle se sera formée de tous ceux qui, ne voulant pas du candidat généralement proposé, veulent voter pour un autre homme. Ce sont des minorités de ce genre qu'on trouvera certainement dans la plupart des cas, du jour où le peuple aura bien compris que son rôle est avant tout de choisir l'élite, du jour où on don-

[1] Bluntschli, *la Politique* (trad. Riedmatten), p. 289.

nera une importance de première ligne au choix des députés. Les divergences au sein d'une circonscription électorale se produiront alors au moment de la désignation des candidats. Tels de ceux-ci qui plaisent à tels électeurs déplairont à d'autres qui ne les jugeront pas doués de la capacité voulue. Des listes adverses surgiront, et c'est entre elles qu'il s'agira de faire alors le calcul de proportionnalité.

En fin de compte, on aura des circonscriptions électorales assurant la représentation des intérêts, et au sein de ces circonscriptions la représentation proportionnelle donnant la représentation des opinions et des préférences à l'égard des divers candidats[1]. La décision de l'ensemble d'une circonscription mettra en lumière ses intérêts propres ; quant à la décision de chaque individu, elle aura été surtout un indice de son opinion.

M. Ch. Benoist avait il bien entrevu cette double face de l'opération électorale lorsqu'il s'est attaqué si âprement à la représentation proportionnelle[2]? Il lui reproche de ne pas être organique, de ne pas correspondre à des organes de la nation ayant une fonction nette, mais seulement à des groupements d'êtres, d'unités, de chiffres. Ce pourrait être un vice sérieux s'il n'y avait dans tout le régime électoral qu'elle seule qui pût être organique. Mais puisque la représentation des intérêts est bel et bien organique aux yeux de M. Ch. Benoist, qui la patronne avec une infinie sollicitude, il n'est plus aussi nécessaire que la représentation proportionnelle le soit pour être acceptable. Elle consent, en effet, à n'être qu'en sous-ordre, à ne se présenter que comme un sous-procédé de ce procédé qui est la représentation des intérêts.

Mais, d'autre part, avant de lui jeter à la face le reproche

[1] M. Lambiotte demandait l'organisation du suffrage universel par la représentation proportionnelle, celle des intérêts et le referendum. (Chambre des Représentants belge, séance du 18 mars 1893, ses. ord., *An. parl.*, Ch. Rep., p. 975.) C'est le système des 3 R., cher aux radicaux belges.

[2] Ch. Benoist, *la Crise de l'État moderne*, p. 177 et suiv.

de M. Ch. Benoist, il conviendrait de prouver que les opinions ne sont pas aussi organiques que les intérêts. Et cela ne serait pas facile. Car, enfin, n'est-ce pas toucher à l'organisme même de la nation que de se préoccuper de sa forme de gouvernement, de son administration, des individualités appelées à diriger ? Or, ces questions-là sont choses d'opinion au premier chef.

Il est plus exact de dire que les opinions sont plus fugitives et moins susceptibles d'être classées que les intérêts. Mais ce n'est là qu'une affaire de plus ou de moins. L'essentiel est de voir si l'on atteint le but. En période électorale, des programmes s'élaborent, et que sont-ils, sinon l'expression des opinions ? Ils suffisent amplement pour dégager ces dernières et pour qu'il soit, par suite, possible de répartir entre leurs représentants les sièges qui reviennent à la circonscription électorale. D'autre part, des personnalités sont mises en vedette et rien n'est plus net que le mouvement du corps électoral se prononçant en faveur de l'une ou de plusieurs d'entre elles.

Enfin, M. Ch. Benoist s'élève contre la prétention d'enfermer la vie entre des parenthèses algébriques ; il ne voit là que de la bonne arithmétique, incapable d'amener à la bonne politique. Ici encore, il importe de ne point oublier l'existence simultanée de la représentation des intérêts et de la représentation proportionnelle. C'est à la première que M. Ch. Benoist veut confier le soin d'embrasser la vie nationale. Qui l'en empêche? Si la représentation proportionnelle n'y aide pas, du moins n'est-elle pas un obstacle. Mais au fond, n'y aide-t-elle pas en rendant l'œuvre plus complète? Les opinions sont des nuances correspondant aux couleurs que sont les intérêts ; elles sont à la fois eux et autre chose qu'eux. Si, dans la conception organique, les intérêts sont des mouvements, les opinions peuvent être envisagées comme de simples frémissements; ils sont donc toujours de la vie, moins nette ou plutôt moins apparente, mais qui circule cependant.

Les autres objections de M. Ch. Benoist relèvent de la critique générale de la représentation proportionnelle. Leur réfutation date de longtemps déjà. Il suffit pour la retrouver de se reporter aux multiples écrits des proportionnalistes, et notamment à celui qui les résume sur ce point, l'article de M. T. Naville, paru dans la *Revue politique et parlementaire* du 10 avril 1897.

Il y aurait mauvaise foi à prétendre que M. Ch. Benoist a toujours méconnu le principe de proportionnalité. Mais ce qui est vrai, c'est que ce principe se dédouble et que d'une de ses parties M. Ch. Benoist a su tirer parti.

Il faut, en effet, distinguer deux modes de proportionnalité en matière représentative.

L'un réalise la répartition des sièges entre les circonscriptions électorales au prorata du chiffre de la population. Il est vieux comme le monde, et lorsque M. Ch. Benoist l'emploie, il ne fait nullement acte de véritable proportionnaliste. A cette première forme, qui est antérieure à l'opération du vote, les proportionnalistes, en effet, en ajoutent une seconde qui, au contraire, est postérieure au vote. Elle prend les sièges attribués à la circonscription électorale par le premier calcul s'occupe de répartir ces sièges entre les partis qui ont lutté et ont donné la mesure de leur importance au sein de la circonscription électorale. Ici, M. Ch. Benoist s'arrête, critique et se détourne. Décidément, il n'est pas proportionnaliste.

Si l'on revient au premier mode, l'ancien et l'universellement pratiqué, on se rend compte qu'il y a lieu de l'appliquer nettement ici dans un cas unique, soit la détermination du nombre de députés que chaque province devra envoyer à la Chambre nationale. Cette élection, en effet, présente tous les caractères de celles qui sont actuellement pratiquées.

Quant aux sénateurs, ils sont en nombre fixe et égal pour chaque province qu'ils représentent en tant que personne morale.

C'est également le cas des membres de chaque Chambre

provinciale. Les membres des Conseils supérieurs sont formés par délégation des Conseils provinciaux correspondants, et suivant des chiffres de délégués généralement égaux de province à province. Mais ces chiffres peuvent cependant subir quelques légères modifications eu égard à l'importance des intérêts dans la province; mais encore cette importance ne saurait-elle pas toujours être calculée suivant le nombre des gens partageant ces intérêts. Mêmes observations en ce qui concerne la formation des Conseils provinciaux.

Il est enfin établi que, soit pour les Conseils cantonaux, soit pour la Chambre cantonale, une évaluation de l'importance des intérêts, d'après le nombre de ceux qui les partagent, risquerait d'être incomplète. Qu'elle ait lieu, soit, mais il faut qu'ensuite une correction intervienne, le cas échéant. Il y a, en effet, un élément d'appréciation de l'importance du groupe qui devra toujours entrer en ligne de compte, celui qui s'inspirera du rôle social du groupe.

Reste la véritable représentation proportionnelle. Quand l'appliquera-t-on? Toutes les fois qu'il y aura deux ou plusieurs représentants à nommer dans une circonscription, c'est-à-dire qu'elle interviendra dans toutes les élections, aussi bien générales que cantonales, pour la formation des diverses chambres et pour celle des Conseils de tous les degrés.

Le vote plural basé sur l'âge continuera à fonctionner; quand il s'est agi de répartir les sièges, on a tenu compte du nombre des électeurs et non de celui des voix; le second mode, la représentation proportionnelle, tient compte, non plus du nombre des électeurs ou des votants, mais de celui des voix uniquement, recherchant combien chaque liste en a obtenu, puis chaque nom d'une liste, mais ne se préoccupant pas de savoir si de ces voix plusieurs sont d'un même votant qui les possédait, partie au bénéfice de l'âge, et partie en vertu du nombre de sièges à pourvoir.

En effet, s'il y a 4 députés à nommer, un électeur aura déjà 4 voix dont il pourra porter une ou plusieurs sur un seul nom en vertu du *cumul*. Mais, en outre, le même électeur, étant âgé de quarante-cinq ans, a droit à 3 voix pour une seule qu'a l'électeur âgé seulement de vingt et un à trente ans. Donc tandis que celui-ci aura 4 voix pour une circonscription à 4 députés, l'électeur âgé de quarante-cinq ans aura droit à $4 \times 3 = 12$ voix pour la même circonspription. En réalité, la situation respective des votants ne sera pas changée par le fait qu'il y aura une liste au lieu d'un candidat unique, puisque leurs divers nombres de voix, d'après l'âge, auront tous été multipliés par le même coefficient 4 qui est le nombre des sièges à pourvoir.

Seulement, pour la pratique, cette multiplication est nécessaire. En effet, on est obligé de donner 4 voix, à cause de la liste, au citoyen n'en ayant qu'une d'après l'âge. Cela entraîne forcément, afin de maintenir la différence créée par le vote plural même, à multiplier par 4 également les 3 voix que le citoyen de quarante-cinq ans possède de par son âge. On y gagnera en tout cas que tous les citoyens, ayant plus de voix, pourront mieux notifier leur choix, surtout s'ils jouissent de la faculté du *cumul*. Et, en particulier, les citoyens ayant droit à plusieurs suffrages à cause de leur âge pourront d'autant mieux faire valoir l'expérience, la maturité d'esprit, la pondération dont l'existence présumée chez eux leur a valu la faveur du vote plural.

Il n'a été question jusqu'ici que de la nomination des corps législatifs. Or, existe-t-il des corps exécutifs qui soient électifs? Et, s'il en existe, faudra-t-il pour eux aussi appliquer la représentation proportionnelle ?

Le pouvoir exécutif sera confié :

1° Dans le canton, au maire et aux adjoints;

2° Dans la province, au préfet et aux secrétaires généraux;

3° Au centre, au Président de la République et aux Ministres.

Maires et préfets sont nommés par le pouvoir central. Adjoints et secrétaires généraux sont non pas tant élus que désignés simplement, à raison d'un pour chaque service et, abstraction faite de la désignation pour le service voisin ; ils ont des attributions d'affaires et non de politique et de principes. Il ne s'agit plus de voter sur une liste; ce sont autant de désignations uninominales et, par suite, toute notion de proportionnalité disparaît.

Au reste, dans les organes non plus *représentatifs*, mais *administratifs*, il faut une réelle unité d'action ; il ne s'agit plus tant de délibérer et de débattre des questions que d'agir en vertu de résolutions prises après ces délibérations qui sont le propre des organes légiférants[1].

Naturellement, cette remarque s'applique de même, et avec plus de raison encore, aux ministres. Les proportionnalistes se défendent avec énergie de vouloir introduire leur réforme dans les corps exécutifs[2] et ils s'empressent de critiquer les tentatives qui sont faites en ce sens.

En résumé, application de la représentation proportionnelle pour les seuls corps législatifs, mais pour tous les cas où il y a lieu d'élire deux ou plusieurs représentants : voilà pour le principe.

Pour la pratique, le système le meilleur, celui qui a l'avantage d'avoir fait ses preuves en Suisse, semble bien être celui de la concurrence des listes, mais à une condition, c'est que le *cumul* et le *quorum*[3] lui soient adjoints.

[1] *Cf.* Rapport fait par M. de Smet de Naeyer au nom de la Commission de revision. Ses. ord., 1892-1893. Parlement belge. *(D. P.*, Ch. Rep., n° 113).

[2] Ern. Naville, Question électorale *(Journal de Genève*, n^os des 27 et 29 février, 1er mars 1896). Ern. Naville, la Représentation proportionnelle et le pouvoir exécutif *(Journal de Genève*, n° du 28 novembre 1894).

[3] « Le quorum, dit M. A. Besson, est la détermination légale d'un minimum de suffrages auquel doit atteindre toute liste pour entrer en ligne de compte et tout candidat pour être élu. » *(Essai sur la représentation proportionnelle de la majorité et des minorités*, p. 197.) La loi fixera soit un tant pour cent, soit le quotient, soit une quote-part du quotient. Cette mesure est prise en vue d'éviter le fractionnement exagéré des partis.

CONCLUSION.

Parti de l'idée que la démocratie, telle qu'elle est actuellement pratiquée en France, est toute superficielle, on s'est efforcé de prouver que le remède principal à ce vice mortel consistait à rapprocher, jusqu'à n'en faire qu'une seule et même chose, la démocratie du pays réel, vivant non pas dans sa généralité imprécise, mais dans ses moindres parties, ses multiples besoins, ses opinions variées, ses divers intérêts saillants.

Et, ce but étant posé, on a voulu voir, dans la représentation des intérêts, dans les méthodes d'administration, les systèmes électoraux qui la renforcent, en permettant de rendre son application plus nette et plus juste, tels que la décentralisation, l'électorat et l'éligibilité des femmes, le vote plural, la représentation proportionnelle, les réformes qu'il serait utile d'introduire dans le droit public interne de la France.

Il devait s'en suivre une transformation du corps électoral, non seulement dans la façon d'envisager chacune de ses unités, mais encore dans la façon de grouper ces dernières; il fallait en venir aux circonscriptions fonctionnelles, bases de la représentation des intérêts économiques et sociaux, englobées, pour les besoins de la pratique, dans des circonscriptions territoriales auxquelles un caractère nouveau était donné, celui de correspondre plus encore qu'à des besoins administratifs, à des ensembles d'intérêts locaux et à la nécessité de leur représentation.

Ces groupements territoriaux gagnaient, du reste, du même coup, en vertu de la vie propre dont ils étaient animés, le droit à une autonomie plus grande. La séparation efficace, pratique et définitive des intérêts locaux, des intérêts généraux était acquise. Elle se manifestait par l'établissement d'organes nouveaux à attributions étendues[1].

Concurremment, les corps administratifs et représentatifs de l'Etat étaient appelés à se transformer dans leur nombre, leur composition, leurs fonctions et leurs rapports entre eux; cependant ils demeuraient reliés par leur origine aux organes provinciaux et cantonaux.

Le Parlement, les Conseils supérieurs, le Conseil d'Etat collaboraient à la confection des mêmes lois, mais en étant des corps représentatifs d'intérêts différents, de tous les intérêts du pays. C'est ainsi qu'après une modification des principes du droit public, débarrassé de la notion de souveraineté du peuple et de celle du mandat, mais appuyé, en échange, sur la théorie de la délégation par la Constitution et l'idée de représentation des intérêts, on aboutirait à un changement correspondant dans l'organisation représentative, administrative et gouvernementale (*v.* Appendice III.).

Est-ce à dire que la réforme du droit électoral et constitutionnel, exposée et réclamée dans la présente étude, ne présente point de lacunes? S'il s'en est rencontré qui fussent susceptibles de diminuer la force de la réforme proposée, peut-être même de la ruiner toute, on n'a pas hésité, chaque fois qu'on les a découvertes, à les combler, soit en usant des moyens fournis par l'état de choses actuel, soit en apportant quelque procédé nouveau et qu'il fût possible de faire cadrer avec l'ensemble du système. Afin de conserver la représentation de l'intérêt général avec toute sa valeur, tout en assurant la représenta-

[1] De Broglie, *Vues sur le gouvernement de la France*, p. 16.

tation des grands intérêts particuliers, on a fait appel, conjointement avec les Conseils supérieurs, à la Chambre des députés élue par le suffrage universel direct.

L'élite de la nation ayant été peu à peu éliminée de sa vraie place, c'est-à-dire des fonctions publiques, la représentation proportionnelle a été prise, afin de seconder la représentation des intérêts elle-même dans la réhabilitation de cette élite et dans sa réintégration à la tête du pays. Telles sont, à titre d'exemples, certaines des précautions prises.

Mais il est bien évident qu'on n'a pu tracer dans leurs moindres détails les règles du droit électoral nouveau, ni rédiger, article par article, la Constitution revisée qui en est l'indispensable conséquence. A vrai dire, un système s'est peu à peu et fatalement dégagé, puisque « toute idée nouvelle doit revêtir la forme de système », ce qui veut dire, pour Renan, « une forme partielle, étroite, qui n'arrive jamais à une réalisation pratique ». Renan estime, en effet, que c'est seulement « quand elle a brisé cette première écorce, qu'elle est devenue dogme social, que l'idée devient une vérité universellement reconnue et appliquée[1] ».

Autrement dit, l'idée revêt une forme simplifiée et par là même imparfaite, comme une maquette grossière d'où jaillira ensuite, et par degrés, la forme perfectionnée, affinée, faite pour le monde.

Fallait-il ici, à la gangue brute du système joindre celle non moins étouffante, à l'heure actuelle, pour la représentation des intérêts, d'une Constitution par chapitres et articles? Fallait-il opposer une conception catégorique de la réforme à d'autres de ses conceptions non moins arrêtées, de telle sorte que la multiplicité encore accrue de celles-ci déroutât les esprits simplement curieux, et fournît aux adversaires l'argument si brutal, mais souvent si dangereux, des luttes intestines entre les partisans eux-mêmes d'une idée neuve? On a préféré

[1] Lettres de 1848 (*Revue de Paris*, 16 avril 1896, lettre du 1er juillet 1848).

grouper les résultats des études passées, poser des jalons pour des études futures et, finalement, pour l'avènement de la notion de représentation des intérêts comme « dogme social », (voir surtout la Ire partie), plutôt que de présenter celle-ci sous forme d'une idole parachevée, ornée, intangible dont l'immutabilité même met en méfiance de prime abord, puis provoque le dédain et les risées.

On n'a pas eu la prétention de donner plus qu'un avant-projet, dans une question aussi vaste et complexe, relativement peu étudiée jusqu'ici.

Parfois, on s'est plu à pousser quelque peu loin l'examen de questions en apparence accessoires, telles, par exemple, que celles de la liberté d'association et des syndicats obligatoires, du groupement provincial..... Qu'il soit permis de dire qu'elles sont de toute importance ; l'une, en effet, touche à la formation plus ou moins aisée des groupements économiques ou sociaux, l'autre intéresse la rectification des limites attribuées aux groupements d'intérêts territoriaux. Et il en est d'autres encore dont on a voulu parler plus longuement : la substitution des provinces aux départements, la représentation des intérêts au point de vue international, la représentation proportionnelle.

Enfin, il est des conséquences des transformations proposées qui pourront effrayer à première vue et qui, cependant, se justifient très bien.

Notamment, puisqu'il s'agit de remettre la gestion des affaires publiques entre les mains des citoyens les plus capables, plus nombreux seront les hommes qui jouiront de cette faveur, plus on aura de chances (sous le bénéfice, bien entendu, d'autres garanties encore) de trouver parmi eux, en forte proportion, des représentants et des gouvernants dignes de la nation. C'est là, en outre, un moyen d'assurer la stabilité du gouvernement; car, plus ce dernier a de collaborateurs, moins il a d'adversaires[1].

[1] *Cf.* Helleputte, Discours à la Chambre des Représentants belge (*Association catholique*, août 1892, p. 181).

Les luttes autour du pouvoir diminuant, le calme reparaît au sein de la nation ; les partis désarment ; à la concurrence, succède l'association.

« Touchant la bonne organisation du pouvoir dans une cité ou dans une nation, disait saint Thomas d'Aquin, il y a deux choses à considérer : la première, c'est que tous les membres aient une part au gouvernement, moyen de maintenir la paix au sein du peuple et de lui faire et défendre sa Constitution... »

De cette collaboration constante, dominée par la pensée que tout se fait pour le bien de chacun, en même temps que pour le bien de tous, devra forcément naître une conception rationnelle des rapports de l'individu et de l'État. Le citoyen sentira qu'en vivant pour l'État, il ne vit pas exclusivement pour celui-ci, ainsi qu'il en était du sort des hommes de l'antiquité et qu'il faillit en être de celui que la Révolution voulait octroyer aux Français du temps[1]. Il aidera l'État à représenter non seulement l'intérêt général, mais aussi les intérêts particuliers, et, dans cette seconde tâche, il retrouvera l'État travaillant pour lui.

La situation des collectivités vis-à-vis de l'État sera la même. C'est un échange de bons procédés, le « aide-toi et l'État t'aidera » de l'École interventionniste ; c'est la solidarité sociale, le « un pour tous et tous pour un » des fédérations.

Animée de cet esprit, la France jouira d'une démocratie se rapprochant beaucoup de celle de l'Angleterre, « l'Angleterre qui, au lieu du dogme absolu de la souveraineté du peuple, admet seulement le principe plus modéré qu'il n'y a pas de gouvernement sans le peuple, ni contre le peuple[2]..... »

A la multiplication des agents de représentation et d'administration va fatalement correspondre celle des corps représentatifs et administratifs, d'abord parce qu'on ne peut rendre

[1] *Cf.* Renan, *la Réforme intellectuelle et morale de la France. — La part de la famille et de l'État dans l'éducation*, p. 320.

[2] Renan, *la Réforme intellectuelle et morale de la France. — La Monarchie constitutionnelle en France*, p. 240.

trop nombreuses les Assemblées ; puis, parce qu'à tenir compte de catégories nouvelles d'intérêts, il faut mettre en regard de chacune d'elles, à tous les degrés de l'organisme gouvernemental, des corps chargés d'être ses interprètes, ses défenseurs et ses directeurs. « Quand, dans un État, la richesse de structure est grande, des rouages élémentaires ne suffisent plus[1]. » Reste à savoir si cette conformation plus compliquée de l'État est un signe de décadence ou de prospérité.

Les idées simples de communauté originaire des richesses naturelles et d'appropriation individuelle par la force seule ont été contemporaines de la vie isolée des hommes. De la réunion de ceux-ci en famille, tribu et nation plus ou moins étendue datent les coutumes et les mœurs, les hiérarchies et les gouvernements, les règles et les lois. Des notions composées, puisqu'elles devaient embrasser une collectivité d'individus et une série de rapports entre ces derniers, sont alors apparues, dont les applications ont été nécessairement composées. Il ne s'agissait plus de forces librement déchaînées, mais bien d'équilibrer et de régler ces forces. Or, « la force a le règne naïf, les procédés sommaires, tandis que le règne de l'équité est plein de complications et de sinuosités[2] ».

A qui incombait-il de faire régner l'équité suivant les règles établies en vertu d'elle sinon au gouvernement ? qui allait participer des difficultés mêmes qui s'attachaient à cette mission, sinon celui qui en était investi, savoir le gouvernement ? Ce dernier donc, né avec les sociétés, suivant leurs évolutions progressives, pour être apte à les diriger, doit se modeler sur leur complexion ; il est, à ce prix, le meilleur.

Aussi doit-on reconnaître que « la simplicité n'est pas le propre des meilleurs gouvernements, non plus que des machines les plus parfaites[3] ». L'essentiel est qu'ils répondent aux

[1] Ad. Prins, *la Démocratie et le régime représentatif*, p. 191

[2] Dupont-White, *l'Individu et l'État*, p. 36.

[3] A. Laugel, *la France politique et sociale*, p. 334. — « On pourrait formuler en principe que, plus un régime politique est simple, plus il se rapproche de

besoins des peuples, besoins qui vont se diversifiant et grandissant à mesure que la science et ses applications se perfectionnent et, par suite, prennent des places nettement distinctes dans la vie nationale. C'est donc bien vers une multiplication des rouages du gouvernement qu'on est entraîné par la représentation qui dégage les divers intérêts.

Mais posséder des rouages en nombre suffisant n'est pas tout; il importe encore d'assurer l'ensemble de leur fonctionnement, de régler leurs rapports. Le gros problème demeure celui de l'équilibre des pouvoirs; et il n'est résolu qu'autant que l'on a trouvé un juste tempérament des fonctions publiques et de la représentation. Le triomphe de cette dernière, qui est essentiellement mobile, fait qu'il n'y a ni identité, ni unité de direction. Mais, d'autre part, si l'élément d'administration et de gouvernement l'emporte, surtout s'il reste seul, il est privé de tous renseignements sur les sentiments et les besoins de la masse, il se perd dans des idées trop générales, ou s'endort dans une sécurité dangereuse et un ordre, qui n'est qu'apparent, voisin de l'anarchie.

Un contrôle incessant et réciproque, une coopération combinée de telle façon que les mésintelligences soient le plus rares possible, l'aide mutuelle par la dispensation mutuelle de renseignements et de lumières qui permettent de voir les faits, les idées, les mesures nouvelles simultanément sous leurs différents et véritables jours : voilà, semble-t-il, les règles essentielles dont il conviendrait d'assurer au plus tôt le fonctionnement. Les unes sont déjà observées, au moins pour partie. Les autres ont été jusqu'ici méconnues ou mal comprises. On peut tenir compte de toutes dans une sage mesure, en faisant concourir tous les corps de l'État à l'œuvre de création et d'application de la loi, mais avec des rôles très différents, incomplets chacun en lui-même, mais se reliant les uns aux autres pour former un ensemble sans lacunes, ni fissures.

l'absolutisme; au contraire, plus il donne de garanties à la liberté, plus il est compliqué. » (De Laveleye, *Essai sur les formes de Gouvernement*, p. 59.)

Les Conseils supérieurs, les Ministères, les Chambres s'éclairent les uns les autres, si bien que leur responsabilité propre, qui a subsisté, est augmentée. En effet, s'ils jugent au point de vue spécial que leur confie la Constitution, ils ont toute capacité en vertu de leur recrutement même et leurs erreurs deviennent de moins en moins excusables ; s'ils apprécient au point de vue de l'intérêt général, ils sont entourés d'autres corps dont ils reçoivent les avertissements, les opinions, qui les complètent ainsi, et ils ne sont plus ignorants ni des difficultés, ni des solutions qui peuvent être données.

L'organisation proposée dans cette étude, loin de créer l'anonymat de la responsabilité telle que la comporte le régime parlementaire, la laisse aux ministres : bien mieux, elle la rend plus sérieuse par le développement des Conseils supérieurs. Sur ceux-ci, les ministres s'appuieront, de même que les Chambres ; mais, demeurant les uns et les autres maîtres de leur opinion et de leur décision, ils ne pourront se retrancher derrière les observations et les votes des Conseils supérieurs. Ces derniers, cependant, exerceront une légitime influence ; d'où, pour eux aussi, une responsabilité. Avec le Parlement tout entier ils rendront compte de leurs actes à leurs électeurs, tandis que les ministres continueront à rendre compte des leurs au Parlement.

Toutefois, les chances de crises diminueront à proportion de l'augmentation de la responsabilité ministérielle, grâce à l'action constante des Conseils supérieurs. Ceux-ci, en effet, seront toujours là en intermédiaires, en conciliateurs entre le Gouvernement et les Chambres, sans demander, il est vrai, de capitulations de conscience ou d'opinion ni à l'un ni aux autres. Ils chercheront et fourniront le terrain d'entente sur ce qui est le plus conforme aux intérêts qu'ils représentent, sans cependant détourner l'attention ni des intérêts territoriaux sur lesquels veille le Sénat, ni de l'intérêt général dont la Chambre des députés a la sauvegarde. Ils ne porteront pas ombrage aux ministres qui ne leur doivent pas leur élévation et qui n'attendent pas d'eux leur abaissement. Par leur contact de chaque jour avec le Parlement, aux luttes intérieures duquel ils ne risquent pas d'être mêlés, ils gardent dans son sein une haute autorité.

Dans cette tâche médiatrice, ils seront toujours complétés par le Conseil d'État (section de législation) qui sera là pour harmoniser définitivement l'œuvre des autres corps de l'État et aussi des corps locaux, puisqu'il devra, conjointement avec le Parlement, parer aux dangers d'une décentralisation trop prononcée.

Enfin, il est utile d'insister sur l'extension accordée au principe électif. Introduit largement, partout où cela est possible, mais avec des garanties de capacité, de maturité et d'expérience chez les élus, il grandit la responsabilité de ces derniers, en même temps qu'il rehausse la valeur du droit de suffrage.

Et ce droit de suffrage, lui, prend toute son ampleur, sans même qu'il soit besoin de le présenter plutôt comme un devoir, grâce à sa large attribution aux membres de la nation, grâce à sa multiplication sur chaque tête d'électeur par le criterium de l'âge correspondant à la supériorité économique, sociale et politique, grâce enfin à l'efficacité certaine et permanente accordée au vote par la représentation de tous les intérêts, de tous les groupes d'intérêts ou d'opinion proportionnellement à leur importance.

De tous les résultats désirables dont l'énumération précède; il n'en est aucun auquel on puisse désespérer de parvenir, si l'on applique des lois introduites avec méthode.

Mais ces lois seraient cependant inefficaces si elles n'étaient appliquées par des hommes dignes d'elles, qui ne les diminueront pas en les pratiquant et les faisant pratiquer aux citoyens.

Or, si le corps électoral est de niveau inférieur, si les élus, en dehors de leurs dons naturels, ne possèdent pas une préparation spéciale qui les rendent définitivement aptes à être revêtus de la mission représentative ou gouvernementale, si même il n'est pas donné aux individus qui ont en eux les germes de toute supériorité, de pouvoir faire épanouir ces germes et de s'imposer au respect et à la confiance de leurs concitoyens, les plus belles lois seront de nul effet. On peut même prétendre qu'elles ne verront pas le jour. Et, sans elles, surtout lorsqu'elles font défaut pour de pareilles causes d'affaiblissement du corps électoral et d'ostracisme des meilleurs citoyens, une société marche à la décadence. Révolutions et émeutes ne la sauveront pas. Alors on peut bien dire tristement avec Gustave Flaubert : « Fataliste comme un Turc, je crois que tout ce que nous pouvons faire pour le progrès de l'humanité ou rien, c'est absolument la même chose [1] ».

L'heure est peut-être venue pour la France de faire un retour sur elle-même, d'entreprendre toute une profonde réforme du suffrage universel, concurremment avec une réforme de mœurs, de coutumes et d'idées[2].

Mais pourquoi cette soif de rénovation ? Que s'est-il donc passé ? De Tocqueville répond : « La démocratie a été abandonnée à ses instincts sauvages ; elle a grandi comme ces enfants privés de soins paternels, qui s'élèvent d'eux-mêmes dans les rues de nos villes et qui ne connaissent de la société que ses vices et ses misères. On semblait encore ignorer son existence, quand elle s'est emparée à l'improviste du pouvoir. Chacun alors s'est soumis avec servilité à ses moindres désirs ; on l'a adorée comme l'image de la force ; quand ensuite elle se fut affaiblie par ses propres excès, les législateurs conçurent le projet imprudent de la détruire au lieu de chercher à l'instruire et à la corriger ; et, sans vouloir lui apprendre à gouverner, ils ne songèrent qu'à la repousser du gouvernement. Il en est résulté que la révolution démocratique s'est opérée dans le matériel de la société, sans qu'il se fît, dans les lois, les idées, les habitudes et les mœurs, le changement qui eût été nécessaire pour rendre cette révolution utile. Aussi nous avons

[1] *Correspondance*, 1re série (1830-1850), p. 114.
[2] *Cf.* J. Simon, *l'Ouvrière*, préface, p. 10.

la démocratie, moins ce qui doit atténuer ses vices et faire ressortir ses avantages naturels ; et, voyant déjà les maux qu'elle entraîne, nous ignorons encore les biens qu'elle peut donner[1]. »

Et de même qu'il voit les défauts des organisations démocratiques modernes, et les résultats auxquels ils ont conduit, de Tocqueville se représente aussi quel programme il faudrait suivre afin d'aboutir à une réforme féconde. On peut donc conclure avec lui qu' « il faut instruire la démocratie, ranimer s'il se peut ses croyances, purifier ses mœurs, régler ses mouvements, substituer peu à peu la science des affaires à son inexpérience, la connaissance de ses vrais intérêts à ses aveugles instincts, adapter son gouvernement aux temps et aux lieux ; le modifier suivant les circonstances et les hommes[2] ».

[1] *De la Démocratie en Amérique*, t. I, p. 9 et 10.
[2] *Ibid.*, p. 9.

APPENDICE I

CHAMBRE CANTONALE. — GROUPES ÉLECTORAUX.

Rentiers.

Rentiers, banquiers, agents de change, fonctionnaires des finances, fonctionnaires de l'ordre purement administratif, etc., etc.

Professions libérales.

a) Ingénieurs.
Chimistes.
Dessinateurs industriels.
Architectes.
Géomètres.
Fonctionnaires de mêmes branches.

b) Médecins.
Pharmaciens.
Dentistes.
Vétérinaires.
Fonctionnaires de mêmes branches.

c) Avocats.
Avoués.
Agréés.
Notaires.
Huissiers.
Syndics.
Fonctionnaires de mêmes branches.

d) Professeurs.
Instituteurs.
Clergé.
Fonctionnaires de mêmes branches.

e) Journalistes.
Littérateurs.
Peintres.
Musiciens.
Dessinateurs.
Graveurs.
Sculpteurs.
Fonctionnaires de mêmes branches.

Industriels et Commerçants.

1. Produits alimentaires.
2. Vêtement.
3. Ameublement et articles de ménage.
4. Articles de Paris; objets de luxe et d'art.
5. Bâtiment
6. Bois.
7. Métaux.
8. Terres au feu.
9. Cuir.
10. Industries d'extraction.
11. Produits chimiques.
12. Imprimerie et cartonnage.
13. Transports.
14. Pêche.
15 Gens de service.

Chaque groupe est subdivisé en deux, l'un des *employeurs*, l'autre des *employés*.

Agriculteurs.

Propriétaires. — Fermiers et Métayers. — Ouvriers agricoles.

APPENDICE II

CONSEILS CANTONAUX. — RÉPARTITION DES GROUPES FONCTIONNELS ÉLECTORAUX AU POINT DE VUE DE L'ÉLIGIBILITÉ AUX CONSEILS CANTONAUX.

Conseil de l'Industrie et du Commerce.

Professions libérales (a).	*Industriels et Commerçants.*
Ingénieurs.	Groupes des employeurs.
Chimistes.	
Dessinateurs industriels.	
Architectes.	
Géomètres.	
Fonctionnaires de même branche.	

Conseil du Travail.

Industriels et Commerçants. *Agriculteurs.*

Conseil des Finances.

Rentiers. Rentiers, banquiers, agents de change, fonctionnaires des finances.

Conseil du Contentieux et des affaires relatives aux personnes.

Rentiers.	*Professions libérales* (c).
Fonctionnaires de l'ordre purement administratif.	Avocats.
	Avoués.
	Agréés.
	Huissiers.
	Notaires.
	Fonct. de mêmes branches.

Conseil de l'Hygiène.

Rentiers	*Professions libérales* (b).
Fonctionnaires de l'ordre purement administratif.	Médecins. Pharmaciens. Dentistes. Fonctionnaires de mêmes branches.

Conseil de l'Enseignement public et des Cultes.

Professions libérales (d)	*Professions libérales* (b)	*Professions libérales* (e)
Professeurs. Instituteurs. Clergé. Fonctionnaires de mêmes branches.	Médecins. Pharmaciens. Dentistes. Fonctionnaires de mêmes branches.	Journalistes. Littérateurs. Musiciens. Sculpteurs. Fonctionnaires de mêmes branches.

Industriels et Commerçants.	*Agriculteurs.*
	Propriétaires.

Conseil des Beaux-Arts.

Professions libérales (a).	*Professions libérales* (e).
Ingénieurs. Chimistes. Architectes. Fonctionnaires de mêmes branches.	Journalistes. Peintres. Graveurs. Dessinateurs. Littérateurs. Fonctionnaires de mêmes branches.

Conseil de la Voirie et des grands Services publics.

Professions libérales (a).	*Professions libérales* (b).	*Rentiers.*
Ingénieurs. Chimistes. Architectes. Fonctionnaires de mêmes branches.	Médecins. Pharmaciens. Fonctionnaires de mêmes branches.	Fonctionnaires de l'ordre purement administratif.

Industriels et Commerçants.
Groupes des employeurs.

Conseil de l'Agriculture.

Agriculteurs	*Industriels et Commerçants.*
	Produits alimentaires.
	Vêtements.
	Produits chimiques.

APPENDICE III

ORGANES DE LA REPRÉSENTATION, DE L'ADMINISTRATION, ET DU GOUVERNEMENT

Etat.

PRÉSIDENT DE LA RÉPUBLIQUE.

MINISTÈRES :

Intérieur. — Affaires Étrangères. — Justice. — Finances. — Guerre. — Marine. — Instruction, Beaux-Arts, Cultes. — Travaux publics. — Commerce et Industrie. — Travail. — Agriculture. — Colonies.

CONSEIL D'ÉTAT :

Section de législation. — Section du contentieux.

CONSEILS SUPÉRIEURS :

Des Services pénitentiaires, de l'Hygiène, de l'Assistance. — De la Justice. — Des Finances. — De la Guerre. — De l'Amirauté. — De l'Enseignement et des Beaux-Arts. — Des Travaux publics, des Chemins de fer et transports. — Du Commerce et de l'Industrie (1° Commerce, 2° Industrie), des Arts et Manufactures. — Du Travail. — De l'Agriculture, des Eaux et Forêts. — Des Colonies.

SÉNAT. — CHAMBRE DES DÉPUTÉS.

Province.

Préfet. } COMITÉ PROVINCIAL.
Secrétaires généraux. }

CONSEILS PROVINCIAUX :

D'Hygiène et d'Assistance. — Du Contentieux et de la Police. — Des Finances. — De l'Enseignement, des Cultes, des Beaux-Arts. — Des Travaux publics et transports. — Du Commerce et de l'Industrie. — Du Travail. — De l'Agriculture, des Eaux et Forêts.

CHAMBRE PROVINCIALE.

Canton.

Maire. } COMITÉ CANTONAL.
Adjoints. }

CONSEILS CANTONAUX :

De l'Hygiène. — Du Contentieux et des affaires relatives aux personnes. — Des Finances. — De l'Instruction publique, des Cultes et des Beaux-Arts. — De la Voirie et des Grands services publics. — Du Commerce et de l'Industrie. — Du Travail. — De l'Agriculture.

CHAMBRE CANTONALE.

Vu :
Lyon, le 24 octobre 1898
Le Président de la thèse,
C. APPLETON.

Vu :
Lyon, le 27 octobre 1898.
Le Doyen de la Faculté,
E. CAILLEMER.

Permis d'imprimer :
Lyon, le 28 octobre 1898.
Le Recteur de l'Académie,
Président du Conseil de l'Université,
G. COMPAYRÉ.

BIBLIOGRAPHIE

AHRENS, *Cours de droit naturel*, Leipzig, 1875.

ARNAUD, *la Revision belge (1890-93)*, Paris-Bruxelles, 1894.

AVENEL (Henri), *Comment vote la France : Dix-huit ans de suffrage universel : 1876-1893*, Paris, 1894.

BENOIST (Charles), *la Crise de l'État moderne ; De l'organisation du suffrage universel*, Paris, 1896.

— *Sophismes politiques de ce temps*, Paris, 1893.

— *La Vie nationale ; la Politique*, Paris, 1894.

BESSON (Antony), *Essai sur la représentation proportionnelle de la majorité et des minorités* (thèse), Dijon, 1896.

BEUDANT (Charles), *le Droit individuel et l'État ; Introduction à l'étude du droit*, Paris, 1891.

BLUNTSCHLI, *Théorie générale de l'État*, trad. Riedmatten, Paris, 1877.

— *La Politique*, trad. Riedmatten, Paris, 1879.

BORDEAUX (Henry), *Sentiments et idées de ce temps*, Paris, 1897.

BORDIER (Dr), *la Vie des sociétés*, Paris, 1887.

BORGEAUD (Charles), *Établissement et revision des Constitutions*, Paris, 1893.

BREYNAT, *les Cahiers de 1871 ; Programme de décentralisation*, Lyon, 1871.

BROGLIE (DE), *Vues sur le Gouvernement de la France*, Paris, 1893.

CHAMPION (Edme), *l'Esprit de la Révolution française*, Paris, 1887.

CHESNELONG, *la Campagne monarchique de 1873*, Paris, 1895.

COSTE (Adolphe), *Nouvel exposé d'économie politique et de physiologie sociale*, Paris, 1889.

DARESTE, *les Constitutions modernes*, Paris, 1883.

DESCHANEL (Paul), *la Décentralisation*, Paris-Nancy, 1895.

DESJARDINS (A.), *De la liberté politique dans l'État moderne*, Paris, 1894.

DOLLFUS (Charles), *le XIXe Siècle*, Paris, 1865.

DONNAT (Léon), *la Politique expérimentale*, Paris, 1891.

DUMAS (Alex., fils), *l'Homme-Femme*, Paris, 1872.

— *Les femmes qui tuent et les femmes qui votent*, Paris, 1880.

DUNANT (Alph.), *la Législation par le peuple en Suisse*, Genève, 1894.
DUPONT-WHITE, *l'Individu et l'État*, Paris, 1858.

EICHTAL (D'), *Notes sur l'Angleterre*, Paris, 1880.
— *Souveraineté du peuple et Gouvernement*, Paris, 1895.
ESMEIN, *Éléments de droit constitutionnel*, Paris, 1896.

FARELLE (DE LA), *Étude sur le Consulat et les Institutions municipales de Nîmes*. 1841.
FOUILLÉE, *la Science sociale contemporaine*, Paris, 1880.
F. P., *les Principes de la représentation nationale*, Bruxelles, 1892.
FRANÇOIS (Gustave), *la Vie nationale ; le Commerce*, Paris, 1894.
FRANK (Louis), *Essai sur la condition politique de la femme*, Paris, 1892.

GARNIER (Ad.), *la Morale sociale*, Paris, 1850.
GASQUET, *Institutions sociales et politiques de l'ancienne France*, Paris, 1885.
GERMAIN, *Histoire de la commune de Montpellier*, 1861.
GIRY, *Histoire de Saint-Omer*.
GRASSERIE (R. DE LA), *l'État fédératif*, Paris, 1897.
GREEF (DE), *la Constituante et le régime représentatif*, Bruxelles, 1892.
— *Le Transformisme social : Essai sur le progrès et le regrès des sociétés*, Paris, 1895.
GREY (LE COMTE), *Parliamentary Government*, Londres, 1864.
GUIZOT, *De la démocratie en France*, Paris, 1849.

HUBERT-VALLEROUX, *les Corporations d'arts et métiers, et les syndicats professionnels en France et à l'étranger*, Paris, 1885.

IZOULET, *la Cité moderne*, Paris, 1894.

LAFERRIÈRE et BATBIE, *les Constitutions d'Europe et d'Amérique*. Paris, 1869.
LAFITTE (Paul), *le Suffrage universel et le régime parlementaire*, Paris, 1888.
— *Lettres d'un parlementaire*, Paris, 1894.
— *La Représentation proportionnelle*, Paris, 1898.
LAUGEL (Aug.), *la France politique et sociale*, Paris, 1877.
LAVELEYE (DE), *Essais sur les formes de gouvernement*, Paris. 1872.
— *Le Socialisme contemporain*, Paris, 1883.
— *Du gouvernement dans la démocratie*, Paris, 1891.
LEROY-BEAULIEU (Paul), *l'État moderne et ses fonctions*, Paris, 1891.
LEVITA, *Die Volksvertretung in ihrer organischen Zusammensetzung*, 1853.
LIEBE, *Der Grundadel und die neuern Verfassungen*, 1844.
LITTRÉ (E.), *De l'établissement de la troisième République*, Paris, 1880.
LORIMER, *Constitutionalism of the Future, or Parliament the mirror of the Nation*, Edimbourg, 1865.

MALON (Benoît), *le Socialisme intégral*, Paris 1891.
MARTIN-SAINT-LÉON, *Histoire des corporations de métiers*, Paris, 1897.
MAURRAS (Charles), *Décentralisation*, Paris, 1898.
MAZAROZ, *la Profession base du suffrage*.

Méry et Guindon, *Histoire analytique et chronologique des actes et délibérations du Corps et du Conseil de la Municipalité de Marseille, depuis le* x^e *siècle jusqu'à nos jours*, Aix.

Michel (Henry), *l'Idée de l'État*, Paris, 1896.

Mill (John-Stuart), *le Gouvernement représentatif*, Paris, 1877 (trad. Dupont-White).

Mirabeau, *Collection complète des travaux de M. Mirabeau l'aîné à l'Assemblée nationale*, Paris, 1791. (Édition Etienne Méjean.)

Mohl (Von), *Staatsrecht und Politik*, 1860.

Moreau, *Précis élémentaire de droit constitutionnel*, Paris, 1894.

Naville (E.), *la Question électorale en Europe et en Amérique*, Genève-Bâle, 1871.

Pascaud (Henri), *le Suffrage politique chez les principaux peuples civilisés*, Paris, 1895.

Perrenoud et Huguenin, *les Syndicats industriels et leur application à l'industrie horlogère ; Mémoire adressé en 1889 au Conseil fédéral suisse*.

Pic (P.), *Traité élémentaire de législation industrielle*, t. I, Paris, 1894.

Picavet, *la Vie nationale : l'Éducation*, Paris, 1895.

Prévost-Paradol, *la France nouvelle*, Paris, 1868.

Prins (Ad.), *la Démocratie et le régime représentatif*, Bruxelles, 1884.

Proudhon, *Théorie du mouvement constitutionnel au* xixe *siècle*. (Œuvres complètes.) Paris, 1866-78.

Quinet (Edgar), *la Révolution*, Paris, 1869.

Rapport (4e et 5e) annuel du Comité directeur de la Fédération ouvrière suisse, pour les années 1890 et 1891.

Religion Saint-Simonienne : A tous ! Paris, avril 1832.

— *Économie politique et économique*, Paris, mai 1832.

Renan, *la Réforme intellectuelle et morale de la France*, Paris, 1871.

Rieker, *Die rechtliche natur der modernen Volksvertretung*, Leipzig, 1892.

Romanet de Caillaud, *De l'autonomie municipale*, Paris, 1874.

Rousseau, *le Contrat social*, Paris, 1835.

— *Discours sur l'économie politique*, Paris, 1835.

Saint-Simon, *Introduction aux travaux scientifiques du* xixe *siècle*, Paris, 1878. (Œuvres de Saint-Simon et Enfantin.)

— *Du système industriel*, Paris, 1821.

— *Lettres d'un habitant de Genève*, Paris, 1878. (Œuvres de Saint-Simon et Enfantin.)

Savigny (de), *Système du droit romain actuel*, Berlin, 1850. (Vermischte Schriften.)

Séverin de la Chapelle, *Nouvel organisme de la souveraineté nationale en France*, Guingamp, 1883.

Simon (Jules), *l'Ouvrière*, Paris, 1861.

Sismondi (De). *Étude sur les Constitutions des peuples libres*. Paris, 1836.

SPENCER (H.), *Principes de sociologie*, Paris, 1880-1887 (trad. Cazelles).

SUMNER-MAINE, *Essais sur le gouvernement populaire*, Paris, 1887 (trad. franç.).

TAINE, *les Origines de la France contemporaine : l'Ancien Régime*, Paris, 1876; — *la Révolution*, t. I, Paris, 1878.

TOCQUEVILLE (DE), *De la démocratie en Amérique*. Paris, 1868.

VAREILLES-SOMMIÈRES, *les Principes fondamentaux du droit*. Paris, 1889.

WEILL (Georges), *Saint-Simon et son œuvre*. Paris, 1894.

ZOLA, *Nouvelle campagne*, Paris, 1897.

Annales de l'école libre des sciences politiques, années 1887, 1893, 1895, 1896.

Association (L') catholique; Revue des questions sociales et ouvrières, t. XXIX, XXX, XXXI, XXXII, XXXIII, XXXIV, XXXV, XXXVII, XXXIX, XL, XLII, XLIII.

Bulletin de l'Institut international de statistique, t. VIII, 1re livraison, 1895.

Correspondant (Le), 10 mars 1872.

Journal des Économistes, août 1871 ; mars 1873 ; octobre 1877 ; septembre 1892.

Réforme sociale (La), 16 janvier 1890 ; 16 décembre 1892 ; 16 décembre 1895 ; 16 avril, 1er juin, 16 juin 1896.

Réforme économique (La), 16 mai 1897.

Revue du droit public et de la science politique, janvier-février 1895.

Revue catholique des institutions et du droit, mars 1890.

Revue politique et parlementaire, août, septembre 1895; janvier, mars, mai, juillet, août, septembre, décembre 1896 ; avril 1897 ; juin 1898.

Revue sociale et politique, année 1891, n° 5.

Revue internationale de sociologie, mars 1894 ; novembre 1896.

Revue d'économie politique, années 1888, 1889, 1890, 1894.

Revue de métaphysique et de morale, septembre 1895.

Revue socialiste, février 1892.

Revue de la jeunesse catholique, juin 1895.

Revue politique et littéraire (Revue bleue), 30 novembre 1895; 16 octobre 1897.

Revue des Deux-Mondes, 15 avril 1873 ; 15 novembre 1893 ; 1er septembre 1897 ; 1er octobre 1898.

Revue de Paris, 16 avril 1896 ; 1er avril 1898.

Revue du Palais, mai 1898.

Annales de l'Assemblée nationale, t. XXXVI.

Journal officiel, Déb. Parl., Chap. Dép., séance du 16 mars 1894.

Bulletin de l'Office du Travail, mai, juin 1898.

Feuille fédérale suisse, 15 décembre 1892 ; 14 mars 1894.

Annales parlementaires belges, années 1890, 1891, 1892, 1893.

Documents parlementaires belges, années 1890, 1891, 1892, 1893.

Statistique de la France; Dénombrement de 1881, Paris, 1883.

Résultats statistiques du dénombrement de 1891.

Annuaire statistique de la Belgique.

Annuario statistico italiano, Roma, Tip. Eredi Botta.

Census of England and Wales, London.

Archives municipales de la Ville de Lyon, Inventaire Chappe.

Observations présentées au Roi par les bureaux de l'Assemblée de notables, sur les Mémoires remis à l'Assemblée ouverte par le Roi, à Versailles, le 23 février 1787, imp. Ph.-D. Pierres, Versailles, 1787.

Procès-verbaux des séances des Assemblées générales des trois ordres et des Assemblées particulières du Tiers-Etat de la Ville et du ressort de la Sénéchaussée de Lyon, tenues en mars et avril 1789, Cahier commun du Tiers-Etat: Section 5. (Archives municipales de la Ville de Lyon.)

Règlement fait par le Roi pour l'exécution des lettres de convocation du 24 janvier 1789, imp. Royale, Paris.

TABLE DES MATIÈRES

DEUXIÈME PARTIE. — La Pratique.

Lyon. — Imprimerie A. REY, 4, rue Gentil. — 19071

www.ingramcontent.com/pod-product-compliance
Ingram Content Group UK Ltd.
Pitfield, Milton Keynes, MK11 3LW, UK
UKHW021103220726
13924UKWH00005B/2220